鏡頭前的二次創傷

嗜血新聞背後的真相與人性

THE TRAUMA BEAT

A Case for Re-Thinking the Business of Bad News

塔瑪拉・雀莉 著
Tamara Cherry
洪慈敏 譯

獻給我心愛的四個人。
我好愛、好愛、好愛你們。

也獻給我親愛的萊妮阿姨。
所有的光，所有的愛，直到永遠。

各界推薦

Praise for The Traumn Beat

「塔瑪拉．雀莉是一名出色的記者，她重新檢視自己報導大城市犯罪事件的實地經驗，以原創研究的精神深入剖析媒體對暴力犯罪的態度。她的親身描述不但啟迪人心又絲絲入扣，揭露攝影機和記者離開後，那些不為人知的祕辛。《鏡頭前的二次創傷》是一本具有原創性和里程碑的傑作，展現這個產業最好和最壞的一面，以及『太多』、『不足』之間錯綜複雜的關係，讓每位讀者都能深受啟發。」

——《國家郵報》資深犯罪記者、暢銷書《執法者》作者阿德里安．亨弗瑞斯

「我們不一定會意識到自己與他人互動所帶來的影響，但《鏡頭前的二次創傷》從一名記者的角度讓我們學到艱難的課題。對任何與創傷及犯罪受害者互動的人來說，這是一本內容豐富、意義重大的讀物，提供創傷知情的案例，讓受害者能夠講述他們想要分享的故事。這本書是一份禮物。」

——拉斯維加斯大都會警察局受害者服務與人口販賣防治主管，艾琳．葛林

「塔瑪拉正在找回人性！在這本著作中，她誠實描述並深刻反思自己身為前犯罪記者的工作，我們認識到，媒體對創傷倖存者和報導者都會造成有害的影響。塔瑪拉證明了創傷知情的系統對所有相關人員的心理健康和福祉是重要且必要的。此外，她改變制度的方式以人為尊，這樣的心意和熱情令人大為感動！」

——創傷治療師、《我的名字叫創傷，我很棒！》作者寶拉．里維羅

「我們這些因為媒體而再度受創的創傷倖存者可以鬆一口氣。正如《鏡頭前的二次創傷》中的倖存者故事所述，記者的創傷教育來得還不夠快。這本大膽創新的書挑戰新聞業，刺激它變得更好。」

——創傷專家、打破沉默者露易絲．戈德堡

「《鏡頭前的二次創傷》是必備讀物，它迫切呼籲新聞業做出改變，也是負責任新聞業力量的證明。每個新聞編輯部都應該有一本。」

——《多倫多星報》犯罪記者溫蒂．吉里斯

序言
Introduction

我說不上來哪個時刻、哪個故事或甚至哪一年讓我發覺到自己的工作讓我惴惴不安。是一開始我忍不住一直想像弟弟會以什麼方式死掉嗎？還是在一場晚宴上，我若無其事地說出一些未經報導的可怕案件細節，語畢才注意到周遭本來都在聊天的友人們全都靜了下來，用厭惡和困惑的眼神盯著我？還是直到幾個月前，我在攪拌鬆餅糊，孩子們在看卡通，我因爲丈夫去買我的生日禮物，比預期花了更久的時間而氣到飆淚？

沒差，因爲這本書的重點不在我身上，不算是。的確，對一個在公領域把自己的私生活保護得很好的人來說，我以自己想像不到的方式分享了許多私人細節。但我這麼做是希望你可以了解，了解記者在報導慘劇時，爲什麼會做這些事；了解這些事對受創傷的人會有什麼影響；也了解受創傷的人對記者會有什麼影響。

在寫這本書之前，我以為我都了解了。畢竟，我在創傷產業也打滾了快十五年。凶殺、死亡車禍、性奴。讓你看到哭出來的新聞，我可能都報導過。我讀眞實犯罪書籍、看眞實犯罪紀錄片，這份工作更是讓我接觸到愈來愈多眞實犯罪的相關人士：警察、律師、掃描儀操作員與其他犯罪記者。我知道如何找到最近失去親人的家屬：肉搜、在現場守株待兔、聯絡葬儀社等，一大堆你聽了會打從心底厭惡的方式。我一直為自己是名好記者自豪。一名資深的都會警察曾經跟我說：「你知道我為什麼都叫人去跟你談嗎？因為你關心受害者。」我是眞的關心他們。我在採訪時忍住淚水，在法庭上做筆記時搖頭，在開長途車回家的路上為受害者及家屬哭泣。然後隔天把心情整理好，重新再來一次。一次又一次。

我深愛我的工作，以一種扭曲的方式，就像創傷上了癮，不斷被警察無線電、即時新聞和沒完沒了的截稿日期推著跑向犯罪現場和法庭。當某位正經歷人生至暗時刻的人願意緩緩道出他的噩夢時，我得先「衝、衝、衝」才會「停、停、停」。一開始，我希望我寫的報導能讓讀者**感同身受**。到最後，我才了解，它變成了我自己的情緒出口，每每趕出稿子之後，雙眼總是盈滿淚水。

事實證明，當時我對許多事情懵懂無知，唯一知道的是，我希望自己能對世界有所貢獻，而我以為我的工作能讓我做到這一點。

即便如此，這一行還是有地方讓我感到不自在，覺得「一定還有更好的方法」。像是我有一次在下午三點左右擬好了稿子，要報導一起引人注目的四人死亡車禍，調查人員呼籲肇事者出面投案，另一家新聞媒體的競爭對手兼朋友打電話過來，問我是不是正要過去那對姊妹的家。死者當中有一名年輕女子和她十多歲的妹妹，她們的父母只有這兩個孩子。

這位競爭對手兼朋友跟我一樣，對上門採訪感到不自在，所以我猜，他一方面是想幫我，另一方面是不想當唯一一個感覺糟糕透頂的人。他給了我住址，我知道他（我的競爭對手）可能會過去採訪，想像老闆會有什麼反應，便動身出發。我抵達時，這位競爭對手兼朋友正在門廊採訪悲傷的父親，悲痛的父親手裡拿著女兒們的相框。我和攝影師同事在人行道上尊重地（對，我不知道該不該用這個詞）等著輪到我們。我的競爭對手兼朋友離開時，我小小聲地說了謝謝，然後走向那位父親，像平常一樣說：「發生這種事真的很遺憾，我知道你剛剛已經說過一遍，但可不可以請你……」接下來便進行採訪，他再次哭著描述那些細節。我們轉身離開時，另一個競爭對手兼朋友和他的攝影師同事正站在人行道上，臉上掛著真誠的悲傷和同情的微笑，等著我們走過去，然後步向心碎不已的死者父親。我不知道之後還出現了幾個記者。我趕著回去現場整理稿子，準備上六點鐘的新聞。

這是讓人搖頭的典型例子，一個平凡家庭被迫在公眾舞臺上哀悼。這給我留下了一種愈來愈難以擺脫的挫敗感。

那次事件過了幾年後，我結束了記者生涯，立志要用我所看到的壞事做一些好事。我創辦了「拾報公關公司」（Pickup Communications，「Pickup」指的是記者拍攝死者照片，進而採訪家屬的行爲），從支持創傷受害者到支持創傷受害者和記者，再到嘗試改變創傷受害者和媒體的互動，以及被媒體影響的方式。我發推特（現稱X社群）文、寫專欄，並發起了一個研究計畫，它和我犯罪記者生涯中的許多片段一樣，對我的人生產生了深遠的影響，也啓發我寫了這本書。

這個計畫針對北美各地的一百多名創傷倖存者進行了調查或訪談。他們都是凶殺、死亡車禍、性侵害、人口販賣或大規模暴力的倖存者，來自大城、小鎮、有錢人家、貧窮人家及所有介於兩者之間的家庭。他們經歷的案件有的你光聽日期或地點就有印象，有的你聽都沒聽過，因爲調查人員或記者不認爲你需要知道。

至於記者，他們也是我調查的對象。你可能對出現在失親家屬門前的記者有一些意見，認爲他們是霉體、妓者、禿鷹，我很確定我什麼難聽的字眼都聽過，但這本書的目的不是譴責。我眞心相信，大部分報導創傷事件的記者都在努力做好事。

這個計畫的綜合結果對我個人來說是清算，希望對業界也是。我指的不只是那些在人行道上等著分一杯羹的記者，而是整個生態圈。高層主管、調查人員、倖存者支援人員、看熱鬧的群衆、你。

制度沒有崩壞，它本來就是這個樣子。是時候把它拆掉了。

我非常、**非常**努力地做到言行一致，實踐所謂的創傷知情新聞工作，我眞心希望自己做對了，或至少盡可能不去造成更多傷害。不過，這段旅程最令人意外的收穫，也許是讓我認清自己要學的東西太多了。因此，我相信未來的學習之路還很長。

這個計畫的參與者，不管是倖存者、倖存者支援人員還是記者，絕大多數都給了我這樣的反饋：「**終於有人談論這個議題了！大家需要了解！**」

希望你讀完這本書之後就會了解。

閱讀前的說明

Housekeeping

關於本書的用詞和其他事項：我稱失親家屬爲「**倖存者**」（survivor），並不是爲了要責備他們把自己當成受害者，而是因爲這就是他們許多人的自我認同：凶殺案倖存者、死亡車禍倖存者等等。他們是被留下來的人。然而，也有人偏好「**受害者**」（victim），希望我在本書中使用「倖存者」一詞不會造成進一步的傷害。

我交替使用「**受害者服務提供者**」（victim service provider）和「**倖存者支援人員**」（survivor support worker）這兩個詞。前者是廣泛使用的術語，指那些爲受難者和失親者提供支援的人；後者則是個人偏好，如同之前的段落。

我省略了所有犯罪者姓名，因爲我希望把重點擺在倖存者。

我省略了在我舉的例子中犯錯的記者和新聞編輯部主管姓名，因爲正如前面提到的，這本書的目的不是譴責。

我也省略了某些倖存者姓名，有的人要求我這麼做，有的人則是沒有直接參與這個計畫，我無法得到他們的明確授權。如果我聯繫不到倖存者，或是沒有收到回覆，但我覺得媒體對他們案件的處理方式值得討論，可以說明更廣泛的問題，我只寫出我認爲必要的細節，盡量不爲偶然看到這些故事的倖存者帶來潛在的負面影響。我眞誠地希望藉由省略這些倖存者的名字，來避免造成進一步的傷害。不過，需要注意的是，某些倖存者可能會在註釋被認出身分，特別是過去同意公開身分的人。我希望這些小線索不會徒增傷害。

你在閱讀過程中會發現很多註釋。它們被用來說明某些概念背後的研究，讓有興趣的讀者可以更深入了解各個案例。不過，它們絕對不是必要的，我希望你能享受這本書，不被那些小小的數字給困住。

我盡可能引用資訊來源，但有些來自個人回憶，找不到出處。我深刻了解到（你也會），記憶有時不太可靠，所以我不去依賴這些未經證實的印象。

最後，這一點在北美新聞業不太常見，那就是我介紹人物時，使用的是名而非姓。我在序言提到的研究計畫中，有一項問卷調查針對凶殺和死亡車禍倖存者。其中一個問題是：**在媒體報導你的案件時，有沒有任何事情特別讓你感到不高興？**希潔．摩根（Cijay Morgan）在一場酒駕車禍中失去母親愛妮絲（Agnes），她回答：「我不喜歡他們叫她『摩根』。我們不在軍隊。媒體必須停止以姓氏稱呼人。太冷冰冰了。」

我從其他創傷倖存者那裡也聽到同樣的心聲。我想了又想，我唯一能想出媒體以姓氏稱呼受害者和倖存者的原因是他們一直以來都是這麼做的。我們北美在新聞中就是這麼稱呼所有人（除了寵物和幼兒）。

但引用記者兼大規模暴力倖存者瑟琳娜．聖．費利斯（Selene San Felice）所說的話：「提到創傷，情況就變得不一樣了。」[1]因此，我也讓這本書變得與眾不同。

目錄
CONTENT

1 金寡婦 Widow Kim

在你剛失去親人的七十二小時內，媒體與你聯繫，你有什麼感受？

「暴露在外、遭遇埋伏、心生恐懼、隱私不保、手足無措、背負壓力和受到攻擊。」

——金．漢考克斯，問卷內容，二〇二〇年九月三日我和金．漢考克斯（Kim Hancox）聊了快一小時後，問了她一個問題。同樣的題目我不知道問過多少警察、律師、受害者、倖存者和任何採訪對象。這是保險起見的作法，你已在之前的訪談裡得到所有想要的資訊，但豐沛的經驗告訴你，有時最好的回答來自於隨口問一句：「還有沒有什麼我們沒討論到，但值得一提的事？」

電話另一頭停頓了一下，我想像她望向窗外，說：「應該沒有吧。如果我之後想起什麼，會寫個簡短的電子郵件告訴你。」然後把眼光移到昨晚寫下的筆記。我對她表達感謝，差不多該結束通話了，此時她說：「其實，你知道嗎？有件事一直在我腦海中揮之不去，發生在我們的葬禮那天。」[2]

他們的葬禮。盛大的警察葬禮。她記得辨在丈夫遇害後一個半星期左右，她試著回憶事情的先後順序：她什麼時候爲媒體準備聲明稿、驗屍官什麼時候讓她領回遺體。事實上，我後來發現，葬禮是在比爾過世後六天舉行的；六天前，金在電視直播中目睹他死去，而他們的兩歲女兒正在樓上睡覺。

某些記者把這場葬禮描繪成「兩個停車場的故事」：其中一個位於多倫多東北區的商場，兩名女子試圖偷走偵查警員威廉「比利」．漢考克斯（William "Billy" Hancox）的便衣警車，將他刺殺身亡；另一個位於距離高速公路十五分鐘車程的水泥地，數千名警察肩並肩站在一座教堂後面，八月酷暑讓他們汗流浹背、制服濕透。[3]

民眾夾道站在街道和天橋兩旁，有時站了四排，觀看遊行隊伍經過。這起死亡事件備受矚目，大多數的人都是完全不認識死者的陌生人，有些帶著孩子，一起來向比利．漢考克斯這位「他們從未見過的可靠人民保母」致敬。[4]

但自那場葬禮以來，縈繞在金心中二十多年來的回憶，並不是陌生人、悼詞，或是她透過副局長朗讀聲明「打破沉默」的那一刻（她確實在葬禮前準備了這份聲明，而它確實也於葬禮尾聲、風笛手演奏〈奇異恩典〉時被朗讀出來。[5]）這麼多年來，在金心中縈繞不去的是教堂隔壁的學校，或更具體的說，是學校上方傳來的聲音。

「葬禮結束後，我走出教堂，靈柩被移到車裡。我一走出門，就覺得外面好熱又好安靜。我只聽見相機的喀嚓聲。」她停頓了一下。「感覺好像走在紅毯上，喀嚓、喀嚓、喀嚓、喀嚓、喀嚓、喀嚓、喀嚓。」她快速覆誦，彷彿當地居民回憶起前一晚聽到連續槍響砰、砰、砰、砰、砰一樣。「他們全都站在那間公立學校的屋頂上，我不知道，可能有一百個記者。我不知道到底有幾個，但喀嚓聲此起彼落。我永遠忘不了那個聲音。」

我完全可以想像那個畫面。擁擠的攝影機、整排的三腳架、潦草寫下筆記的記者，彷彿一道看不見的牆矗立在私人的哀慟情緒和公開的新聞媒體之間。我從來沒有在學校屋頂上看過

「抬棺」畫面（我經常把它寫進稿子裡），但我曾站在許多人行道上、停車場邊和殯儀館對面，當殯儀館的雙門打開、殯葬人員出現時，攝影師說了聲「走吧」，我才連忙邁開腳步。

我想到我在對創傷倖存者進行調查和採訪時，觸發因子出現的頻率有多高。有時是煙火，有時是引擎回火聲。一名校園槍擊案的倖存者告訴我，她的創傷會被直升機的聲音觸發，因爲這讓她想起她躲起來等死的時刻，當時就有一架新聞直升機在上空盤旋。許多看似微不足道的聲音都可能讓創傷倖存者陷入崩潰狀態。

再回到相機的喀嚓聲。這不難聽到，尤其是當你看電視新聞的時候。我過去總是在我的報導中使用這個狀聲詞。警察局長走到麥克風前的喀嚓聲。警探步向犯罪現場的喀嚓聲。一個壞人被塞進警車後座，相機鏡頭牢牢地貼在車窗上，攝影師小跑步跟著，猛按快門，發出喀嚓聲。我會在稿子裡這麼寫：「**此起彼落的快門聲**」。

我問金，相機的喀嚓聲會不會觸發她的創傷反應。

她說：「會耶，這件怪事一直讓我很困擾。我永遠都記得當時走出去的感覺。全場鴉雀無聲，很沒有眞實感，接著就是喀嚓、喀嚓、喀嚓、喀嚓、喀嚓聲，不停傳進耳中。我心想：『**這聲音是哪來的？**』然後看到站在隔壁學校屋頂上的人們。」

我問她還記不記得那些喀嚓聲帶給她什麼感覺。

「我覺得脆弱到了極點，完全赤裸裸的。那是我人生中最糟的一天。你想想最糟的一天會是怎樣，再乘以一百，然後還有一百萬人在看著你。」

「要怎麼解決這個問題？」我提出心中疑問。自四個月前展開這個研究計畫以來，這句話已經變得再熟悉不過。我努力地試圖找出方法，讓記者述說重要且吸引人的故事，但又不對受害者和倖存者造成進一步的傷害。我知道媒體想要拍攝棺材被抬上靈車的畫面。這是最後的告別，凸顯失去的痛苦。這是無需言語就能產生共鳴的有力圖像之一。

那些屋頂上的記者不在教堂的範圍內，沒辦法要求他們不發出聲音。教堂周圍如此安靜，他們就算離得遠一點，又有什麼差別？也許我們學到的教訓是，再稀鬆平常的事都可能帶來如此深遠的影響，如果有另一種不打擾的拍攝方式，那就選擇那種方式。這一點我稍後會再回來談。因爲除了隔壁學校的屋頂之外，還有太多太多事情讓金．漢考克斯不堪其擾。

一份與死亡通知書相關的學術論文之文獻總結指出，有幾個關鍵主題可以用來檢視此類通知對收到通知的人帶來什麼影響，特別是在意外死亡的情況下。「用來傳達不幸消息的字眼和表達方式、傳達訊息者的特徵（醫師、警察、護理師）、發送通知的實際環境（家中、醫院、

巡邏車、警察局等等）、使用的手段（親自告知、透過電話、電報、郵件或即時訊息），這些都是影響倖存者如何面對生命艱難時刻的其中一些因素。」[6]

在規則方面，人們一再強調，死亡通知應該由受過訓練的專業人員（驗屍官、警察、護師、社工等等）執行，並且應該盡可能親自執行。然而，這份文獻總結顯示，以電話發送死亡通知的方式仍然是被廣泛使用，特別是警察向倖存者通知死亡車禍、凶殺和／或自殺事件。「在凶殺造成死亡的特定案件中，最好告知死者伴侶或家屬，媒體有可能會聯繫他們。也可以建議他們如何處理各種狀況，包括如何保護自己的隱私。[7] 密蘇里州死因調查員達倫．戴克（Darren Dake）強調親自通知的重要性，「因爲當你親自到場時，你會表現出同情心。」[8]

這位死因調查員表示：「要看著某人並告知他們親人已死，是一件極度困難的事。告知死訊的那一刻，會永遠印在他們的心裡。」[9]

在我的記者生涯中，的確有過在不經意的情況下，告知凶殺受害者家屬他們的親人已死的不幸經驗。我會在後面的章節進一步闡述，但我想說的是，自從那次經歷以來，我相當清楚調查人員會急著聯繫死亡車禍或凶殺受害者家屬，以免他們從社群媒體、記者來電或交通路況報導的特定車輛和道路細節得知死訊。

金後來聽說，在多倫多警察局長來到她家門口，正式告知她丈夫的死訊前，一名資深警官就把車停在她家街道上「好一陣子」。[10]但她的非正式通知在幾個小時前就已經到來，當時懷孕八個月的她正獨自坐在家裡看電視。

比爾七點左右回家吃晚飯，然後再度外出加班。他告訴金，他要在多倫多東區的兆康醫院（Centenary hospital）進行監視任務。金把自己安頓下來後，過去身爲記者的她做了平常會做的事：打開新聞來看。

「然後那天晚上十點左右，我正在收看CP24頻道，畫面插播了一則即時新聞，說艾斯美和什麼路口，應該是莫寧賽德附近，發生一起與警官有關的事件，當下我立刻想到：噢，那是比爾要去的地方。」

資深犯罪記者兼主播馬克．戴利（Mark Dailey）出現在螢幕上，他在CablePulse24頻道（那一年剛推出不久的二十四小時新聞臺）用渾厚的嗓音，爲身在家中客廳的金來一場實況轉播。多年後，他與金會面，討論接下來發生的事。[11]

金回想道：「他們播放案發後發生的一切。」急救人員試圖挽救該警官的生命。他被送往十二英里（約十九公里）外的創傷醫院，沒有生命跡象。金的電視上播放CP24頻道、收音機播放680 News電臺，她撥電話給所有她想得到的人：她丈夫的同事、老闆、那間醫院。「沒有人要跟我說話。」所以她繼續看、繼續聽。她在受傷警官所在的那個停車場看到一輛很像比爾的廂型車，他都開那一輛進行監視任務。於是，金打給母親。

「我說：『好像出事了，快打開電視看新聞。』她馬上回電說：『金，我現在過去你那邊。』我說：『爲什麼？你看見什麼？』她說：『我很確定被推進醫院的人是他，因爲我認得他的鞋子。』」

當警察敲門、來到他們的工作場所或打電話問他們人在哪裡時，大部分凶殺案倖存者都會感到毫無預警地遭受晴天霹靂。他們的人生前一刻還很充實、很有目標，下一刻卻支離破碎，變得毫無意義可言。金．漢考克斯就經歷了一場威力巨大的爆炸，彷彿發生在幾英里之外，以慢動作向她襲來，每一分鐘都在增強，直到最終抵達她家門口。

金不知道那個把車停在她家街道上的督察爲什麼不上門，她在這段期間只能透過電視和收音機得知事發經過，並四處打電話詢問。當警察局長到達時，金依稀記得是午夜時分，她心裡已經有底。不久之後，警察局長站到鏡頭前，但大眾早已知情。

在那場人生大爆炸的陰霾中，金不確定她家外面的人群是在局長來之前還是之後聚集的。「但大半夜的，我家前院的草坪和房子前面大概聚集了五十人。記者之類的人也在那時開始出現。」

我問金，記者第一次嘗試與她交談是什麼時候？當天晚上還是隔天一早？

她說：「當天晚上。應該是過了午夜之後。」

在接下來的幾個小時和幾天，記者打電話到她家、敲她的門、向她的鄰居打探消息。金不想公開談話，但記者糾纏不休。他們可能不知道該拿這個極度重視隱私的女人怎麼辦，她連一次採訪都不願意接受，明明其他人，像是警察、陌生人甚至比爾逮捕過的人都有很多她丈夫的好話要說。

金的故事讓我想到另一起轟動社會的多倫多凶殺案，它發生在我搬到多倫多的幾個月前。一名十五歲女孩外出購物時在幫派交火中喪生。我透過頭條新聞（以及幾次在法庭上）追蹤這個案件。一直讓我很感興趣的是，儘管媒體密切關注，女孩的家人卻從未公開發言。事實上，直到三年後，她的父母才「打破沉默」，《環球郵報》（*Globe and Mail*）這麼寫道，一名助理檢察官在市中心幾乎空無一人的法庭上宣讀了一份四段的受害者影響聲明。[12] 多年前，我問一名電視同事在事發之後立即報導這場凶殺案的經驗。他說，事發頭幾週，新聞編輯部主任要他每天去敲死者家屬的門，而他也乖乖照做了——在第一週左右。隨著日子一長，他知道這個家庭不會讓步，無奈公務車上又裝了GPS追蹤系統，於是他開始開到這一家人所在的街區上，停個幾分鐘再開走，然後回報主任，說受害者家屬仍然希望保有隱私。

警方並非**無所作為**。金說，她的確根據警方的建議，發布了葬禮後宣讀的聲明。她以爲這樣媒體就不會再打擾她，但他們總是貪得無厭。「沒有像之前那麼瘋狂，但還是會有人去敲我鄰居的門，試圖探聽消息。」她告訴我。

她的兒子在爸爸死後三週出生，即使她的病房外有警官坐鎮，一名帶著花束、冒充家屬友人的記者還是走了進去。（消息很快在媒體圈傳開，稱這件事對漢考克斯一家是「極大冒犯」。[13]）出院時，金在半夜乘坐一輛便衣警車離開，「這樣他們就可以把我送回家，不會被糾纏，」她說。

我問：「因爲有記者在醫院外面等嗎？」

「是啊。」

即使金沒有參與，這個故事還是成了頭條新聞。公衆對比爾生命的價值進行了評論，他的案件所得到的關注遠超過一天被前男友殺害的年輕女性。[14]還有一些關於比爾遇害當晚，他的同事在工作期間喝酒的故事。還有執行心肺復甦術的警察的故事，以及犯罪現場、醫院甚至警察局長向比爾遺孀金告知死訊的事後實況報導。

她說：「我覺得我的隱私被侵犯了。我很快就學會不要抬起頭。無論走到哪裡，我都低著頭。我感到非常脆弱，只能盡可能地待在家裡。」

當然，殺害比爾的凶手被逮捕，而隨後每一次的庭審，都必然吸引媒體的高度關注。凶手是兩名女性，並非像第一份報紙報導的「襲警者」是「一名穿著寬鬆衣服的高個子男性」[15]。兩人被捕約六週後，金來到市中心的法院親自會見她們，她的出現也爲平淡無奇或受出版禁令限制的庭審報導帶來了素材。隔天，一份著名報紙刊登了一篇報導，開頭這樣寫道：「遇害的多倫多臥底警官遺孀來到法庭，親見殺害她丈夫的凶手。」金的出現占據了五個段落中的三段。[16]另一份著名報紙記錄了第一天的預審聽證會，標題寫道：「遺孀出席嫌犯聽證會」，與金相關的內容幾乎概括整篇兩段的篇幅。[17]

金說，在預審聽證會期間，一名記者把她「困」在法院的電梯裡，並告訴她：「只要我發表感想並讓他拍照，他就不會再煩我。」

過去這些年來，這種場面我看過不知道多少次了，情況大致上是這樣：

> 我們記者正在報導某個備受矚目的案件，老闆說，這條新聞就交給你追，不管你喜不喜歡，必須在報紙或網路上放幾個段落，至少三十秒的內容給廣播電臺，還得爲二十四小時不間斷的全國新聞頻道錄製「偽直播節目」（看起來像直播），才不會顯得我們忽視這個案件（因爲民眾一定會希望我們報導）。由於明文規定我們不能就當天唯一的實際新聞（也就是證據）進行報導，所以必須擠出任何可以講個幾秒鐘的內容，報紙上的一個句子，讓讀者、觀眾、聽眾知道案件有新的進度，而我們隨時都在觀察和報導，然後重述已經報導過無數次的公開

資訊（人物、事件、地點、時間還有模稜兩可的原因，它往往產生更多的猜測而非事實）。對於那些一直想保有隱私的人，我們眞的不想打擾，更不用說跟蹤他們的車了，因爲我們知道他們是這個案件的受害者（倖存者），他們受的苦還不夠多嗎？但我們仍指派一位記者或攝影師上前接觸，這樣對方就不會覺得好像遭到圍攻。我們被老闆推著去做這件事，也許還會自我合理化說：「**這不是我們害的，是殺死他們親人的凶手害的。**」我們指派的代表懇求著，只要他們接受簡短的採訪、簡單說幾句話、讓我們快速拍一張照，我們就不會再糾纏。

（然後故技重施。）

在法院的電梯內，被困住的金拒絕了。

那一年下半年，全國專欄作家克莉絲蒂．布拉奇福德（Christie Blatchford）在一篇有關比爾案件的文章中寫道：「沒有人有義務與媒體交談。這麼明顯的事還用說嗎？」[18]

接著，克莉絲蒂非常簡潔地描述了我在前幾段談到的內容。

凶手被定罪時，「遇害男子的家屬倒在彼此懷裡，鬆了一口氣，但除此之外沒有太多情緒。我和同事有意無意地在法庭徘徊不去，在這種時刻我們都會這麼做。」

這篇專欄文章寫於一九九〇年代末期，但我可以很肯定地說，這種令人不快的作法過了二十年之後依舊存在。事實上，克莉絲蒂所描述的當天情況對我來說再眞實不過，我在閱讀時忍不住跟著點點頭或搖搖頭。

記者們已經透過凶殺案調查人員得知金不想談話，「但我們還是問了警察，家屬是否有人願意在法院外說幾句話，我們在等的就是那條新聞、那個人。」克莉絲蒂寫道。

「事實是，除了少數例外，你在這種時刻得到的發言經常是……可預測而且沒什麼價值的。」克莉絲蒂繼續寫道，雖然「例外可遇不可求……整體而言，在法院外一擁而上採訪是很不厚道也沒多大用處的作法，它眞正的功能只不過是餵養雜食性的電視野獸，並爲大多數無法進入加拿大法庭的攝影機提供畫面。」

最後這一點很重要。除非有照片或影片作爲證據，否則加拿大大部分的電視記者（不管對或不對）都很依賴人們在法院外述說他們的故事。我一直都不喜歡在審判報導期間追著證人或家屬跑，因爲有法院記者，他們的工作是報導發生在**法庭內**的事。但如果遇到大案件，審判結束後的庭外採訪經常被當作是第二個故事或「**側面新聞**」（sidebar）。首先，我們報導發生了什麼事。再來，我們報導人的反應。

克莉絲蒂繼續寫道：「但隨著時間過去，至少在多倫多法院，形成了一種慣例：判決下來後，受害者家屬會從建築物裡走出來，先被電視燈光閃瞎，然後被我們這一群記者，其中一人會問一個精闢的問題（我自己也問過），像是『你感覺怎麼樣？』並從這些剛被刑事司法制度折磨過一輪的人口中得到千篇一律的回答。」

但克莉絲蒂指出，這次審判「很奇怪」，因爲儘管記者在審判開始時「比平常更溫和、體貼」（一部分是因爲受害者是一名警察，一部分是因爲一名記者在金生產後偷偷溜進她的病房），「可是我們的行爲似乎起不了作用。」

克莉絲蒂的確可能對家屬很溫和，她具有同情心，會爲人著想，可說是全國最好的法庭記者，但記者裡總有老鼠屎。金回憶說，有記者跟蹤她去吃午餐，她只好拿一本書擋住自己的臉，「他們一整群人」[19]每天架著攝影機，亦步亦趨地跟著她走向她的車。在我們的談話中，我發現金所描述的狀況是我們這一行所謂的「遊街示眾」（perp walk），這通常發生在嫌疑犯身上，而不是受害者。她說，記者連她在法院廁所跟女性友人私下的對話都不放過。她告訴我，一部分的對話內容「出現在新聞報導中，因爲有個記者在廁所聽我們說話」。

但克莉絲蒂，當然還有其他記者，在審判期間都與金保持距離。

「漢考克斯的親友有些還算和善，有些態度中立，一兩個神情嚴峻，表現出敵意。」回憶起那些日子，克莉絲蒂在那篇專欄文章寫道。[20]「記者在電梯裡對那些親友問早，結果愉快的問候只換來無視或怒目相對。」

我們在大廳裡對彼此嘀咕著：「搞什麼，我們只不過是出於禮貌。」講這種話其實言不由衷，因為記者很少心術那麼純正。我們很多人會利用正常的社交互動來騙取信任；這就是我們的工作和做事方式，我不會為此道歉，但我們也不應該假裝事實並非如此。

審判結束時，我們變得相當絕望。

因此，克莉絲蒂寫道，他們請調查人員和檢察官詢問其他家屬是否願意發言。「依照我們的看法，漢考克斯一家贏了，得到了他們想要的判決，現在終於可以給個交代，談談比利和他們的喪親之痛了吧。」

「但他們還是不願意。」

有七十一名凶殺和死亡車禍的倖存者填寫我的一項研究調查，其中五分之一提到了他們與媒體互動時存在著隱私方面的擔憂；十分之一的受訪者描述了媒體對他們生活造成直接、負面與長期的影響。[21]金．漢考克斯兩者皆是。

她告訴我：「我很害羞，也許有點內向。但我認爲，在這起事件中，有這麼多人……我不想說他們『攻擊』我，但感覺就是如此，好像魚缸裡的一條魚，所有眼睛都看著你，我認爲這加強了我的個性，讓我變得更沒自信。」

我停下來想了想。**媒體**讓她變得更沒自信。**媒體**加強了她的個性。不是殺她丈夫的凶手，而是**媒體**。

我從來沒有為了進入某人的病房而假扮成對方的親屬，但我做過許多金．漢考克斯經歷過的事：已經被拒絕了還是去敲門、溫和地建議某人說幾句話，這樣我們就不用一直去煩他、審判告一段落後，在不情願的家屬周圍徘徊不去。一直以來，我都說服自己，我有謹守自己的原則，沒有造成進一步的傷害。

這些行為可能會對一個重視隱私的人產生深遠的影響，想想「金寡婦」（公共檔案館的一張照片所下的標題）看著丈夫的靈柩離開教堂時，隔壁屋頂傳來喀嚓、喀嚓、喀嚓聲[22]，想來恐怖至極。

克莉絲蒂的專欄文章接著寫道：「之後，我們站在那裡抱怨了一會兒。我們對自己說，我們已經表現得很好了。拜託喔，他們應該看看我們是怎麼對待其他人的。這有怎樣嗎？我們很火大，也很震驚。」[23]

我懂。因為她身處其中，一天到晚報導創傷，採訪目擊者、警察、家屬和受害者，很難理解有些重視隱私的人就是想要保有隱私。但我們主張**大眾必須了解這種痛苦。這個受害者不能**

成為另一個統計數字。道理真的很簡單，重視隱私的人就是想要保有隱私。然而，我們還是照做不誤。克莉絲蒂也是。

克莉絲蒂下了結論：

> 在這個沒有祕密的時代，凡夫俗子會為了上電視而擠破頭，但我們遇到了一些真正注重隱私的人，完全不知道該怎麼跟他們打交道。
>
> 案件結束後，（其中一名被告的）律師馬歇爾・薩克（Marshall Sack）到外面抽菸，聽到我們在抱怨。我不記得他說的確切字句，只記得隱藏其中的智慧。他沒有責怪家屬閉口不談，重點就在這裡——他感慨地說道：「家屬們一定承受著巨大痛苦。」
>
> 這番話讓人感到滑稽，因為記者往往覺得自己較律師擁有更高的道德情操。這一點我們也錯了。我們要學的東西很多。[24]

哼，我心想，**我們要學的東西可多了**。

2

葛瑞格利．史都華的母親

Gregory Stewart's Mother

在你剛失去親人的七十二小時內，你的案件得到媒體什麼樣的關注？

「沒有。」

你對這樣的關注有什麼感受？

「難過。」

——拉塔莎．史都華，問卷內容，二〇二〇年十一月九日

「大家午安，我是葛瑞格利．史都華（Gregory Stewart）的母親。」

那一天是二〇二〇年十一月二十七日。拉塔莎．史都華穿著白色圓領襯衫，戴著小巧的圈形耳環。當她低頭看著鏡頭時，眉心微微蹙起，那種表情就像是在談論某個重大的事情，同時又拚命忍住不哭出來。她身後是一棵高聳的大樹，樹枝蜿蜒交錯，綠葉繁茂。她捲曲的黑髮垂在臉上，拉塔莎甩開頭髮，深吸了一口氣。[25]

「我兒子今年二〇二〇年五月二十九日在東聖路易斯被殺。」她的語速變快。「這個慘無人道的罪行毀了我們的家庭。眞的很痛……」她停頓下來，轉過身，彷彿「痛」這個字太傷人，「我兒子從我們身邊被奪走、被偷走。他沒了性命。」她用嘶啞的聲音說出複述過無數次的臺詞：「他本來擁有無限的潛力，應該要跟我們一起在這裡的。」然後對著右邊擠出微微一笑，兩邊眉毛揚起，因爲她眞的很努力要把話說完，很努力要振作起來，但身體還是左右搖擺，鏡頭輕微晃動，「就像我說的，這眞的非常、非常難熬。」難熬這個詞被拉長，句點落在葛瑞格利．史都華的母親抿著的嘴脣上。

「很難熬。我錄這段影片是因爲想要向各位求援，特別是我們社區的人，密蘇里州聖路易斯聖克萊爾郡的居民，拜託你們挺身而出。」她加強拜託的語氣。接著，氣氛稍微緩和了一點，她的音調也變高了一點，以不帶感情的方式背誦文字和數字，那是她透過大量的貼文、分享和傳單倒背如流的內容：「請撥打檢舉專線 1-866-371-8477，聯繫當地警察局或伊利諾州警察局。」

拉塔莎．史都華全長九分二十一秒的直播影片已經播放了一分十六秒。她的手機相機微微晃動。可能是因爲緊張，也可能是東聖路易斯華氏五十幾度（約攝氏十幾度）的高溫造成的。[26] 再不到一個月的時間，她就要度過第一個沒有兒子的聖誕節。

「我們知道有幾個人目擊一切。許多人。遠超過十五人。他們都知道發生了什麼事、怎麼發生的、是誰幹的。我們寄望獲得更多詳細資訊，希望有人可以站出來指認眞正的凶手。然而，那些知情不報的人，你們的雙手也沾滿了我兒子的鮮血，你們也謀殺了我的兒子，因爲你們保持沉默。」

葛瑞格利．史都華的母親提到七千五百美元（約新臺幣二十五萬元）的賞金，一部分來自她的家人、一部分來自檢舉專線，並表示她的兒子不該挨這顆子彈，她的家人應該得到答案、正義和了結。葛瑞格利．史都華的母親尚未迎來案件的進展，沒有嫌犯被逮捕、審判或定罪。她還不知道，對許多家庭來說，無論凶手是否被逮捕、是否定罪，事情對他們而言永遠不會了結。

「就像我說的，這很痛。很痛。很痛。」葛瑞格利．史都華的母親頓了頓。「痛得不得了。」她低下頭，把相機轉過去。現在呈現在觀眾面前的是一座墓地，鏡頭對準一塊長方形混凝土板的底部，大約是一具棺材的尺寸。大大小小、不同形狀的灰色岩石和鵝卵石圍繞著混凝土，從側面來到另一端，充滿氦氣的紅色心形氣球被綁在一個插著紅花的花瓶上。墓碑的頂部刻著「**親愛的兒子、兄弟和父親**」，中間是「**葛瑞格利・H・史都華**」，最下面是葛瑞格利・史都華的照片，兩旁分別寫著「**一九八九年四月十五日**」和「**二〇二〇年五月二十九日**」。在墓碑的右側還有一個花瓶和一小塊刻有音符的石板，裡面插滿更多紅花。

「我的兒子葛瑞格利在這裡。」葛瑞格利・史都華的母親走向混凝土板時說道，她的手機比之前搖晃得更厲害。「就像我說的，我們不該被迫來這裡看他。沒有一個母親、沒有一個家長應該來墓地看他們的孩子……」她停頓了一下，鏡頭拉近到墓碑上葛瑞格利・史都華的照片，拉得非常近。「……尤其是被殘忍無情的殺害。」氣球飄浮在墓碑前。「就像我說的，這個罪行殘忍無情。我兒子從我們身邊被奪走。凶手奪走了他的生命。」她把氣球推開、鏡頭拉近，讓我們只能看見「親愛的兒子」、「葛瑞格利・H・」、「一九八九年四月十五日」等文字。她說：「他們偷走了他，葛瑞格利・史都華。」然後相機移到右半邊，顯示「兄弟和父親」、「史都華」、「二〇二〇年五月二十九日」。花瓶裡插著花。「我的寶貝。」她站起身。「我的寶貝。」她往後退。「他們奪走了我的兒子。就像我說的，我懇求知情人士站出來……」現在我們可以再次看到整個墳墓，「……讓凶手被繩之以法。請幫助我們一家人討回公道。拜託。請繼續爲我們禱告，祈求力量、安慰、正義和了結。」影片結束。

當我看到拉塔莎．史都華的回覆時，我已經審閱了其他五十份問券調查表，大部分皆由凶殺受害者家屬塡寫。其中大部分的案件都獲得了可稱之爲「典型程度」的媒體關注：事發後一連串的報導，然後在某些重大事件期間達到關注的高峰，例如：宣布賞金或審判開始、結束時。我閱讀這些回覆時，會去研究每一個案例，挖掘新聞網站和公共檔案中可以找到的任何資訊。有時倖存者說沒有媒體報導，但實際上有，只是可能很少；有時倖存者說沒有媒體報導，就像葛瑞格利．史都華凶殺案，眞的沒有。

我在問卷中問道：「**在你剛失去親人的七十二小時內，沒有媒體與你聯繫，你有什麼感受？**」拉塔莎回覆：「感覺他們不在乎我兒子被殺。」如果親人的案件缺乏媒體關注，倖存者普遍會有這種心情。超過十分之一的受訪者表示，他們有被媒體忽略的感覺。有時是因爲他們的案件根本沒有被報導，有時則是因爲他們在報導中毫無參與感。

我把我的白色大活頁夾（這堆活頁夾中最大的一個，側邊的綠色標籤上潦草地寫著：**凶殺**

／死亡車禍）推到桌子上，開始翻閱裡面的調查問卷。

我找到有個母親，她年紀尚輕的兒子在九月十一日恐怖攻擊兩天後，在印第安納州伊凡斯維爾被殺害。她在問卷中寫道，沒有媒體在事發後立即與她聯繫，讓她感到「被忽視、被貶低、無助」。

還有一個母親寫道，她的女兒被酒駕撞死，沒有媒體關注這個案件，讓她覺得「好像除了她姊姊跟我，沒有人在乎她的死活。」

我還翻到克莉絲蒂·金恩·班奈特（Kristy King Bennet）的問卷調查表，她的兒子安東尼在北卡羅來納州格林斯伯勒被殺害，不到三個月後，她填寫了這份問卷，提到媒體沒有聯繫她，「讓我覺得他們不在乎我兒子。他們只想讓每個人都認爲這是幫派暴力，或只是一名消失於街頭的黑人男性。他的命不重要。」後面寫道：「我很心痛，因爲我兒子的命很重要。」克莉絲蒂表示，她兒子的凶殺案僅獲得一天的媒體報導，而我搜尋的結果也是如此。「WFMY News 2」網站[27]上的報導只有四句話，「WXII 12 News」節目上只出現十七秒的簡短播報[28]。我唯一能找到安東尼照片的地方是「GunMemorial.org」[29]，一個由非營利組織經營的網站，專門分享美國因槍擊事件喪生者的故事。我找到安東尼打籃球、大笑或微笑以及他與愛他的人在一起的照片。我還看到超過一百條獻給安東尼·克里斯多福·金恩（Anthony Kristopher

King）的留言，道出了他的死留下的傷痛：「我對你的思念永無止盡，阿安。」「我想你了，小兄弟。」「我的生活再也不一樣了。」

然後我找到凱瑟琳．胡佛（Katherine Hoover）的問卷調查表。在南卡羅來納州哈茨維爾的兒子去世後，她想與媒體接觸，但她「非常迷惘，不知道該怎麼辦」。她希望有記者向她詢問有關傑森．柯瑞（Jason Corey）的事情。她很想告訴他們，儘管國小、國中、高中時期，總有人認爲他進不了大學的門，但他仍順利地取得了南卡羅來納大學的畢業證書；他有三個女兒和一個兒子，都是他的心肝寶貝；他熱愛母校的橄欖球隊，也喜歡帶孩子們去看比賽。30

我繼續翻閱其他感到被忽略的受訪者問卷，其中一份特別引起了我的注意。崔西．施耐德（Tracey Schneider）的問卷。她的兒子保羅（Paul）在密蘇里州聖路易斯被殺害。我搜尋地址。這裡距離葛瑞格利．史都華身亡的地方僅十英里（約十六公里）。

「憤怒」這個詞出現在崔西的問卷中很多次，她提到媒體對保羅的案件不聞不問。沒有記者敲門、打電話或傳臉書訊息給她。「新聞片段只有約八秒。這可是一起雙重凶殺案。」崔西寫道。「我嘗試了好幾種聯繫聖路易斯新聞節目的方式，但徒勞無功。從來沒有收到任何回應。」

我翻到拉塔莎．史都華的問卷。問卷題目：「**你希望與媒體接觸嗎？**」她回答：「是的，我多次聯繫媒體，但他們從來沒有回應。」兩個凶殺案現場分別位於密蘇里州和伊利諾州，兩者之間僅隔著一條密西西比河。兩個母親都迫切希望媒體能報導她們兒子的案件。我點開一些當地媒體網站，發現兩地的記者都是同一批人。

我心想：「**這些凶殺案為什麼沒有被報導？**」我的腦海裡浮現出一個笑容滿面的年輕人，我永遠忘不了那張臉。

那是二〇一二年十月。

多倫多居民被要求清理街道上的排水溝。[31] 電力供應商警告家家戶戶要做好長期停電的準備。[32] 超級颶風珊迪（Superstorm Sandy）即將到來。

大多數正在嚴防颶風的人並不知道，兩個調查小組被派往這座城市最新的凶殺現場。第二天的報紙上，有一篇報導寫道：「兩棟有暴力史的住宅分別發生了凶殺案。」[33] 其中一個案件是一名看手相的算命師在出租雅房內被刺死，[34] 死者的鄰居說，她有很多「深夜訪客」。另一個案件發生在大約六英里（約十公里）外，一名男子在屋外被槍殺，一個當地居民聲稱，死者在去年曾多次成爲襲擊目標（文章沒有具體說明原因）。儘管槍擊事件受害者的名字尚未公布，但該報引用另一個鄰居的話，說他「在社區裡相當『出名』，因爲幹了『一些見不得人的齷齪勾當』。」文章沒有提到有任何人能夠證實鄰居對死者的指認或描述。

在多倫多，一天內發生兩起凶殺案並不常見，這座城市一整年的凶殺案也不過只有五十四起。[35]但這篇報導中的兩起凶殺案，就像該市的大多數凶殺案一樣，都發生在低收入社區，這些社區的暴力程度一直以來都比富裕社區高，和葛瑞格利．史都華、保羅．施耐德遇害的社區如出一轍。[36]根據當地居民未經證實的說法，這兩名死者都被描繪成典型的不值得同情的受害者（女子接待「很多訪客」，男子幹了「一些齷齪勾當」）。

也許是因爲這些原因，這兩起凶殺案才會被埋沒在報紙深處（第二版，第四頁）。也或許是因爲案發當天稍晚，約略在凶殺案的消息傳出後，一名女子在多倫多西區被暴風吹落的碎片砸死；[37]又或許是那天下午，一位與媒體交好的凶殺案調查員舉行了記者會（我有參加），更新上一週另一個死者的案件，那起案件牽涉了一位毫無爭議的受害者，他似乎是無端遭到攻擊。[38]無論如何，那天多倫多的新聞線路，尤其是與創傷相關的事件，異常繁忙。因此，當我在十一個月後聽到警方爲那個據稱幹了「一些齷齪勾當」的年輕死者提出謀殺指控，而我對這個案件一無所知時，也許我不該過於苛責自己。

「X先生」[39]當時正在街上遛狗，一部載有多名乘客的車輛停在路邊。其中一名乘客下了車，沿著住宅的車道追趕死者，並開了幾槍。」督察葛雷格．麥克連（Greg McLane）對聚集在多倫多警察總部媒體區的一群記者（我也是其中之一）說道。[40]我記得我盤腿坐在鋪著地毯的地板上，用腿上的iPad做筆記，搖了搖頭。站在臺上的凶殺案負責人接下來說道：「據稱，這起事件是隨機暴力行爲。」而且這不是唯一一起隨機傷人案件。

「督察，你說『隨機暴力行爲』是什麼意思？這表示兇嫌隨機挑選受害者，完全不認識對方，也沒有任何關聯——」我剛問到一半。

「是的。」他回答，低頭看了我一眼。

「你會怎麼形容這些嫌犯？」我問。

「冷血無情。」

我是多倫多收視率最高的新聞節目犯罪記者。可我怎麼不知道這個案件？我怎麼沒聽過X先生？

我發了一封電子郵件給新聞編輯室的圖書館員，問她有什麼關於這個案件的資料，過了一會兒，她回我電話。「沒有畫面。」我在X先生的名字下輸入筆記。[41]如果X先生遇害當天我們有派出攝影機去拍現場，應該要找得到畫面才對，但它從未出現在任何地方，節目沒有，網路沒有，我們的系統當中沒有任何記錄。要不是拍了忘記上傳，要嘛根本沒有拍。唯一能找到的是一張照片，是警方公布的X先生的確切身分。

「這又是另一宗槍枝暴力奪走無辜生命的暴力案件。又有一個母親歷經喪子之痛，又有一個家庭被摧毀，全都是因爲這個城市槍枝氾濫的問題。」高等法院法官約翰・麥克馬宏（John McMahon）在六年多後爲殺害X先生的凶手做出判決時如此表示。[42] 他補充說：「X先生會遇害，不是因爲他是誰、做了什麼事或跟誰有牽扯，他與凶手毫無交集。他會遇害，完全是因爲他居住在案發地。」

不是因爲他幹了一些**齷齪勾當**。

X先生的案件是一名年輕男子在低收入、高犯罪率的社區被殺害，直到故事人設急轉直下，還他清白，我才知道他的名字。在接下來的歲月裡，這個名字一直縈繞在我的心頭。他在特寫鏡頭的照片中露出燦爛的笑容，白色的帽兜拉到頭上，也在我的腦海中留下了永久的印象，帶來遺憾、沮喪、悲傷和謙卑。是因爲他住在低收入社區嗎？是因爲他是黑人嗎？這麼多年來，我明明報導了很多在類似情況下被殺害的死者故事。還是因爲那天發生的新聞眞的太多了？

但話說回來，他的家人**想要**得到媒體關注嗎？我很想說服自己，他們並不想，搞不好家屬非常重視隱私，在電視攝影機下曝光只會讓他們受更多的苦，但我想確認這件事，所以開始追這個案子。

我找到X先生哥哥的臉書，滑到凶殺案發生後幾小時和幾天的貼文。

凶殺案發生當天。「致我的弟弟X先生……」

隔天。「非常感謝大家留言給我弟弟……」

隔週。**「本週五將舉行燭光追思會……」**

再隔天。**「我正在努力聯繫城市脈動新聞過來報導這個活動。」**

同一天第二則貼文。「拜託各位X先生的朋友，請你們多多在他的牆上發文，這樣我才能引起電視臺的興趣。」

我的心一沉。

「我正在跟他們交涉，也寄給他們可供報導的相關資料。我希望愈多人參加愈好。」

我不清楚X先生的哥哥有沒有聯繫城市新聞臺（CityNews，之前是城市脈動新聞臺CityPulse），或是它的競爭者CP24（經常和CityPulse搞混），或兩者都有。我聯繫了這兩家新聞臺，請他們搜尋檔案庫。結果什麼都沒有。

那場追思會，就像這起凶殺案，要不是拍了被忘記，就是根本沒有拍。

現在回到伊利諾州。

我並非沒有找到葛瑞格利・史都華案的媒體報導，而是沒有新聞媒體報導。至少案件發生前後並無相關資訊。

本章開頭，我在事發後將近六個月才看到拉塔莎・史都華上傳到臉書的直播影片。她在影片中高聲疾呼，通常凶殺案倖存者做出呼籲的場合會是警方舉行的記者會、在家中緊抓著親人照片接受採訪，或是在犯罪現場擺放花束，新聞攝影機錄下來來去去的鑑識人員、一臉驚愕的鄰居以及目擊者的供詞。但拉塔莎只有她和她的手機鏡頭，向任何願意觀看、願意聆聽的人播送畫面。我從頭到尾看完了九分二十一秒的影片，震驚不已。

我繼續往下滑她的臉書，找到兩週前的另一段影片。八分十八秒。

「早安。今天早上，我坐在這裡陷入沉思和感傷，想著我的寶貝葛瑞格利・史都華，心情很沉重。」[43] 她的頭髮綁成小辮子，披在肩上。嘴唇塗著深紅色口紅，下眼瞼下方畫著深色眼線，敞開的紅色外套底下穿著色彩鮮豔的襯衫。「請幫助我們一家爲我們的兒子葛瑞格利・史都華討回公道、做個了結。」她停頓一會，「謝謝大家，祝你們有美好的一天。」

還有一支上個月發布的影片。她站在藍天白雲下。[44] 她紮起頭髮，戴著同樣的圈形耳環，穿著深色襯衫，外頭套著點綴著金屬鈕扣的紅色外套。她蹙著眉頭。「我來這裡貼海報，因爲有人決定撕除他的照片。」然後她複述電話號碼和不同的警察部門聯絡方式。她向我們展示一根電線桿，上面貼著葛瑞格利．史都華的照片，附近擺著泰迪熊和紅花。她轉過身，街道濕漉漉的，人行道從碎石過度到鋪有柏油的路面，兩者的邊界雜草叢生。「孩子沒了父親眞的很令人難過，你可以想像他們的心情有多痛苦。他是很慈愛的好爸爸，也是很棒的兒子。」她話鋒一轉。「這裡就是他被殺害的地方……」然後再次懇求知情人士提供資訊，呼籲大家幫他們討回公道。接著，她轉身離開有著凌亂院子的簡陋屋子，「這眞的毀了我的家庭。」她話語之間的間隔愈來愈長，呼吸愈來愈沉重，「每個人都知道我們一家人有多緊密。我們……」她急促地換了幾口氣。「眞的好愛也好想念我的寶貝。」

我繼續往下滑。讀了她的請求，點進她的罪案舉報熱線，看了更多影片。「我兒子不應該受到這樣的對待。我兒子不應該受到這樣的對待。」她在犯罪現場繞了一圈說道。「他不應該受到這樣的對待。」[45]

拉塔莎是記者報導凶殺案時最理想的採訪對象。她積極參與，渴望得到答案，願意分享照片、影片甚至最神聖的地方：她兒子的墳墓。我心想：「**她為什麼沒有出現在新聞上？**」我發了臉書訊息給她，希望能跟她通個電話。她很快回覆並謝謝我的關注。我們約好隔週聊聊。

我和拉塔莎．史都華通了電話，開場白與我多年來採訪凶殺案倖存者的方式一樣。我請她談談她的兒子。

「我兒子三十一歲，他在四月十五日剛滿三十一。」[46] 她接著提到他的音樂製作公司，以及他如何成爲執行長和創業家。還有他的五個孩子。「他有兩個兒子、三個女兒，分別是三到十二歲。」她告訴我他的目標、他的夢想、他的抱負，以及我聽過很多次的臺詞，彷彿凶殺案倖存者必須解釋爲什麼**他們**的親人不應該成爲挨子彈的人。彷彿在說服我們爲什麼應該關心。

然而，這正是拉塔莎這幾個月以來一直在做的事：試圖讓別人關心。

在她兒子被殺的前幾天，拉塔莎有一個私人臉書，上面滿滿都是你想得到的內容：向朋友喊話、曬孫子，而兒子遇害前的最後一篇貼文是她正要享用一頓飯的照片。她失去兒子後的貼文開始變得像許多白髮人送黑髮人的母親一樣，她貼了兒子的照片表達哀慟、給兒子的訊息（「我好愛好愛你。」）、關於兒子的訊息（「準備埋葬他。」）、家人探視墳墓的照片，在事發一個月後，她貼了父親節放氣球的影片。

接著，她將臉書從私人改成公開。

她告訴我：「我開始每週分享兩次關於我兒子和他被殺害的事情，我一定會提到時間和地點，今年二〇二〇年五月二十九日，是他遇害的日子，我還會附上地址，伊利諾州東聖路易斯龐德街二四〇八號。」

事發兩個月後，拉塔莎發布了有關此案的罪案舉報熱線。這支專線從此固定出現在她的動態時報上。再過一個月，到了八月，她在犯罪現場走動時拍攝了第一支影片。接著，某天，她坐在沙發上，心想：「**我要開始直播**。」也就是臉書直播。她說：「於是我開始直播，一週至少一到兩次。」在她的家裡、在她的車上、在墓地、在犯罪現場。因爲她做得到。她創了YouTube頻道、IG帳號和臉書群組。還有一個X社群帳號，不過很少使用，我們談話時她甚至不記得她取了什麼名字。（其實很容易找到，帳號是@LatatiaStewart，所有推文都和葛瑞格利．史都華有關。當我找到她的帳號時，她只有兩位追蹤者；我按下「關注」，追蹤者立刻變成三人。）但她沒有止步於此。

她在臉書上加入了「至少」三十個聖路易斯的不同群組。作爲成員，她可以分享有關兒子和這起懸案的貼文。「這樣一來，我至少會有四、五千個瀏覽次數。但後來我開始找其他管道，像是去聯繫蒙太爾．威廉斯（Montel Williams），參加一個叫『黑人的命也是命』（Black

Lives Matter）的運動，還有其他在邁阿密的活動。因爲我需要宣傳出去。」

有一次，拉塔莎在一個新聞頻道的臉書頁面上看到另一起凶殺案的報導。她說：「這可能有點無禮」，「但我留言向家屬致哀，祝他們早日找到凶手，並說我也想分享我兒子的故事，然後貼了我兒子的罪案舉報熱線。」

接著，她開始聯繫新聞編輯室。

當她在二〇二〇年九月決定加入我的研究計畫時，她兒子的案件還沒有引起任何媒體關注，但到了接下來的一個月，拉塔莎的貼文、呼籲和海報開始收到效果。

首先，當地NBC新聞附屬機構的網站上出現了一篇兩百七十九字的文章。標題寫道：「東聖路易斯一家人希望兒子的凶殺懸案水落石出。」[47]雖然新聞編輯室沒有實際派出記者採訪這篇報導中的遊行、燭光追思會和放氣球活動，但它依舊是一篇報導，甚至還放了一張活動照片，（不意外地）由葛瑞格利・史都華的家屬提供。我想，拉塔莎臉書上的影片雖然沒有包含在新聞報導中，但無疑推了一把。

再來，幾週後，拉塔莎又獲得了一次媒體報導，這次是《貝勒維爾民主報》（*Belleville News-Democrat*）。[48]文章的配圖由該報的攝影師拍攝，展示了一群人在另一名男子被殺害後遊行的畫面，但實際上整篇報導完全圍繞在於拉塔莎和丈夫保羅「努力不懈」爲兒子討回公道的故事。一個月後，當地CBS新聞附屬機構的一名記者在社群媒體（毫無疑問是拉塔莎的貼文）接觸到葛瑞格利的故事，並主動聯繫了她。又一次採訪，又一篇報導。[49]

「我好開心，眞的很感激她關注這個案件。」拉塔莎告訴我。「因爲這就是我一直努力在做的，盡可能讓我兒子的案件曝光，如果我能把故事傳出去，說不定就能傳到對的人那裡，讓他站出來說出眞相，那些殺了我兒子的凶手就會被逮捕和定罪。」

如果我能把故事傳出去。她的話烙印在我的腦海裡，**如果我能做這件事**、**如果我能做那件事**。這句話出自一個無助的女人之口，但她還沒有失去希望。她告訴我，她打算在跨年夜舉辦一場活動，結合蠟燭、天燈和她兒子的音樂。

我跟她說，我認爲她能這樣爲兒子發聲眞的很了不起。我很抱歉她經歷了這麼多困難，我當犯罪記者當了快十五年，在看她的臉書直播影片時，我實在很想爲她寫一篇報導。但話又說回來，我告訴她，我從來沒有在東聖路易斯工作過。所以我著手尋找曾在當地跑新聞的記者。

貝絲．杭茲多佛（Beth Hundsdorfer）曾於《貝勒維爾民主報》報導東聖路易斯的法院和犯罪案件，時間長達二十年左右。在葛瑞格利．史都華遇害一年多前，她撰寫了一篇深入報

導，探討東聖路易斯惡名昭彰的高凶殺率。這座小小城市的凶殺率居然高居全美之冠。[50] 貝絲在她的文章中寫道：「在東聖路易斯被殺害的機率比全國平均高十九倍。東聖路易斯的人口有兩萬六千人。百分之九十五是黑人。該市三分之二以上的兒童生活在貧困之中。家庭年收入中位數低於兩萬美元。失業率幾乎是全國的兩倍。學校系統被評選為該州倒數第一，而公共住宅區是該市最危險的區域。」[51]

雪上加霜的是，東聖路易斯的凶殺案破案率一直處於歷史低點。截至二〇二〇年十二月十二日，在東聖路易斯發生的三十六起凶殺案中（葛瑞格利．史都華案為其中之一），沒有一個人被捕。[52] 貝絲寫道，大多數凶殺案都被認定是隨機殺人事件，何況每年還有近「百起槍擊案」受害者存活了下來。文章提到，槍擊事件非常常見，即將卸任的警察局長估計，「平均每天發生十四起槍擊案。」

一座只有兩萬六千人的城市。每天發生十四起槍擊事件，等於每年發生五千多起槍擊案。這個數量是多倫多二〇二〇年槍擊事件的十倍多，而多倫多的人口是東聖路易斯的一百多倍。[53]

在我聯絡的幾位記者中，貝絲是唯一回覆我訊息的人。她說：「沒問題，我很樂意通電話。」我們約好當天下午聊聊。她積極的態度讓我相當意外。

「你正在做的事情意義重大，我好想尖叫。」通話沒幾秒鐘後她告訴我。[54]

「是喔，爲什麼？」我問她。「你爲什麼這麼興奮？」

她開始解釋。

「如果你來自東聖路易斯，你會爲此感到很自豪。」貝絲說。「這裡有很多優秀的人，他們都努力過好生活。」她表示，幾十年前，當地新聞編輯室擠滿了記者，他們都在爭取最好的報導。「但現在大家分身乏術，只會說：欸，這個人被槍殺，他是個很棒的人，好，下一條新聞。」

新聞編輯室人力匱乏這件事對我來說並不陌生。我在二〇〇七年到二〇一〇年爲《多倫多太陽報》（*Toronto Sun*）工作，看到好多員工被解雇，感覺好像疊疊樂，我們永遠不知道哪個員工離開會讓整個團隊崩潰。[55]

貝絲跟我提到，有些領導人因爲「政治考量」會去阻礙記者報導東聖路易斯的暴力事件。「他們會說：噢，我們不想讓這裡看起來像一個可怕的地方。」但我心想，**對住在那裡的人來說，無疑是個可怕的地方吧**。儘管這些居民對自己的社區感到自豪，但他們卻因爲全國最高的凶殺率和數量不斷攀升的槍擊事件而活在恐懼之下，連等個公車都可能喪命。

從壞名聲談到大新聞，貝絲告訴我，聖路易斯的一家媒體擁有「極其豐富的資源」，卻「不報導任何凶殺案，因爲他們不想要利用別人的悲劇獲利。」

那葛瑞格利．史都華的母親爲什麼要在兒子的墳墓現場直播？去報導她的故事就是在利用她的喪子之痛嗎？

「透過聳動的報導獲得大量點擊」和「透過出色的報導獲得大量點擊」，兩者之間有著重要區別。確實，從歷史的角度來看，犯罪新聞的名聲並不好，犯罪記者被描繪成追逐救護車的禿鷹，一心只想從他人的痛苦中獲利。俗話說：「**見到血，才能見頭條。**」我經常主導犯罪新聞的播報，根據我的經驗，這句話說得沒錯。但我寧願這麼想（至少在很多時候是如此），我會主導新聞播報是因爲我揭露重要的議題，而不是消費他人的痛苦。

貝絲談到犯罪新聞說：「這種新聞是駭人聽聞的，因爲攸關生死。它在本質上是關於創傷的故事，因爲它帶來創傷。」

在關於東聖路易斯暴力事件的調查文章中，她提到一名十二歲男孩的故事，他在與葛瑞格利的事件相隔三年的不同案件中目睹了雙親被殺害。分享這名男孩的故事永遠無法改善他的處境，讓他的父母復活，或是減緩他的憤怒、仇恨和悲傷。因此，分享他的故事算是偷窺他人隱私嗎？還是能帶來更大的好處？我認爲是後者。也許這個故事能促使河流西岸的人去關心河流東岸的人。也許能幫助這個十二歲男孩得到他迫切需要的支持，擺脫暴力的循環。

貝絲告訴我，各種崩壞的體系讓東聖路易斯一蹶不振：破爛住宅、高犯罪率、低教育程度。至於媒體，她說：「只不過是另一個辜負他們的體系。另一個讓他們有苦說不出、對他們置之不理的地方……大家都在談媒體資源的萎縮，但感受最深的卻是那些以最少資源來做出改變的人。」

像是拉塔莎．史都華。

像是崔西．施耐德。

像是X先生的哥哥。

我問貝絲一件拉塔莎跟我說過的事：所有主流媒體都在河流西岸，他們不關注河流東岸的人。「千眞萬確。」她解釋說，新聞編輯室的資源被削減，曾經存在於「都會東區」（Metro East）的分部被迫關閉，報社不再爭相講述東聖路易斯居民的故事。「隨著資源不斷被削減、削減、再削減，媒體機構開始撤退到另一側，留下了一個巨大的媒體空洞。」關於近年來東聖路易斯的凶殺案，貝絲告訴我：「很多時候根本連新聞剪報都沒有。」

我很好奇，如果把記者的辦公室搬到其他區域會影響報導，那麼讓記者住在新聞現場以外的區域是不是也會。我想到多倫多的媒體環境。大多數記者並不住在低收入、高犯罪率的社區。我就沒有住過。這是我認不得X先生名字的原因嗎？如果事發地點離我家更近，我會更關注這個案件嗎？也許吧。

我問貝絲一個假設的情況：如果伊利諾州東聖路易斯發生一起凶殺案，同一天密蘇里州聖路易斯一個高犯罪率的社區也發生另一起，是否可以很肯定地說，密蘇里州的案件會被媒體報導，而伊利諾州的不會？

「有可能，但不一定。聖路易斯的北城（North City）和東聖路易斯面臨相同的問題。」所以這兩起凶殺案或許都不會被報導。

「如果有人在聖路易斯的古德費洛街（Goodfellow）中槍，」貝絲說的這條街道距離崔西．施耐德兒子被殺的地點不遠。「我不知道會不會被報導，我不確定。」

我想到我曾報導過的城市多倫多。如果你在十年前問我，一起發生在高犯罪率社區的凶殺案會不會是新聞，我的答案是：「絕對會。每一起凶殺案都很重要。」但後來發生了X先生的事，那個笑容燦爛的年輕人。當然，他的案件，就像同一天在租屋處被殺的女人一樣，嚴格說來有被報導。但並不是有意義的報導。

在那十一個月裡，X先生是葛瑞格利．史都華，是保羅．施耐德，也是很多很多被遺忘的人，他們的家屬被忽視，我可以從我的問卷頁面中聽到他們絕望的懇求呼喚：「**關注這個案件！他很重要！我們很重要！**」直到警方召開記者會，我們終於聽見這些聲音。

但恐怕傷害已經造成。

3

羶色腥新聞搶先報

The Scoop on Sensational Stories

你的親人過世後，你第一次與媒體接觸的經驗是什麼？

「我清楚記得，成群的平面和電視媒體帶著麥克風來到我家門口，廂型車停在前面。當我去書房接電話時，他們不顧我的反對，硬是進來拍了家裡的照片。」

——珍・坎蒂，問卷內容，二〇二〇年六月五日我記得那隻被切斷的腳，腳趾上塗著黃色的指甲油。媒體收到的警告是，這隻腳的主人可能並未死亡——直到上游發現被斬首的頭顱。

那顆頭有紋眉。

接著，左手和右手被發現，它們在西邊的一條河裡載浮載沉。身體則被裝在行李箱中，出現在東邊的一條河中。

我記得有人猜測，這一定與蒙特婁發生的案件有關連，一名男子將一名大學生肢解後吃下肚，並在網路上上傳分屍過程的影片，還將屍塊郵寄到全國各地。畢竟，有多少凶手會支解屍體呢？（答案：比你想像的多。）

我記得自己曾和一位沒有參與此案的警察喝咖啡，他建議我對照失蹤人口報告，看看有沒有人和我已經知道的特徵相符，也就是那對紋眉。我記得我問其中一名負責此案的警察，受害者是不是我想的那個人，結果我們在黑莓即時通訊（Blackberry Messenger）上發生爭執。我記得他要求我告訴他是誰跟我說的。我記得他以一種命令的口氣叫我不要在報導中寫出名字，因為還有重要的調查工作尚未完成，並提醒我他幫過我多少次。我記得我打了這幾句話：「我不會報出名字，但別裝得一副好像你給我消息都不是為了破案。」

我記得那種搶獨家新聞的壓力，不跑第一不行。每當首席調查員或負責媒體關係的警官走到麥克風前，報告最新的「**驚悚**」發現，就有一大群媒體蜂擁而至。噢，我們好愛用「**驚悚**」一詞！還有「**屍塊**」、「**分屍**」、「**砍頭**」。

好多細節和感受都鮮明地存在我的腦海裡，彷彿昨天才發生，而不是近十年前的回憶。但當我在記憶深處搜尋時，卻找不到某些關鍵的東西。我不記得自己是否有想過這個女人可能遭受了怎麼樣的痛苦。我不記得自己有沒有想過她是否愛過，或者被愛過，也不記得她的親人內心有多煎熬。這些天以來，案件中那些引人入勝的細節占據了一切，幾乎無暇思考其他事情。

我們想要拍攝**物證**從河裡被撈起、警察凝視水面的鏡頭，以及附近居民因**驚人發現**而震撼不已的表情。我們在調查初期了解到，受害者還開了一家spa，據說提供性服務。所以，這又是個爆點。

仔細想想，我發現我這種缺乏同理心的態度可能是一種應對機制。如果沒有真人的照片，如果沒有人在我們面前哭泣，我們就更容易抽離，更容易不去想那隻塗著黃色指甲油的腳和紋眉的頭在河裡被發現時的樣子。最好不要去想像它們還是個好端端的人時是什麼樣子，以及被肢解的過程。

我已經看過被分屍的身體部位，不想再看更多了。

一旦案件進入審判階段，早先被報導的那些細節都不再重要了，事後大家才知道，這名女子並不是被連環殺手或性成癮者殺害的，也沒有在鏡頭前被吃掉或肢解，她的生命像之前許多女人一樣，被一個充滿嫉妒的前男友奪走。[56] 儘管如此，當時的媒體卻鮮少有人注意到這一點。

我想到這個案件時，剛好在閱讀第一批問卷回覆，其中一份的填寫者是一名住在美國西岸的女性，但她的丈夫在底特律遇害。

雨水猛烈地打在珍．坎蒂位於格羅斯岬公園（Grosse Pointe Park）的豪宅，她難以置信地看著時鐘。她的丈夫艾倫晚了三小時還沒回家。「拯救生命」（Live Aid）音樂會特別節目、爆米花和酷熱的天氣都無法消除這位妻子的憂慮，儘管她之前也等過丈夫無數次，但那一股不祥的預感還是籠罩在心頭。她打電話到他市中心的辦公室，回應的只有語音服務；翻遍他的日程表，一無所獲。然後，她獨自一人在家喃喃自語：「他死了，不會回家了。」[57] 後來，珍告訴我，她聽到自己說出這些話時嚇了一跳，並回憶起當時想著：「嗯，也太戲劇化了。」[58]

一九八五年七月的那天夜晚，珍打給州巡邏隊、當地急診室和格羅斯岬公園警察局。隔天，她到兩個警察局報案失蹤。當晚，感到沮喪和無助的她打給媒體，那是一間新聞談話廣播電臺，和她丈夫的心理科診所位於同一棟大樓。

「他們中斷了廣播，向聽眾徵集有關『格羅斯岬公園心理醫生失蹤』的消息。」珍在回憶錄中寫道。[59] 接著，「一篇無關緊要的報導出現在《底特律自由報》（*Detroit Free Press*），把我們私人的夢魘展示在大眾面前。」一名電視臺工作人員立即趕到。

珍在問卷中描述了媒體成群到來，趁她去接電話時，不顧她的反對「硬是」拍了家裡的照片。我讀到這段時，心裡一陣熟悉的痛楚。

噢，我不知道自己去過多少個喪親者的家，看著他們接殯儀館的電話或與訪客談話時，那心煩意亂又筋疲力盡的模樣。拿著麥克風和記事本的我以及扛著巨大攝影機的同事顯得多麼突兀，在等待採訪時，我們觀察周遭重要的一切並找事情來做。於是，我們開始拍攝周圍的細節：桌上的照片、角落的哀悼者、蠟燭、薰香或剛送來的鮮花。**他們都讓我們進門了，應該不在意吧**。

珍顯然非常在意，她後來告訴我，她讓媒體進門只是爲了讓人們能注意她失蹤的丈夫。

這次硬闖事件和珍六歲時第一次和媒體接觸的經驗截然不同，當時她贏得了一場詩歌比賽，當地一家大報社的記者在學校採訪了她。第二次經驗是在八歲時，另一家大報社到她的教會參加新鐘樓的落成儀式。

幾天後，尋獲了艾倫的遺體。當他的案件狀態從失蹤轉爲謀殺時，媒體如洪水般湧出。珍是大部分媒體報導的主角，但她和金．漢考克斯，也就是警察丈夫在執勤時被殺的那位遺孀有著不一樣的形象。金是有孕在身的哀慟遺孀，珍則是艾倫照片中的女人，媒體在提及艾倫被皮條客和「知名妓女」殺害時，經常展示這張照片。[60]金在丈夫殉職後，接到了警察局長的來訪，而珍，則在前往太平間認屍時，必須穿過站在外面的兩名記者，才能進去辨認丈夫扭曲的臉、被割斷的脖子、浮腫的眼睛、掛在嘴巴外面的腫脹舌頭。[61]多倫多媒體站在鄰近建築物的屋頂上拍攝比爾．漢考克斯的棺材，而底特律媒體違背珍的意願，擅自進入葬禮的殯儀館。

「媒體厚顏無恥地拿出記事本，大聊八卦、胡亂猜測，我覺得深深被冒犯。」珍談到丈夫的葬禮時寫道。「有幾個人露出笑容甚至發出笑聲，好像這是一場供大衆消費的娛樂。只差沒爆米花而已。」[62]

我不記得我曾在葬禮上露出笑容甚至發出笑聲，但我的確曾在許多儀式上不請自來。第一次是還在《卡加利先驅報》（*Calgary Herald*）當實習生時，我記得我走進教堂還是殯儀館（不確定是哪一個）時很害怕，在後面找了個位子坐，遠離白色的大小兩具棺材，裡面裝著一對在高速公路車禍中喪生的父子。我記得心裡充滿罪惡感，在接下來的幾年裡，每當有人遞給我上面印著亡者面孔的紀念卡、陌生人對我露出善意的微笑，他們以為我跟他們一樣感到痛苦，我都十分內疚。我記得在包包裡翻找錄音機，然後注意到坐在我隔壁的男子把手伸進口袋，掏出一支筆，開始在紀念卡的邊緣寫下筆記。當投影機螢幕上播放這對父子的照片時，我的眼裡充滿了淚水，咒罵自己感情用事。**專業點**。**專業點**。儀式結束時，隔壁的男子跟我說他是《卡加利太陽報》（*Calgary Sun*）的記者。我們在棺材被抬出去前離開，彷彿與陌生人一夜情後分道揚鑣。

後來我參加的葬禮愈來愈多。幾乎從未被正式邀請，有時被容忍，大多數時候直到第二天報紙刊登或六點的新聞播放時，人們才注意到我的存在。

像是黑道葬禮，我們會像警察一樣設立據點，進行遠距離監控，距離不會太近，也不會太遠，拍下每一個走向教堂的人。回到電視臺後，我們會將影片存檔，並標注**請勿刪除**，要是這些男子當中有人以同樣方式命喪黃泉就派得上用場。

在我的第三個孩子出生前一個月又一週時，一名小女孩和一名年輕女子在繁忙的多倫多街道上不幸喪生。兩場葬禮都辦在同一天，兩邊家屬都希望保有隱私。我的一位同事被派往城市北邊參加小女孩的葬禮，警察極力阻止媒體打擾。我則被派去參加年輕女子的葬禮。我們站在人行道上，在哀悼者擒著淚水出現時上前採訪，他們離去時留下更多淚水。我被告知，城市北邊的同事沒有取得足夠的素材，因爲沒有人願意說話，因爲他們被擋得太遠了。他們問：**「你能把兩場葬禮合併在一起嗎？你不必做現場報導。」**

我回答：「我根本什麼也沒有，不得其門而入。家屬不希望媒體在場。」

但他們想要這個故事，他們需要這個故事，觀眾會覺得奇怪，我們怎麼沒去採訪。葬禮是很**重要的新聞**。

於是，我寫了這樣的報導：描述那位年輕女子葬禮上，小妹妹和姊姊、母親和父親到場的情景。還描述那位小女孩葬禮上，小女孩們穿著小禮服、小男孩們繫著小領帶，以及所有成年人滿懷痛苦地支持悲傷的父母。我寫下了那場葬禮外的車流聲，以及另一場葬禮上教堂鐘聲的迴響：**「地處兩地的兩個家庭，因相同經歷被聯繫在一起。今天，家屬私下紀念兩條生命，從遠處觀看的陌生人也公開懷念。」**[63]

他們總是說，如果我們不做現場報導，就必須出現在鏡頭上。我沒有做現場報導，也沒有出現在鏡頭上。沒有人說什麼。我只想交差了事，但直至今日，在我第三個孩子的三歲生日過了三週，這個故事依舊讓我感到困擾。

午後溫暖的陽光灑在我的廚房桌上，我按下按鍵，開始播放三十多年前的新聞片段。我筆電上的影像有著錄影帶（VHS）的顆粒感，故事以突兀的起伏交織在一起。這段影片被錄下時，我還只是個蹣跚學步的孩子，但此時那一股熟悉的痛楚再度襲來。畫面中出現了律師的片段，目擊者的片段，還有犯罪現場、法院，以及那些聳人聽聞的細節。艾倫和珍的照片。他們展露出完美的笑容和擁抱，背景是優美的風景，暗示著兩人過去的幸福生活。我想，這張照片是在艾倫被認爲是失蹤而不是被謀殺時被分享給媒體的，然後一次又一次地被拿出來搭配他的羶色腥故事。照片中從來不僅僅是艾倫一人，總是艾倫與珍的合影。珍在她的回憶錄中寫道，記者如何將她貶爲「一場餘興節目、一種價值轉瞬即逝的商品、一個標題、一個供人攀登的階梯、履歷中拿來說嘴的功績，人們一旦達到目的，這一切就會被存檔，然後被遺忘。」[64]

粗糙的畫面播放著一個又一個的故事，最後來到一個脫口秀節目，一位作家正在宣傳他關於艾倫．坎蒂謀殺案的書。主持人坐下來，拿出準備好的訪綱詢問作家問題，接著走進觀眾席，邀請大家踴躍提問。[65]一名男子問作家，是什麼動機讓他想要講述這個故事。作家回答，一個專門爲人解惑的心理醫師竟無法治癒自己，這一點很值得探討。我心想：**這是我到目前為**

止聽到第一個發人省思的見解。接著，鏡頭切到觀眾席的另一名男子：「凶手記得他把這個人切成多少塊嗎？」

作家不安地笑著。「要數是可以數啦，可是重點在於……」站在觀眾席、拿著麥克風的主持人打斷他。「這問題太可怕了吧。」她伸出舌頭，明顯表現出噁心的樣子說道。大家都笑了。臉上帶著微笑的作家表示：「我沒有數過。」他把頭靠在右手上，食指按在太陽穴上。突然之間，這個問題不再令人噁心，主持人可以繼續接下去。「告訴我們嘛。畢竟，他把屍塊像肉塊一樣包起來。」

我想起那隻塗著黃色指甲油的腳，還有紋眉的頭。人在現場的警官傳來最新消息：「我們的搜查小組找到兩隻手，一隻左手、一隻右手。根據常理判斷，它們很有可能與昨天發現的腳和頭有關連。」[66]

在多倫多，金．漢考克斯是「金寡婦」，在充滿淫穢細節和齷齪笑容的脫口秀中，珍只不過是「妻子珍」。[67]兩名女性在聚光燈下都以非常不同但又相似的方式受苦。說到羶色腥報導所造成的傷害，直接倖存者可以被想成是爆炸現場，但漣漪效應從遠處就可以感受到。

有多項研究指出，羶色腥犯罪新聞與人們對社區安全的非理性恐懼增加有相關性。在艾倫．坎蒂被謀殺近二十年後發表的一篇文章中，社會學家大衛．阿爾泰德（David Altheide）

認為，犯罪在美國報紙和電視新聞中占主導地位的原因之一是它很容易報導。[68] 我理解他的看法：壞事發生，我們出現，告訴大眾，隔天重複。這位社會學家寫道：「這種報導的一個明顯偏見是，極少發生的犯罪，像是凶殺和暴力攻擊會占據大部分版面，而較有可能發生的犯罪，像是偷竊和闖空門，卻很少被提及。這種報導的後果之一是讓觀眾（和讀者）覺得『犯罪』就是『暴力犯罪』。」

儘管艾倫．坎蒂被殺的那一年，也就是一九八五年，底特律的竊盜案可能遠多於殺人案，但凶殺案的嚴重程度再怎麼誇大都不為過。艾倫是當年被殺害的六百三十六人之一，底特律是美國最大城市中凶殺率最高的城市，為芝加哥的兩倍多。[69] 問題是，雖然艾倫案比當年絕大多數因暴力喪生的案件得到更多關注，但它並不能代表更廣泛的問題。人們通常在以黑人和窮人為主的市中心貧民區被殺，其中大多數魂斷槍下。[70] 艾倫是來自郊區的有錢白人，被兩名貧困的白人吸毒者用球棒打死。重點是：假如政策制定者想出辦法避免下一個艾倫．坎蒂被殺，那麼對降低凶殺案數量也無濟於事。

我想起來，在我從青少年邁入成人階段時，開始質疑為什麼世界上發生這麼多壞事，爸媽會跟我說：「常見的事總是常見。」飛機通常會安全降落。人們通常不會在開車上班時喪命。孩子通常不會被流彈打死。

富有的白人男子通常不會被經常出入底特律卡斯走廊（Cass Corridor）的皮條客和性工作者謀殺。他們通常不會被球棒打死，也不會被肢解成一塊一塊，更不會發現他們過著雙重生活。

然而，常見的事總是常見。當不常見的事情發生時，就會成爲新聞。艾倫．坎蒂成了新聞。珍．坎蒂是被波及的被害者。當年有數百名凶殺受害者幾乎沒有得到任何媒體關注，因爲艾倫案太轟動了。

截至本文撰寫之時，正値加拿大聯邦競選活動即將結束之際，在人們強烈呼籲對原住民和解的背景下，也適逢北美各地的醫院床位因疫情擠滿了病患，此刻社群媒體和主流媒體上最多人談論的故事之一，是關於在懷俄明州失蹤的登山客。並不是說她的生命、她的親人、他們的悲傷不重要。但天知道現在美國還有多少名失蹤的女性，她們的皮膚或髮色更深，名字永遠不會變得家喻戶曉，因爲她們失蹤的情況很常見。

珍在問卷中寫道，有一次，一家報紙刊登了一張地圖，秀出她的住址以及艾倫可能遇害的地點，引發了好奇人士開車經過她家並拍照的熱潮。

我懂這些好奇人士的想法。眞的。當我還在報導犯罪新聞時，我對眞實犯罪故事很著迷。我幾乎只讀眞實犯罪書籍，看眞實犯罪紀錄片，大部分時間都是和警探們一起喝咖啡，他們會分享案件中不公開的骯髒細節，讓你把胃裡的東西都吐出來的那種。我的咖啡桌上堆的幾乎全是關於眞實犯罪照片的書，其中一些是紐約著名攝影師維吉（Weegee）在警察到達現場之前拍攝的凶殺受害者照片。我現在完全沒辦法去閱讀那些書籍、觀看那些節目、談論那些話題或翻閱那些照片。當我打下這些文字時，一想到它們就心跳加快。我可以了解這些沒受過創傷的人的迷戀。

但這種迷戀是要付出代價的。

在艾倫遇害後的十八個月裡，媒體密集的報導可能滿足了好奇人士，但也逼得珍不得不搬家、換辦公室和合法改名。她不得不請求大樓保全人員協助，防止媒體闖入她的心理診所。但她最後也離開了這份工作，同時也離開了她的家鄉和支持她的一切。

與此同時，她還必須面對丈夫被謀殺的事實和他過去的雙重生活，並對抗失眠、焦躁、神經質、迴避、疲勞和噩夢，許多重大創傷事件的倖存者都有同樣困擾。這位擁有博士學位的心理學家在她的回憶錄中寫道：「在課堂上學習創傷是一回事，**親身經歷**又是另一回事。

我的父母告誡我，盡信書不如無書。我學到的第一個創傷教訓是艾倫的死。第二個是媒體剝削。」[71] 媒體爲珍帶來極大的影響，當她在播客節目《凶殺案的骨牌效應》（*Domino Effect of Murder*）上訪問其他創傷倖存者時，幾乎都會問他們與媒體互動的經驗，而對方的回答也幾乎都是負面的。

我請塡寫問卷的創傷倖存者針對以下三個類別提供建議：一、給突然面臨媒體報導的倖存者們的建議；二、給調查人員和／或倖存者支援人員們的建議，以及三、給想與倖存者接觸的媒體從業人員的建議。珍建議倖存者不要直接與媒體交談，最好指定一位家屬發言人。她建議調查人員和／或倖存者支援人員以書面或當面方式告訴倖存者他們的權利是什麼，並給予他們應對媒體的訣竅。

至於媒體，她寫道：「了解『媒體恐怖』（media terror）的因果關係。意識到同樣的事情也可能發生在他們自己或親人身上。**好好**思考大眾的「知情權」（right to know）和隱私權之間的界線。（大眾有什麼「權利」知道我認屍的細節？？？我住在哪裡？我開什麼車？我在哪裡長大？我在哪裡讀研究所？我的辦公室在哪裡？他的悼詞寫了什麼？）」

我一遍又一遍地瀏覽珍的問卷，謀殺案發生的一九八五年，一直盤旋不去。她之所以受到這種對待，是因爲那是近四十年前媒體的普遍操作方式？

不是。

因爲在收到珍的問卷五個月後，我收到了布蘭達・薛納（Brenda Schena）的回覆，她八十二歲的父親派特在艾倫案過了三十多年後的二〇一九年被殺害。派特是一位古董商和退休建築物檢查員，「一個友善的好好先生」，[72]而媒體對他的描繪與對艾倫的處理截然不同，這是可以理解的。他的案件並不是那一年發生的數百起凶殺案之一；相反地，派特・薛納是他居住的波士頓近郊小鎮二十七年來第一個被殺害的人。一個極度不尋常的案件，但原因大不同。然而，儘管他被人們深深地懷念，沒有醜聞或淫穢的臆測，儘管鎮民的善意爲布蘭達帶來安慰，但媒體仍然加劇了她在殺父凶手被逮到之前的恐懼。

在問卷中，布蘭達描述了父親遇害後的第二天下午，媒體聚集在她父親的房子外面。這棟房子（也是犯罪現場）剛交還給家人。「他們在我父親的前廊上按門鈴，而我們在房子裡怕得要命。我們仍在接受警方詢問，需要前往警局。我們偷偷從後門溜出去，請一位家族友人到鄰居家接我們。媒體也透過電話和臉書聯繫我和妹妹。」

在殺父凶手被逮到之前的五天，布蘭達一直活在強烈的恐懼之中。她去遛狗時會不斷回頭看。媒體在她父親家、派出所和殯儀館之間跟蹤她和她的家人，讓她相當害怕，因爲我們不知道跟在後面的是警察、凶手還是媒體。

珍在一九八五年與媒體交手的經驗很有可能在布蘭達喪親的二〇一九年重演，正如珍在問卷最後所暗示的一樣。

關於媒體對犯罪受害者的影響，你還有什麼想告訴大家的嗎？

珍寫道：「俗話說：『見到血，才能見頭條。』這句話無論是放在今天的X社群時代還是廣播的鼎盛時期都適用。再來，新聞裡的人物、新聞撰寫者和新聞消費者看事情的角度**永遠**都不會一樣。」

我開始明白了。

4

受創傷的大腦

Brains on Trauma

在你剛失去親人的七十二小時內，媒體與你聯繫，你有什麼感受？

「我的情緒激動難平，我的世界支離破碎；因此，我們盡可能避免與媒體接觸。任何接觸都會增加我的焦慮和恐懼。後來，我在治療中了解到，恐懼是哀慟中常見的情緒，對暴力意外死亡的倖存受害者來說更是如此。」

——關朵琳．布羅德莫，問卷內容，二〇二〇年六月十五日當了二十多年心理健康專家的艾咪．歐尼爾（Amy O'Neill）當時正繞過波士頓市中心的博伊爾斯頓街，突然之間，炸彈碎片和某人的血肉飛濺到她身上。幾秒鐘前，在她靠近終點線時聽到第一次爆炸聲，隨後看見爆炸產生的煙霧，她以爲是慶祝活動，或是音響系統出問題。於是，她繼續跑。她當時已經快跑完這場自認爲生涯最後一場的馬拉松。接著，第二次爆炸從左方襲來，她的腿部被炸彈碎片擊中，全身沾滿血，暫時失聰，開始出現創傷反應。

她不停地跑，一路跑回飯店。她的動作沒有停下來，她馬上進浴室沖澡，沖掉腿上流的血和來自別人身上的血，然後爬上車，開六、七個小時回到賓州的家鄉。到了深夜，她去醫院做X光檢查、吃抗生素、打破傷風，並拿到了一張轉診骨科的預約卡，醫師將會爲她取出深嵌在左小腿中、一顆鋸齒狀的鋼珠。[73] 她上床睡覺，隔天醒來，送丈夫去上班、孩子去上學，然後獨自一人坐著，不知道該做什麼。

七年多後，艾咪在家裡接受訪談時回憶道：「我難過嗎？生氣嗎？其實，我根本搞不清楚發生了什麼事。」[74] 隨著時間的流逝，她的心理健康背景再加上一些常識告訴她，她當時處於震驚之中。她說：「而且我覺得這種驚恐伴隨我很長一段時間了。」

爆炸案發生四天後，記者聚集在炸彈客的阿姨位於多倫多西區的公寓大樓大廳裡，我擠在人群中，看著她淚眼婆娑地向我們喊話，她無疑也正在經歷創傷：「給我看證據、證據、證據！」她不相信她的一對外甥，「正常的年輕人」涉入此案。[75] 而此時艾咪正坐在發光的螢幕前，著魔般地瀏覽YouTube影片，尋找自己的證據。

「人們會把自己用手機拍下的爆炸場面傳上去。我看了好幾千遍。很怪吧。」她說，然後改口。「也不能說怪，這可能就像是對延長暴露（prolonged exposure）的自然渴望。」她想在其中一個影片中找到自己。她想確認實際上發生的情況是不是跟她**想的**一樣，某人的血肉飛濺到她身上。艾咪知道她記得什麼，但不知道該相信什麼，因爲她很清楚，受創傷的大腦有時會欺騙自己。因此，她一遍又一遍地觀看一支又一支影片，迫切希望找到可以自圓其說的故事。

我們談了一小時後，我告訴艾咪，在我那一份針對凶殺和死亡車禍倖存者所做的問卷調查中，大部分的受訪者表示，遭逢喪親之痛時，他們還沒有準備好與媒體接觸。事實上，在回答該問題的五十六人中，僅有不到百分之二十的人準備好馬上與媒體接觸，儘管全部七十一名受訪者中的百分之六十二都曾被動地站在媒體面前。近四分之一的受訪者指出，事發後他們處於震驚狀態，但這可能是所有受訪者的眞實情況。當我們討論倖存者是否準備好與媒體接觸的問題時，艾咪提出了一個看法，爲我帶來整個計畫中最深刻的頓悟。

「創傷就是缺乏敘事，對吧？這就是癥結點。」她坦白地說。「創傷事件就是缺乏敘事。你會想：『**這件事要怎麼說得通？**』所以，隨著時間過去，根據你與受害者的親近程度，你將發展出一套敘事。然後才有辦法說：『**這就是我的經驗**。』」

創傷就是缺乏敘事。

記者想要一套敘事。

他們向創傷倖存者要求的東西可能還不存在。

艾咪繼續說：「實際上，你大腦中的語言中樞當機了。你的感官系統啓動了，大量的感覺與經歷湧入，但你的語言中樞卻當機了。所以我看影片或搜尋YouTube時，心裡在想：『等等，我好像看到一大塊肉打中我，我記得那種觸感，我看著它掉在地上，想不通那是什麼。』」一直到兩年多後，她才在一個影片中看到自己，那是審判時播放的影片之一，但鏡頭太遠了，她還是無法確認實際上發生的情況是不是跟她想的一樣。「這讓人感到很孤獨、很孤立，你沒有辦法用語言來解釋。你可能有一種感覺、一種反應，或者某種情緒，但你找不到字眼來描述你的創傷、你的故事。」

艾咪表示，在延長的創傷焦點談話治療中，患者的創傷敘事往往會發生改變。「因爲你的記憶會慢慢回來。你會有新的感覺……你可能會對某件事有新的見解，或是對某件事有不同的記憶。」

美國精神科醫師茱蒂絲．赫曼（Judith Herman）在她關於創傷的重要著作中開宗明義寫道：「我們通常對暴行的反應就是把它從意識中消除。某些違反社會契約（social compact）的行爲太可怕了，無法說出口——**難以言喻**（unspeakable）一詞的意義就在此。」[76]

「創傷倖存者無法說出他們的經驗」這件事讓我反覆思索了好幾個月，但直到第七還第八次療程，我才眞正體會箇中滋味。那是我第二次嘗試心理治療，因爲發生了「攪拌鬆餅糊攪拌到滿腔怒火」事件（還有後續，我稍後會提及）。

我先交代一下來龍去脈。每天晚上，在爬上床和丈夫一起睡覺之前，我會爬上熟睡孩子的床，對他們低聲說，我非常、非常、非常愛他們，我會永遠、永遠、永遠愛他們。我告訴治療師，這些時刻充滿愛，也充滿絕望，因爲當我看著他們熟睡的臉龐時，無法不去想像他們死掉的樣子。我會觸摸他們的皮膚感受溫度，有時也會把耳朵貼在他們小小的胸前，聽那砰砰的心跳聲，讓自己相信他們確實還活著。但有時，他們死掉的感覺是如此強烈，我會控制不住地在他們身旁哭泣。

我的治療師知道，雖然多年來我報導過許多兒童死亡的新聞（被打死、被餓死、被車撞死、被子彈擊中而死），但我認爲是某個案件的某個時刻、**某張照片**讓這些極具侵入性的想法傾瀉而出。我們決定透過「眼動減敏與歷程更新療法」（eye movement desensitization and reprocessing，簡稱EMDR）來處理這個時刻，以我的狀況來說，作法是具有節奏性地拍打肩膀，同時重複說出那段記憶，希望藉此減輕它的影響。

在接受治療之前，我曾多次想起這個時刻——那張照片，還有那些孩子。每天晚上，當我爬上熟睡孩子的床時，都會去想像那個情景。可是，當治療師第一次要我描述我記得什麼、我在哪裡、我聽到什麼、我看到什麼、我感覺到什麼時，驚人的事情發生了：我辦不到。

我試著說出這段記憶，話卻哽在喉頭，只能結結巴巴地吐出：「我……我……我……」試圖抓住任何清晰的字眼來描述腦海中鮮明的場景。「我……我……在……」我以前從來沒有這樣過。「在……在……在……」我開始啜泣。「採……訪……。」

最終我還是得以完整描述這個時刻：我怎麼蹲著。我面前的大樓。我爲什麼在那裡。我聽了什麼、看了什麼。但我試了很多次、費了很多力氣才做到。**這是怎麼回事？**我明明是一個專業的溝通者呀！

我分享這個故事不是爲了裝可憐。經過十幾次療程後，我還在努力正視自己受的苦，同時不要覺得好像在貶低他人受的苦。我分享這個故事是爲了讓大家了解，任何創傷事件，不管是什麼，都可能對一個人講述自己故事的能力產生深遠的影響，即使經過多年也一樣，而每個人呈現出來的方式各有差異。

對某些人而言，受創傷的大腦會讓他們說出實際上並不存在的記憶。

校園槍擊案倖存者海瑟．馬汀（Heather Martin）在科羅拉多州的家中接受FaceTime採訪時，回憶起她在事發數天後接受記者採訪的情景。事發時她躲在學校的合唱團辦公室，以爲自己死定了。在那場採訪中，她告訴記者，她看到學校外面有軍用坦克。[77]

但根本沒有坦克。一輛都沒有。

這個故事如今成了一個笑話。大規模暴力倖存者社團的朋友有時會在她的臉書上發布坦克的照片。但這件趣聞在在說明了記者不見得能在事發後從倖存者身上得到他們想要的正確資訊。

法庭早已認知到目擊者證詞不一定可靠。以一九九六年的雷茲瑪（R. v. Reitsma）案爲例，一名英屬哥倫比亞男子僅憑受害者的目擊者證詞就被判入室竊盜罪。該名男子隨後基於缺乏證據申請撤銷定罪時，英屬哥倫比亞上訴法院法官安．羅萊斯（Anne Rowles）寫道：「如果原告在犯罪前並不認識被告，並且原告觀察犯罪者的機會僅限於短暫、緊張的接觸，那麼目擊者證詞的弱點可能最爲明顯。」[78]

短暫、緊張的接觸。

省級法院撤銷對該名男子的判決。隔年，加拿大最高法院維持了這項裁決。[79] 目擊者證詞不可信。

十多年前，現已解散的加拿大法律改革委員會發布了一篇題爲《警察指導方針：審前目擊證人指認程序》（*Police Guidelines: Pretrial Eyewitness Identification Procedures*）的論文。作者尼爾·布魯克斯（Neil Brooks）在文中解釋了目擊者證詞的弱點可能導致錯誤的有罪判決。

> 心理學家的研究顯示，感覺刺激轉化為意識經驗的過程很容易出錯，因為大腦不可能接收任何事件的全貌。由於感知和記憶是選擇性過程，目擊者往往會用其他細節填補他們所感知的事件，這個過程讓他們能夠建立邏輯順序。至於會添加什麼細節，在很大的程度上取決於過去經驗和個人期望。因此，事件在觀察者腦海中最終呈現出來的模樣可能與現實有很大的不同。[80]

當海瑟·馬汀躲在學校合唱團辦公室時，她聽到走廊傳來尖叫聲和槍聲，極大的創傷可能導致她認爲一定會有軍用坦克來解圍。所以大腦告訴她，這就是現在正在發生的事，然後她再告訴記者。

另一位經歷過二〇一九年維吉尼亞灘市政大樓（Virginia Beach Municipal Center）大規模槍擊案的倖存者在問卷中寫道：「只有少數同事選擇接受媒體採訪，他們的說法被視爲唯一且百分百的眞實故事，但實際上，很多人在槍擊事件發生後馬上被採訪，還處於驚嚇狀態，沒有時間消化到底發生了什麼事。」

對患有創傷後壓力症候群（post-traumatic stress disorder，簡稱 PTSD，症狀包括侵入性想法、過度警覺、閃回和夢魘[81]）的人來說，記憶問題可能會在事發後存在很長一段時間。研究顯示，PTSD 患者可能會記不清楚事件、事實或清單；他們可能有關於日常生活和創傷的片段記憶；他們可能徹底失憶。這些記憶空白可能會持續幾分鐘到幾天。[82]

爲了了解創傷經驗是否會對健康人士的大腦和行爲產生長期影響，一項研究的作者們觀察了二十二個人的杏仁核，也就是大腦中幫助我們定義和調節情緒並保存記憶的部位。[83] 部分受試者在二〇〇一年九月十一日那天，位在距離世貿中心不到一英里半（約一點四公里）的地方，其他則距離兩百多英里（約三、四百公里）。研究人員發現，恐怖攻擊發生三年多後，給他們看害怕的臉孔時，與冷靜的臉孔相比，距離世貿中心較近的人的杏仁核活化程度增加了，程度大於距離世貿中心較遠的人。作者們寫道：「這些數據說明了高強度創傷會增強杏仁核的反應性，而恢復相對緩慢。」[84]

其他研究則顯示，創傷壓力會導致杏仁核、海馬迴和前額葉皮質產生持久變化，這些大腦區域在壓力反應和記憶方面扮演重要角色。[85]

世界知名精神科醫師貝塞爾・范德寇（Bessel van der Kolk）在《心靈的傷，身體會記住》（*The Body Keeps the Score*）一書中寫道：「根據定義，創傷是難以承受且無法忍受的。」這本書是現代創傷文學中最重要、最廣爲人知的作品之一。[86]不過，如同杏仁核研究顯示的結果，創傷不僅僅存在於衝擊發生當下，甚至可能在多年後作爲一種創傷反應、一種生存機制再度出現。這就是所謂的倖存者創傷被觸發的情況。貝塞爾・范德寇醫師寫道：「在創傷經驗結束很久之後，還是有可能因爲最輕微的危險跡象而再度被活化，刺激受干擾的腦迴路，並分泌大量的壓力荷爾蒙。這會引發不愉快的情緒、強烈的身體感知以及衝動、攻擊行爲。這些創傷後反應令人無法理解也難以抑制。」

引發這種創傷反應的可能是一個詞、一種氣味、一部電影、一首歌、記者問的一個問題、網路上的一張圖片、報紙上的一句話，或者新聞節目每天出現的影像和聲音。

伊芙琳．福克斯（Evelyn Fox）無法理解也難以抑制的迴圈，始於清晨四點的門鈴聲，那道聲響將她從睡夢中驚醒，然後是拳頭打在門上的敲擊聲。她在多倫多的家中向我娓娓道來，左後方的架子上擺著長子的照片。照片中，基辛格的嘴角上揚。跟我說話的伊芙琳則毫無笑容。

她告訴我：「從早上醒來到晚上上床睡覺，那些場景彷彿不斷重演。」[87]

那些場景。

門鈴聲。敲擊聲。她的教女說，她必須趕快走，因爲基辛格中槍。她的思緒亂成一團，從「**可是我要上班**」到「**我該去沖個澡嗎？因為如果他在我到醫院前就死了怎麼辦？**」她打到辦公室請假，第一次說出「我兒子中槍」這句話。醫師說基辛格救不回來。穿越重重的警力。從家屬等候室被帶到兒子病房，心裡不斷祈禱著：「拜託是一場烏龍，拜託是一場烏龍……」即便她知道病房裡的人是基辛格，她仍祈求：「拜託是別人。」他臉上的毛巾蓋住了子彈穿過左眼留下的洞，子彈穿過左側大腦，切斷頸部後方的一條動脈。

「我一整天都在擦拭他臉上從傷口、鼻子、耳朵、嘴巴流出來的血，把他的臉擦乾淨。」因爲有好多人要來向他道別。「我不希望他們跟我一樣受創，而且，這是我最後一次能夠當他的母親、照顧他。」她說護理師人都很好。她們讓她把血擦掉。沒有打斷她、沒有要求她離開。但這代表當護理師清理基辛格的傷口時，伊芙琳也在場，目睹了子彈對她兒子造成的傷害。

這是她揮之不去的思緒迴圈。她經常在夢中聽到門鈴聲，驚醒之後，總是這麼剛好，真正的門鈴聲也響起，她屏住呼吸，不敢發出一點聲音，等待著門上傳來敲擊聲。雖然案發那天至今的三年又七個半月裡，她已經學會把有關當天的一些思緒拋在一邊，但現在她卻做不到。我採訪伊芙琳是因爲她想讓大家注意到基辛格的懸案，因爲她正準備慶祝基辛格的三十歲冥誕。基辛格好愛過生日。這本來是一件大事。但隨著日期愈來愈接近，也就是八天後，伊芙琳的PTSD又開始發作。

一個月後，我問伊芙琳能不能塡寫我的一份問卷調查。她答應了。針對最後一個問題，「**關於媒體對倖存者的影響，你還有什麼想告訴大家的嗎？**」她寫道：

> 真希望有一種方法可以解釋你的孩子被殺後，你的腦袋裡發生了什麼事，讓人們能夠理解。你覺得好像有人把手伸進你的胸口，擠壓你的心臟。不真實和悲痛的感覺強烈到令人喘不過氣。對我們這些親眼目睹了子彈對親人做了什麼的人來說，腦袋好像要爆炸了。我們甚至不知道周遭發生了什麼事，就像靈魂出竅。行屍走肉地應付日

常生活，但並沒有真正意識到自己在做什麼、說什麼。

對創傷倖存者來說，應付日常生活有時是穿衣服、去上班、把食物端上餐桌。有時則是回應敲門聲、讓記者進門，然後回答一些問題。

我們已經知道，當創傷被觸發時，杏仁核會警鈴大作。范德寇醫師寫道：「這個恐懼中樞的活化會觸發一連串壓力荷爾蒙反應和神經脈衝，提高血壓、心跳速率和攝氧量，讓身體做好戰鬥或逃跑的準備。」[88] 他解釋說，在他創傷觸發的研究中，最令人驚訝的發現是大腦布洛卡區（Broca's area）的功能顯著下降。這個區域是語言中樞之一，當血液供應被切斷時會受到損傷，中風患者常常深受其害。「如果布洛卡區失去功能，你就無法用語言表達想法和感受。」這位精神科醫師的研究顯示出，這個區域「每當閃回被觸發時就會當機。」彷彿受創傷的人中風了一樣。

此外，當我們思考媒體觸發閃回的種種方式時，這一點尤爲重要。屍袋、車禍的畫面、手機影片裡砰砰砰的聲音。但首先，我想說說關朵琳．布羅德莫（Gwendolyn Broadmore）的故事。

「**連恩現在應該已經到家了吧。**」關朵琳一邊想、一邊懷疑爲什麼兒子的爸爸留言要她丈夫盡快回電。她三十八歲的兒子在感恩節週末過後多請了一天假在小屋外玩帆船，之後便啓程返家。那是昨天的事。他甚至在路上還打了電話過來。關朵琳一整天都坐立不安，當她的丈夫與連恩的爸爸通電話時，她跑到後院的露天平臺上。

她不斷來回踱步。然後從窗戶偷瞄。

「我丈夫把手機緊緊貼在耳朵上，臉色慘白。」她在一本主題爲頓失親人的哀慟故事集中寫道。[89]「我衝進小屋，他和我對上眼，輕聲說：『我眞的很遺憾。』」

他說連恩被殺了。

「我僵在原地動彈不得，失去知覺，但身體卻硬是不肯倒下。像是被打了麻醉劑，全身被震驚占據。現實生活頓時倒塌，模糊地失去了焦點，彷彿透過氣泡玻璃，無言地凝視著另一個可憐靈魂深陷於痛苦之中。我所知道的生活已經停在那一刻。」[90]

媒體得知她兒子的名字後不久，關朵琳的電話就開始響了。但她還處於震驚、疲憊和害怕之中，便用來電顯示過濾未知號碼。她只接了一通來自當地報社一位年輕記者的電話。關朵琳在問卷中寫道，有個朋友跟這位記者很熟，她以爲對方會比較尊重人。結果，這位菜鳥記者「簡直糾纏不休」。

十五年後，關朵琳很慶幸兒子的凶殺案沒有被大肆報導，只侷限在事發的安大略小城。她甚至也不去看地方新聞。她回憶起其中一篇報導描述了連恩倒在自己血泊中的場景。不久之後，她發現自己無法再讀任何關於兒子死亡的報導，甚至當凶手被逮捕時也是如此。媒體的關注只會讓她感到更加脆弱。

她在問卷中寫道：「我覺得暴露在大衆面前毫無隱私可言，同時感受到一股無以名狀的焦慮，也害怕事實被扭曲。」我在複製她這些話時，對這種恐懼感受尤爲強烈。「在極度的創傷中，身爲失去孩子的母親，我非常保護連恩的眞實故事，擔心『有人』會隨意、錯誤地暗示這可能是他自作自受的結果。」

直到連恩遇害五年後，她獲頒「受害者榮譽獎」(Victim of Distinction Award)，關朵琳才「稍微」覺得準備好與媒體打交道。當被問到有什麼方式可以讓她跟媒體的互動變得較輕鬆、較不痛苦或較有益處時，她回答：

如果記者們對喪親之痛能有更多的了解，並在採訪時發揮真正的同情心，那就謝天謝地了。在我的印象中，媒體工作競爭很激烈，壓力又大。考慮到這一點，我覺得來找我們的記者只是在做自己份內該做的事並盡力而為。對喪親之痛一無所知是他們的一大缺陷。一般來說，人們通常不會意識到，喪子的父母表面上看起來沒事，不代表他們真的沒事。大多數情況下，那是震驚和否認帶來的麻木效果。明天他們可能就會因為先前說過的每一句話而深感懊悔。了解哀慟和喪親之痛一定會產生正面的影響。還有，拜託別再用「了結」（closure）這個詞了。

關朵琳在問卷中提供三類建議。

給突然面對媒體報導的倖存者，她寫道：「請保持謹慎。」你不只可能會被斷章取義，或說出讓自己後悔莫及的話，也有可能「在一開始陷入哀慟的那幾天，變得極度脆弱，情緒滿溢，難以控制。」

給調查人員和／或倖存者支援人員，關朵琳建議他們向倖存者解釋，「在憤怒、悲傷和絕望中，剛失親的人很容易脫口說出他們以後可能會後悔的話。」

我想到我過去身爲記者採訪過無數創傷倖存者，看過的反應無奇不有，就像劇烈擺盪、失去節奏的鐘擺。有些人抽抽噎噎，我幾乎聽不懂他們在說什麼。有些人喃喃自語，聲音微弱到幾乎聽不見。有憤怒、悲傷、恐懼和憂慮。偶爾，還會遇到看起來毫無異狀的人。

我記得敲過一戶人家的門，他們七歲的兒子才剛溺水身亡。我和攝影師同事認定他們不會開口。我們想，經歷了這樣的喪子之痛，**誰會願意**？但他們歡迎我們進屋，與我們握手並微笑。當男孩的父親跟我們談話時，母親從廚房走出來，端著一個銀盤，上面放著草莓和兩罐可樂。他們拿照片給我們看。還有兒子一年級得到的獎狀。他們再三跟我們道謝。然後我們就離開了，驚訝得目瞪口呆。我們並不懷疑這家人正處於哀慟之中，但他們竟然可以如此從容應對我們的要求。

我曾多次聽到同事在採訪之後留下評論，面對一位歇斯底里、渾身發抖的母親，他們說：「**呃，有點太過頭了吧**。」或看見面無表情的母親，評論道：「她一滴眼淚也沒流。」或者認爲那位看起來神色自若的父親「**絕對是凶手**」。我一再地強調：「我不會去隨意評斷喪親的人。」但有時，遇到倖存者不尋常的反應，我心裡還是不免會想：「**好怪**。」

范德寇醫師寫道：「在極端條件下，人們可能會大聲咒罵、呼喊母親、驚恐嚎叫，或者完全當機。」[91]

唉，我們都不知道創傷反應的鐘擺可以有如此大的擺盪。

范德寇醫師接著寫道：

即使經過多年後，受創傷的人還是常常很難告訴其他人，他們發生了什麼事。他們的身體重新體驗到恐懼、憤怒、無助，以及戰鬥或逃跑的衝動，但這些感覺幾乎無法用言語表達。創傷在本質上將我們推向理解的邊緣，隔絕以共同或過去經驗為基礎的語言。這並不代表人們不能談論發生在他們身上的悲劇。大多數倖存者遲早都會……想出一套人們所謂的「封面故事」，為他們的症狀和行為提供一些解釋，供大眾消費。然而，這些故事很少捕捉到內在真相。要將一個人的創傷經驗組織成一個連貫的敘述，包含開頭、中間和結尾，是非常困難的。

透過他的研究，范德寇醫師能夠追蹤加速的心跳和激增的壓力荷爾蒙來找到「內在眞相」，即使創傷倖存者在一般觀察者眼中可能顯得神色自若。

赫曼醫師寫道：「受創傷的人可能會產生強烈的情緒，但對事件沒有清晰的記憶，也可能記得所有細節，但不帶情緒。」[92] 她進一步說明，受創傷的人會失去平衡，發現自己「陷入了失憶和重溫創傷的兩極之間、被強烈情緒淹沒和全然麻木不仁的兩極之間，以及易怒衝動行爲和完全抑制行爲的兩極之間。」

因此，關朵琳．布羅德莫向媒體提出了這樣的建議：「作爲一名記者或採訪者，請事先盡可能去了解，什麼是意外喪親的創傷，以及它對近親家屬的延伸性影響。學習什麼是震驚、否認以及哀慟的情緒雲霄飛車。」

我現在正在學。要是能早一點學就好了。

5

過度曝光

Overexposed

你在案件的媒體報導中，經歷過或看過什麼特別令你感到難受的事情嗎？

「我經常看到飛機衝進大樓的畫面。身為前空服員，人們大概很難想像，在我知道一架飛機被用來謀殺我丈夫後，必須面對多少觸發因子！」

——莫琳・巴斯尼奇，問卷內容，二〇二〇年八月十日等了又等，然後打電話給她的父母：布蘭達下班後沒有回家。打電話報警，搜尋醫院。沿著鄉間道路積雪的路肩行駛，搞不好布蘭達摔進溝裡。慌亂、沮喪、無助、害怕。與警方面談，假設各種情況和該怎麼辦。內心深處有不祥的預感。那個星期六的早晨，時間的流逝慢了下來，他們陷入絕望的深淵，愈陷愈深。捱到了下午，噩耗降臨。

一句「真的非常遺憾」讓他們無比震驚，然後陷入否認的情緒。傷得那麼深，心揪得那麼緊，像是把門砰一聲關上，丟掉鑰匙。

那天晚上，布蘭達．安．海利（Brenda Ann Healey）的家人甚至還沒有來得及認領她的遺體，一張來自社交媒體的布蘭達照片就被用在報導中。「這嚴重侵犯了隱私。」十幾年過後，海利家族在問卷中寫道。有人向媒體透露了布蘭達的名字。

艾德和潔莉．海利正在思考該如何告知親友布蘭達被謀殺的憾事。他們正在考慮喪事要怎麼辦，還得去和警察會面，找驗屍官指認女兒遺體並將她帶回家。這些都是重要的事情。這些才是重要的事情。但他們受到很多干擾，多到不堪其擾。

首先是電話鈴響，艾德寫道。

「第一個找上我們的媒體是《多倫多星報》（*Toronto Star*），對方打來我們家，希望能談談布蘭達的謀殺案。我們處於震驚之中，還沒準備好要面對媒體。對方叫我們不要拖太久，新聞熱度會冷掉，大家若失去興趣，他們就會去報導下一則故事了。」

星期一的報紙這麼寫：「當《多倫多星報》聯繫海利的家屬時，他們不願多談。」[93]

接下來是敲門聲。

「我們的家人在布蘭達伴侶的家中見面，《多倫多星報》的記者不請自來，直接走進屋內，試圖加入我們的對話。」艾德寫道。

星期二的報紙這麼寫：「海利的親戚昨晚聚集在家屬位於紐馬克特的住處，但尚未準備好接受記者採訪。」[94]

在我收到的七十一份凶殺和死亡車禍倖存者問卷中，其中二十份受訪者問卷提到媒體讓他們感到憤怒，海利一家是其中之一。同時也是對隱私表示擔憂的十四份之一。感到不知所措的十一份之一。強烈要求調查人員和受害者服務提供者提供更多協助的十六份之一。

「我們傷心欲絕，不想與媒體交談。我們是很安靜的人，不知道要怎麼面對這種情況。」艾德寫道。「警察叫你不要與媒體交談，但他們還是會打電話來。這是一段很混亂的時期。」

臉書上悼念貼文變成另一則報導的素材。「一條年紀輕輕的美好生命被奪走了……她是如此貼心又樂於付出的人。」[95] 這段話變成報紙的內容、變成網路文章的內容。我想，每一則報導都有新聞編輯室老闆在背後催促、建議和命令：**去看看家屬今天會不會說話**。

星期三的報紙這麼寫：「海利的家屬昨晚悲痛欲絕，無法談論他們的喪親之痛。」[96]但可以對堅持不懈的記者說幾句話嗎？「我們還在哀悼……請給我們隱私。」這就足以完成一篇關於死因的報導。

葬禮在星期五舉行，家屬希望媒體不要打擾。「媒體沒有照做。」艾德在問卷中寫道。「我們同意在她的葬禮後發表一份聲明，但媒體還是帶著相機出現。」痛苦的神情從遠處被拍下來。引述的話語在會場內被潦草地寫下來。[97]「謀殺式自殺案不會在媒體上停留太久。所以布蘭達的葬禮結束後，案件也畫下句點。沒有審判，沒有究責，沒有正義——沒有什麼好報導的了。」

沒有什麼好報導的了，至少在當下是如此。也許家屬可以放鬆一下，甚至看看新聞。

四月、五月、六月、七月。八月、九月、十月、十一月。

十二月。

從親人遇害的第一時間到多年以後，在媒體報導（無論是你的案件，還是其他不相關的案件）和／或你與媒體打交道的過程中，有沒有哪一部分特別讓你感到受創？

布蘭達的姊姊蘇．海利．麥西（Sue Healey Massey）回答了這個問題。

「有。我記得在年底時看了新聞，他們做了年終回顧——布蘭達的案子是二〇〇八年唯一的謀殺案，新聞重播了她的故事，我看見我妹妹的屍袋從屋子裡被抬出來。我甚至不知道有這樣的報導。我很震驚，還好我的父母沒有看到這個畫面。」

當我讀到這段話時，我的心沉了下去，害怕自己的過去被發現。我在這裡傾聽、學習、希望能帶來幫助，但我也做過這些事。做過好多次。年復一年，在這一行都會做年終回顧、新聞盤點、綜合報導。

對正在報導創傷案件（例如你的案件）以及希望接觸／採訪倖存者的媒體從業人員，你有什麼建議？

「**不要**再秀受害者蓋著白布或裝在屍袋裡的畫面了。爲什麼要秀這個畫面？？？對受害者或家屬一點都不尊重。」

在參與我這項調查的凶殺和死亡車禍倖存者中，有超過四分之一的人表示，與至親相關的案件報導中，出現過他們認爲「不恰當」的畫面或細節。[98]

身爲電視記者，只要是屍體鏡頭，不管是人行道上蓋著白布的，還是在擔架上要送去驗屍的，都是我們徘徊不去的目標。我們冒雨、受凍，苦苦等待的目標。

我在我的電視筆記中搜尋「屍體搬運」。我打開的第一份草稿是一起多倫多的多人死亡案件，在三十秒的時間軸內出現了三次「**插入屍體搬運鏡頭**」的指令。指令從我的iPad發送給電視臺的編輯。同一則報導還包括直升機往下照人行道白布的鏡頭。[99]

我打開的下一份草稿是在三天前的，時間軸的指令寫了「屍體在擔架上的搬運過程，**不要**一開始裝在屍袋裡抬上去的」。這個畫面會在我說出受害者姓名、年齡和相關資訊時出現。[100]我在即時新聞中使用這些畫面、在週年回顧中使用這些畫面、也在多年後的審判報導中使用這些畫面。

蘇可能不知道媒體有她妹妹的遺體被搬運的畫面，因爲事發後那一陣子她被囑咐不要看新聞。要是她像我研究計畫中的許多其他倖存者一樣看了，絕對會因目睹這個畫面，然後和他們一樣受創。

但不僅僅是屍體鏡頭。對某些人來說，帶來傷害的還有在親人慘死的新聞報導中一遍又一遍地看到他們的笑臉、不利的照片（一位受訪者寫道，在她的兒子被殺害後，警方公布了他因公共場所醉酒被捕的檔案照），或是犯案凶器，凶殺案倖存者莫妮卡・凱洛維（Monica Kelloway）的案件就是其一。

對莫妮卡來說，這不僅僅是重複看到用來殺死她兒子的三把刀，而是看到那三把刀，知道它們被拿來幹了什麼事。「凶手用三把十英寸（約二十五公分）的刀刺了我兒子『三十七』刀。」她填完我的問卷後，在一封很長的電子郵件中這麼告訴我，信末署名：

克雷格的媽媽

莫妮卡・凱洛維[101]

「他在我兒子的背上折斷了前兩把刀，然後回到廚房拿第三把，用力刺入克雷格的腹部，力道之大，讓刀子彎曲得如同一根香蕉。」

在另一封電子郵件中，莫妮卡提到她第一次看到亞伯達省犯罪現場的影像，那是克雷格於二〇一三年遇害後拍下的畫面：「我的兒子躺在擔架上，急救人員正在努力讓他的心臟跳動，他的左側裹著紗布，腸子懸在外頭。」[102]七年多後，當克雷格案在一家全國媒體四十五分鐘的特別節目中被報導時，仍然可見這些影像。[103]在克雷格被移到救護車上的畫面播放前，記者的開場白是：「**請注意，以下畫面可能過於寫實**。」是的，口頭描述的細節、逐一列出克雷格受的傷都很寫實，但最寫實的是接下來一系列定格的影像，一幀一幀緩慢地放大和切換。

他的腿上、腳上都是血，醫護人員按壓他的胸口，他的腸子從腹部露出，他的臉朝向上方，雙眼已經毫無生氣。克雷格甚至沒有被送往醫院。片刻之後，他在救護車內被宣告死亡。[104]那些被刻意放慢的影像顯示的不是一個垂死之人，而是一個已死之人。

當我思考莫妮卡的經驗時，收到了多倫多一位記者傳來的訊息，問我是否聽過幾位前同事最近開設的眞實犯罪播客節目，他們其中一位是資深記者和朋友，另一位本來是凶殺案調查員，後來轉行當電視犯罪分析師。我沒聽過這個節目。傳訊息來的記者覺得，爲了說故事去揭開舊傷疤的行爲令人很不舒服，尤其是重述已偵破的案件。「懸案也就算了，但這些案件早已告一個段落。」在通俗意義上的「眞實犯罪」類型（播客、紀錄片影集、書籍）和眞實犯罪的日常新聞報導（也就是這本書眞正在談的主題）之間有很多相似之處。去重述已偵破案件中帶來創傷的細節只是其中之一。我下載了播客並開始聆聽。

光是在第一集，兩位主持人的對話就讓我震驚不已。他們站在一棟公寓大樓內，這裡曾是受害者被囚禁和殺害的地方。

記者：也許是我多想了，要是我說錯了再糾正我。但你談到這部分好像變得更情緒化了。為什麼？

前警官：的確，因為這裡就是事發地點。當你離得很遠時，要談論很容易，但現在回到了現場，你腦中會浮現她坐著的地方，然後聽到目擊者描述經過，記憶一口氣浮上來，那真的非常難受。沒錯，很難再去談。你觀察得很入微。

記者：當你和我談話時，腦海裡應該閃過那些目擊者的聲音吧？

前警官：是的，他們的聲音，他們說的話，然後你環顧四周，再次意識到這裡就是事發地點。當你知道這種種細節，多年後又回到現場，真的很難受。

我想像這位前警探站在他曾經調查過的謀殺案件現場。然後我想到莫妮卡，這位母親看著犯罪現場被拿來砍**她兒**子的兇刀照片、**她兒**子慘死的地點，以及**她兒**子被宣告死亡的那輛救護車。我想到蘇，這位姊姊看著妹妹的屍體從**妹**妹遇害的地點被抬出來。

我分享這些想法不是爲了要否定這位前警官在調查這起可怕案件時所遭受的創傷，而是要指出，如果**他**會因爲看到一個地方並想起辦案細節而產生陰影，想像一下對倖存者來說，當他們被迫想起發生在親人身上的可怕遭遇時，創傷會如何被觸發，杏仁核會如何被激烈活化。

在談到丈夫凶殺案的媒體報導時，金．漢考克斯告訴我，她在比爾遇害二十年後，看到一篇關於凶手獲得無戒護日間外出許可（unescorted day pass）的報導。金知道這件事會被報導，但看到隨附的照片驚恐不已：當年拍下的犯罪現場畫面。我問她爲什麼會有這麼大的情緒反應，她回答：「我覺得比爾在他人生的最後時刻被暴露在外。就像死掉時有一群陌生人與你同處一室。沒辦法在他嚥下最後一口氣時保護他。他無法按照自己的意願行事。他只能依照人們想看的、想推測的、想切入的、想報導的一切恣意擺布。」[106]

我聽過其他倖存者說，在新聞上看到犯罪現場的照片會觸發創傷，因爲他們會想像親人臨死前的模樣，思考他們是怎麼死去的、有沒有受苦、知不知道發生了什麼事、會不會覺得冷。但我從來沒有聽過這個觀點：無法保護親人的隱私和尊嚴，只能任憑照片被拍攝，並一再被印刷和播放，以及伴隨這個想法而來的無力感。

我問金，她指的新聞照片中是否包含比爾的身影，是否是他躺在擔架上或是正在被搶救的畫面，還是只有他的車輛和警察封鎖線。她不記得了。我接著問道這是否重要。她思考了這個問題的前提，也就是「**我該怎麼告訴新聞編輯室，哪些畫面不要公開？**」她回想了過去這麼多年來和不同記者的對話，也考慮了她從新聞業學到的課題。「我意識到，我如果試著去處處設限案件該怎麼被報導，以及我想從報導中得到什麼，這樣是不太合理的。」她說。「我猜新聞也是試圖觸發每個人的記憶，讓他們回想起這個故事，然後將現況與原始故事聯繫起來。這大概是一個雙輸局面吧。只不過是我想控制事情，才不會被嚇個措手不及。」

不過，對創傷倖存者來說，「不被嚇個措手不及」是一件非常重要的事。

朗達．克拉克—托賓（Rhonda Clarke-Tobin）還沒準備好一遍又一遍地看到兒子的死亡車禍畫面，當時載著曲棍球隊的巴士經過薩斯喀徹溫省時，被一輛聯結車撞上，導致她兒子帕克和其他十五人喪生。我記得在二〇一八年初也看到了相同的畫面，我疑惑地歪著頭，瞇起眼睛，想知道車子的行進方向以及哪裡出了問題。我沒有考慮到這些畫面會對朗達這樣的倖存者產生什麼影響。「對我來說，這些畫面是創傷後壓力症候群的來源。」她在問卷中寫道。

負責拉斯維加斯大都會警察局受害者服務的艾琳．葛林（Elynne Greene）代表許多倖存者提倡從新聞節目中移除此類畫面。她表示，一隻鞋子躺在撞毀的車輛旁與在凶殺現場出現屍袋的畫面沒有什麼兩樣。我問艾琳，在她近三十年的工作經驗中，大約有多少比例的死亡車禍倖存者認爲事故現場的畫面特別令人難受。「他們每一個人都這麼認爲。」她在內華達州的家中接受電話採訪時告訴我。[107] 我問她，倖存者針對此事對她說了些什麼。她回應：大部分都說了：「我不懂他們爲什麼必須這樣做。一定非得這樣做不可嗎？他們難道不知道我們會作何感想嗎？」她接下去說，「很多人表示：『我不想再看新聞了。我不會打開電視。』」

我說，這很令人難過，因爲新聞應該爲他們服務，爲每個人服務。

「沒錯。」艾琳說。

然而，在我調查的二十幾名記者中，大多數人都認爲車禍現場的畫面是重要的新聞素材。**在報導死亡車禍時，你認為讓觀眾／讀者看到車輛殘骸的畫面有多重要？**他們共同的看法如下：

「很重要。它可以用客觀的角度去呈現速度、魯莽、危險等議題。」

「它以言語無法描述的方式告訴我們問題的嚴重性。」

「它可以提醒人們減速慢行並小心駕駛。」

「……肇事行爲會帶來嚴重的後果。」

「……這就是爲什麼不該超速／酒駕／毒駕。」

「讓人們了解到車輛是致命武器……無人可以抵擋。」

「讓人們在開車之前三思而後行。」

我點頭如搗蒜，因爲我過去一直都是這麼想的。**看見沒？這就是酒駕的後果！這就是開車用手機的後果！這就是不繫安全帶的後果！**我們在現場目睹了太多慘狀，也許我們唯一能做的就是呈現這些被壓成廢鐵的廂型車、燒得面目全非的車輛和蓋著白布的屍體。因爲死亡車禍不斷發生，情況往往如出一轍。而且也令人感同身受。我們都有親友會在開車時傳簡訊、酒醉、忘記繫安全帶，我們不想再看到人們以這種方式死去，也許呈現這些畫面，把大家搖醒，就可以防止憾事再度發生。

然後我看到這則回應，來自我過去在《多倫多太陽報》的同事，資深犯罪記者羅伯·藍貝提（Rob Lamberti）：「強調車禍的嚴重性非常重要。但這有預防作用嗎？不知道。」

不知道。一針見血。因爲我們**總是**在呈現這些畫面。但有帶來什麼好處、產生什麼改變嗎？不知道。

毋庸置疑，如果讓高中生看車禍現場的重演，再加上警察和驗屍官的細心解說，至少會讓其中一些青少年在酒駕問題上三思而後行，這一點有研究可以佐證。[108] 但針對在新聞上突然出現的九十秒新聞報導或頭版照片，有任何研究可以參考嗎？我還沒有找到方法可以去衡量這樣的畫面拯救了多少生命（如果有的話）。

我想起幾年前的一個星期六晚上，我跟著一名警佐做隨行採訪的情景。要查到酒後駕駛簡直易如反掌。我們抓到的第一條「魚」是獨自駕車的年輕人，他闖了好幾個停車標誌，撞到了至少一輛車。他說話含糊不清，差點當場嘔吐，當然酒測也沒過，超出標準值將近三倍。

這個年輕人肯定在新聞上看過攔腰卡在電線桿上的車、斷成兩半的車、路邊的紀念碑、掛在擋風玻璃上的白布。他肯定聽過三個小孩和他們的祖父去年被撞死的事故，肇事的酒駕駕駛和他年紀差不多，行車路線差不多，體內的酒精含量也差不多。

我們呈現這些畫面是希望大家能意識到酒駕的後果。**看見沒？你現在看到了吧！？**追根究柢，這就是我過去熱愛報導犯罪的原因，因爲我講述的故事能讓大家關心。這些故事能讓他們受到震撼，在洗碗時停下來抬頭看。這些故事能讓酒鬼在酒駕前三思。這些故事能讓一名年輕女子看到發狂的男友藏起一把槍時，想到電視上那個被裝在屍袋裡推出來的人，然後打電話檢舉。

但是這些畫面帶來了什麼改變嗎？生命被拯救了嗎？眞的有人打電話提供線索嗎？？案件因此破案了嗎？還是說，它唯一的影響是對倖存者造成的創傷？

不知道。

「裝在屍袋裡的受害者被抬出來。」布蘭達．安．海利的家屬在問卷中寫道。「爲什麼要秀這個畫面？？？」

不知道。

6

壞的、醜陋的、好的，再次重複

Bad, Ugly, Good, Repeat

在你剛失去親人的七十二小時內，你的案件得到媒體什麼樣的關注？

「老實說，很典型。媒體沒有缺席。這是當天的大新聞，我們知道一定會被大肆報導好幾天，因為我叔叔被殺害的方式令人髮指。」

你對這樣的關注有什麼感受？

「很矛盾。我們很難接受約翰的臉出現在各種新聞中，因為他的死因是被謀殺；但同時我們又希望他的臉和名字能持續曝光，以利尋找可能的線索，逮到涉案兇嫌。」

——阿爾琳・史塔克列斯，問卷內容，二〇二〇年十一月二十八日我當時正在《多倫多太陽報》輪週末的班。一名十七歲男孩前一天晚上被槍殺。我去了事發的西區公園，守在現場的警察拉起封鎖線，調查人員正在進行調查。由於封鎖範圍涵蓋了大片綠地，我很難看清楚槍擊發生的確切地點。我打電話給一名凶殺案調查員，也與幾位住在附近的居民交談，然後拿出電話簿，搜尋新聞稿中的受害者姓氏：西科維奇（Cikovic）。一無所獲。

接著，當我準備回到市中心發送我的稿子時，我的電話響了。是其中一名調查人員打來的。他能透露的內情不多。我告訴他，我找不到家屬，他突然問道：「你想要他們的住址嗎？」我很驚訝，也有點不自在，儘管在接下來的幾年裡，我會多次向警方提出類似的要求。這位調查人員跟記者有一種默契，如果喪子的雙親出現在新聞中，他們的臉可能會激起同理心，讓原本不願意出面的目擊者站出來。我快速抄下地址。不只是公寓大樓名稱（位於拉羅斯大道十五號，我永遠忘不了），甚至還有確切的公寓號碼。我打給和我搭擋的攝影師，告訴他：「我拿到受害者父母的住址了，走吧。」

實際上步行更有效率，因那棟公寓大樓與凶殺案現場近在咫尺。不過，我們知道採訪完家屬後時間會很趕（**如果**他們願意接受採訪，**如果**、**如果**、**如果**），於是開車過去，並在五分鐘之內抵達。因爲我們有公寓號碼，所以不想按對講機打草驚蛇。直接面對面總是比較容易說服對方開口。

有些人看到新聞攝影機會心生警惕，而有些人（他們通常不知道前一晚遇害的孩子就住在同一棟大樓）會以爲我們是正式受邀來的。沒等多久，就有人出來，我們趁隙溜進去。或者我們看到有人走過大廳，敲了敲玻璃，表示聯絡不上我們要找的人，但我們知道是哪一戶，已經約好要見面。我不記得是用哪一種方法進去的，但不管是哪一個，都不令我意外。

當我們走進電梯並按下按鈕時，我的心跳開始加速。在職業生涯中，我經常被問到有關敲門的問題。**這是這份工作中最糟的部分，也是最棒的部分**。我這麼認爲。**最糟是因為你不知道對方會有什麼反應。在你面前甩上門？對你飆罵髒話？讓你覺得自己是個爛人？但這也是最好的部分，因為有時他們會讓你進去，分享他們最黑暗時刻的一部分**。我們走出電梯。

此刻，我們就像機器人一樣，重複進行以前做過很多次的動作。找到門、確認攝影機沒問題、筆可以寫、把錄音機準備好。**好了嗎？好了，你呢？好了**。然後敲門。

我記得被邀請入內——是誰邀請的？薇絲娜還是她丈夫達沃林？我記得鮑里斯的朋友們坐在沙發上和廚房的桌子旁。這種公寓可以一眼望盡屋內擺設。左邊是廚房，前面是客廳，右邊是浴室和臥室走廊。我在新聞報導中描述爲「小巧」。我記得和薇絲娜一起站在走廊上。她面向客廳，我面向她，她靠著牆，鮑里斯的房間在走廊盡頭，我的左手邊。然後一位《多倫多星報》記者進來了，他給了我一個禮貌的微笑，因爲我們直到前一年都還在同一個新聞編輯室工作，算是認識。當《星報》記者開始採訪公寓裡的人時，我的注意力集中在薇絲娜身上。她正在描述鮑里斯的朋友慌張打來的那通電話，「薇絲娜！薇絲娜！鮑里斯中槍了！鮑里斯中槍了！」，以及去醫院看見兒子半睜著眼睛盯著天花板，嘴唇上長著他引以爲傲的細短鬍鬚。那一刻，我想起自己的弟弟十七歲時的模樣。

多年來，每次故事說到這裡，我都會哭出來。我不常說，但每說必哭。在我媽面前、在我的治療師面前、在任何問我哪些案件讓我放不下的人面前。現在我的指尖敲擊鍵盤的速度變得更慢了。我的心沉了下去。這對鮑里斯和他的爸爸、媽媽來說都很痛苦。這一切太過殘酷。我多希望能回到二〇〇八年十月三日，在巴頓伍德公園（Buttonwood Park）對鮑里斯和他的朋友們大喊：**「快回家！」**

十三年後，我走進地下室樓梯下的儲藏室，打開燈。裝滿剪報的透明塑膠箱被放在裝滿筆記本的尿布盒下方。我拿出盒子，再把箱子搬出來。我撕開盒子上的封箱膠帶，一邊翻找裡面的筆記本，一邊默默地咒罵自己爲什麼不貼上主題或日期的標籤。看著潦草字跡記錄下的受害者和犯罪者姓名，我快速辨識出當時工作的大約年份和地點。每一本都讓我回到某個十字路口、法庭、公寓或房子。但我沒有找到任何來自二〇〇八年十月或有關鮑里斯．西科維奇的記錄。於是我轉向透明塑膠箱。

我打開兩側的扣子，把雙腳盤曲在身體下，然後將蓋子放在鋪著地毯的地板上。這堆剪報厚厚地疊在一起，滿溢著傷痛。照片中的痛苦表情。被抬下教堂階梯的棺材。過了這麼多年，看到新聞標題冠上我的名字，讓我感到十分難爲情。

女孩在卡丁車事故中頭皮被扯掉

經歷二次傷痛

難以承受的哀慟

每看到一個標題，我的心就跳得更快，我感覺到嘴角變得愈來愈緊繃，不斷往下垮，直到我意識到自己皺著眉頭。

最後，我看到一整個版面的報導，標題寫著〈他是我們的一切〉[109]。一張鮑里斯房間的照片，房間掛著他的照片，裡頭還有獎盃跟T恤，衣服上印刷著他的臉。

「達沃林．西科維奇坐在死去兒子的床邊，彈著沾滿淚水的吉他，唱著他多年前寫的克羅埃西亞搖籃曲。」我又回到了那一刻，在鮑里斯的房間裡，他親切和藹的父親輕聲彈唱，淚水從臉頰上滑落。我哭了出來。

「這首歌很早就寫好了，後來他和妻子薇絲娜帶著三歲的鮑里斯逃離飽受戰火摧殘的塞拉耶佛，毅然決然前往加拿大，只爲了讓兒子能有更好的生活；後來鮑里斯長成青少年，自認爲是『一個男人』了，酷酷的他不想再聽什麼搖籃曲，後來這名家中獨子被一顆子彈奪走性命，他的父母也如同行屍走肉。」

我很快就發現這不是我要找的報導。這不是在鮑里斯過世的那個週末寫的，而是六個月後的二〇〇九年四月。當我讀到一半時，淹沒我的情感洪流變成了困惑。

事實上，自二〇〇八年十月三日以來，他們歷經了很多磨難。

鮑里斯的朋友慌張打來的那通電話，打破了一個美好、正常的夜晚：「薇絲娜！薇絲娜！鮑里斯中槍了！鮑里斯中槍了！」

在去新寧醫院（Sunnybrook）的路上，母親的直覺告訴她，兒子已經沒命了。醫師證實了這一點：「很遺憾，沒能把他救回。」

她在醫院看見兒子半睜著眼睛盯著天花板，這個充滿辛酸、痛苦和失望的畫面就此凍結。往下幾吋是稚氣的鬍鬚。鮑里斯如果有機會刮鬍子，一定會很興奮。

經歷了這一切之後，他們的心臟還是繼續跳動。然而，他們卻感覺不到自己活著。

我很確定薇絲娜在她兒子被殺的第二天就告訴了我關於那通電話、他的眼睛和那些鬍鬚的事。**我鮮明記得**。《星報》記者在場，那些青少年也在場，而我和薇絲娜在通往已故兒子臥室的走廊上獨處了片刻。我快速翻閱箱中剩餘的剪報，很確定我採用了第一次採訪的對話內容，**怎麼會沒有？**當我翻到箱底，我跑上樓，登入圖書館資料庫，搜尋「鮑里斯．西科維奇」和「二〇〇八年十月」，但沒找到《太陽報》的任何報導，才想起現在報紙不會被收錄在這些資料庫中。但我確實找到了一些東西。我找到了鮑里斯被殺後隔天，跟我一起在公寓裡的《多倫多星報》記者名字。

> 薇絲娜．西科維奇一家在十五年前逃離了飽受戰火摧殘的塞拉耶佛，她說她不敢相信自己十七歲的兒子竟然會在週五晚上於多倫多西區一個寧靜的社區被槍殺。[110]她臉色蒼白，肩膀垮下，她說她唯一的孩子鮑里斯當時正在和一群朋友去披薩店的路上。西科維奇在與警方交談了一整天後得知，孩子們在公園裡被四名年輕人襲擊，對方想偷他們的手機和其他值錢的東西。

內文引用了薇絲娜和朋友們的話，還有鮑里斯臥室的描述，在我記憶中也是如此。

「一名親近的友人說，西科維奇的離世讓他的父母難以從震驚情緒中平復。昨天下午，這對父母與受害者的朋友們聚集在他們的小公寓裡。」

——當時，除了家人和朋友，還有兩名記者和兩名攝影師在場。

「『他們失去了唯一的孩子。』一名友人說。『那個開槍射殺他的年輕人，等於用一顆子彈殺死了三個人。』」

鮑里斯被殺後幾個小時我就在那間公寓裡，光是知道這一點就足夠了嗎？從某種意義上來說，確實如此。但我仍然需要知道我的記憶有多混亂。我開始翻箱倒櫃，尋找我的舊硬碟，最後找到一個標記「HT notes, int'ws.（人口筆記，訪）」的硬碟。在鮑里斯被殺那一陣子，我報導了很多關於人口販賣的新聞。我把它接上電腦。

我或許沒有保留當天的實體筆記本，但我保存了電子紀錄。我找到了我在鮑里斯過世第二天寫的報導。還有六個月後採訪薇絲娜和達沃林的逐字稿。我的第一篇報導沒有提到慌張的電話、半睜的眼睛或嘴上的細毛，但它證明我在場且與遭受巨大打擊的父母談話。

> 「他最後在醫院過世了。」薇絲娜．西科維奇說。「但他最好的朋友陪在他身邊。他們祈求著：『你快醒來，快醒來呀！』」[111]
>
> 這名獨子的父母昨天在北怡陶碧谷（Etobicoke）的公寓裡聲淚俱下，他的母親悲

痛得渾身發抖，傷心欲絕的臉龐布滿了淚水，他的父親掙扎著想找到字眼來陳述發生的憾事，整個房間都能聽見他心碎的聲音。

「凶手殺了他，也殺了我們。」達沃林．西科維奇說。「死的不是一個人，而是三個人。」

這的確是一場充滿強烈情緒的採訪，幾個小時前，這對父母才剛在醫院目睹唯一的孩子死去。他們當時可能徹夜未眠。但這不是我記得的採訪。

我突然想起，爲什麼過了這麼多年後，我要聯絡薇絲娜，詢問她是否願意塡寫我的問卷調查。因爲我想知道，她記得的事情和我一不一樣？我知道薇絲娜和達沃林很肯定我寫的報導；他們已經告訴我很多次了。我報導了他們請求大衆提供資訊協助查案、開庭過程，以及他們對刑事司法系統的不滿。我不常和他們聯繫，事實上，我只有在需要採訪的時候才會打電話給他們，但我們那少數幾次的會面中，卻充滿了情感——達沃林彈吉他，薇絲娜吐露某次她因爲沒吃什麼東西而倒下，我和達沃林重返鮑里斯喪命的地點。

然而，我確實曾不請自來地出現在他們的公寓中，就在凶案發生後的數小時內。現在回想起來，那是一個極不合時宜的時刻。而我想知道，儘管薇絲娜在事發後幾個月至幾年後，都對我的工作抱持著正面態度，但我那天的出現是否對她產生了負面影響？

我上一次報導鮑里斯．西科維奇的新聞已經是很多年前的事了，我也已經很多年沒和他的父母談話。我不知道如果我重新進入他們的生活，會產生什麼樣的情緒，我苦苦思索該怎麼跟他們聯繫。突然打電話過去可能太冒昧了，所以我在電腦的搜尋欄中輸入他們的電子郵件地址，查看上一次的通訊紀錄。我很驚訝地發現，那個日期是二〇一七年二月，也就是我的第二個孩子出生後三個月。在那次產假期間，我第一次感覺到一切都崩潰了：寄出那封電子郵件後不久，我第一次去看了治療師，面對焦慮和情緒波動，第一次說出「替代性創傷」（vicarious trauma）這幾個字。

嗨，薇絲娜和達沃林，希望你們一切都好。

我是CTV（之前在《多倫多太陽報》）的記者塔瑪拉．雀莉。這是我的私人電子郵件，因為我正在休產假。前幾天我剛好想到你們，便來問問你們過得好不好，距離我們上一次聯絡已經有一段時間了……

我完全不記得我有寄這封信，但我現在看到，寄出後過了幾秒，它就被退回來了。原因：**查無此地址**。

怎麼辦。怎麼辦。

我發揮記者的精神，從X社群、領英一路找到臉書。我馬上認出薇絲娜的大頭照，那是一張與鮑里斯的合照，他的嘴上長著細毛。

> 親愛的薇絲娜，
>
> 我不確定你是否記得我。我在《多倫多太陽報》以及後來在CTV工作期間和你見過幾次面……

我告訴她，過去這些年來，我經常想起她、鮑里斯和達沃林，同時眼中充滿淚水。我對她母親的去世表示哀悼，我剛剛在她的臉書上看到這個消息。我告訴她，我離開了新聞業，發起了一個研究計畫，可以的話……這是我的問卷調查連結，請不要感到有壓力。

我的訊息是在晚上七點二十九分發送的。東部標準時間，薇絲娜正在睡覺，因爲她現在住在大西洋的另一邊。當她捎來回覆時，換我在睡覺。

哇……真高興收到你的訊息，我當然記得你，你以為我會忘記嗎？？！！我當然願意填寫問卷，以後如果有任何需要，也請儘管找我沒關係。

她在下一個週末完成了問卷。

你的全名：

薇絲娜．西科維奇。

已故親人的姓名、年齡、與你的關係：

鮑里斯．西科維奇，十七歲。他是我們唯一的孩子。

凶殺或車禍發生的日期和城市：

二〇〇八年十月三日，凶殺案。

在親人過世前，你是否接觸過媒體？若是，如何接觸以及到什麼程度？

否。

你的親人過世後，你第一次與媒體接觸的經驗是什麼？

完全不尊重人，無視我們的震驚、悲傷和隱私。

在你剛失去親人的七十二小時內，媒體從業人員是否嘗試與你聯繫？若是，請描述記者使用哪些方式與你聯繫（例如：透過社群媒體、敲你的門、在犯罪現場接近你、打電話到你家等等）。

是，打電話到我們家，敲我們的門，在犯罪現場接近我們，在我們為兒子辦喪事時等在殯儀館前。

在你剛失去親人的七十二小時內，媒體與你聯繫，你有什麼感受？

鮑里斯被殺害後，我處於震驚狀態，完全麻木。他們大部分時間都在附近，想要搶到新聞。

他們。也就是我和《星報》記者，至少在凶殺案發生後的第一天是這樣。這還不是全部。我請《太陽報》一位前同事在資料庫中搜尋我在鮑里斯遇害的那個週末所寫的任何內容。事實證明，第二天我也打了電話到西科維奇家，但最後只和一位親友說上話，有了這層隔閡，鮑里斯的父母比較有勇氣拒絕我。[112]

但薇絲娜沒有在問卷中指名道姓，說我就是那兩個記者之一，《星報》記者和我明明注意到了他們處於震驚狀態，卻還是無視，並分別寫下了這樣的內容：「他的父母受到極度驚嚇」[113]以及「她渾身發抖，手裡拿著無線電話，每隔幾分鐘就有人打來」[114]。

她只提到「**他們**」。打電話到她家。敲她的門。

接著，問卷中的下一個問題：

你在案件的媒體報導中，經歷過或看過什麼特別令你感到難受的事情嗎？

大多數的媒體報導都令人感到安慰。首先，像是你就以超級專業和富有同理心的方式報導鮑里斯的案件，給了我們巨大支持。還有其他人也是。我們很慶幸能擁有強大的支持網絡。就算是完全不認識的陌生人也表達同情並伸出援手。

看完了薇絲娜的問卷回覆後，我透過她給我的電子郵件與她聯繫。我提醒她，「鮑里斯遇害隔天，我就是出現在你家的記者之一。」她在回覆中重申，她本來不想與媒體交談。「當鮑里斯被殺時，我很清楚，我不想看到媒體來採訪。但顯然沒有用。」她寫道。[115]「儘管如此，你們很多人，尤其是你，塔瑪拉，深知我兒子的死不僅僅是一則新聞，而是一連串無法言喻的哀慟。」

沒錯，在接下來的幾個月和幾年裡，我們進行了許多有意義的採訪。但在那事發後第一天，最初的幾個小時，當調查人員給了我地址，我們偷偷溜進大樓時，隨著電梯上升到十樓，我的心跳也不斷加快，我真的深知她兒子的死不僅僅是一則新聞嗎？那是當然的了。但真的是這樣嗎？那麼，我爲什麼那麼早就到了？爲什麼當她的電話不斷響起、她不斷接起電話時，我還持續地問她問題？她已故兒子的朋友們還坐在她的公寓裡，而且她已經花了好幾個小時回答調查人員的問題。

先不論鮑里斯案對我的影響，以及從那天起就壓在我身上的罪惡感，我退一步去思考其他創傷倖存者的問卷回覆。因爲薇絲娜與媒體打交道的經驗並沒有那麼罕見。不全是負面的，也有正面回饋。

平均而言，針對媒體的關注，每一位填寫問卷的凶殺和死亡車禍倖存者都描述了四個負面和兩個正面的結果。[116]

超過四分之三的倖存者在喪親之前沒有與媒體打交道的經驗。然而，超過一半的人在事發後，馬上有記者聯繫他們。因此，可想而知，大多數倖存者與媒體第一次接觸的經驗都很糟糕。他們在事發後幾小時至幾天內被採訪的心情可以反映在艾咪．威爾金森（Aimee Wilkinson）的文字中，她的弟弟艾傑在華盛頓州瓦拉瓦拉市被殺害，僅僅幾個月後，她填寫了我的問卷：「感覺就像身處颶風中心。看著周遭一切像電影一樣上演。徹底受傷。太多的媒體關注……它讓我的心碎成千萬片。引發極大的焦慮。」

令人意外的是（或至少對我來說），儘管大多數倖存者與媒體的第一次接觸都很糟糕，但大約相同數量的倖存者認爲，讓他們公開分享故事是有價值的。分析一下這一點，也許能幫助我們理解原因。

我的研究發現，如果倖存者在喪親後幾個月或幾年與媒體互動，比較有可能獲得正面經驗。事實上，大多數與媒體有長期互動（將近一半）的倖存者都只有好話要說。不過，在這些人之中，至少一半以上對短期互動持較壞的評價。

以薇絲娜．西科維奇爲例。鮑里斯被殺後幾個小時，我出現在她家門口？是壞的。我在接下來的幾年裡，報導了她在刑事司法系統中的掙扎？是好的。

同樣地，雖然倖存者凱莉．麥克納布（Kelly Macnab）在兒子以賽亞被殺後覺得「我在一生中最脆弱的時刻，被強行推到聚光燈下」，但她還是對接下來幾個月遇到的一些記者表示讚賞。凱莉在問卷中寫道：「CTV和CBC的記者很能夠理解我的心情，並讓我有能力述說我兒子的故事，爲正義發聲。」

正如凱莉所描述的，在我的研究中，記者的善意或同理心是媒體最受到肯定的部分。我認爲這說明了一個事實：雖然記者在報導創傷事件時，在很多事情上都做得很差勁，但立意通常是良好的。凱莉雲霄飛車般的情緒讓我想起琳達．巴布考克（Linda Babcock）。

琳達在問卷中寫道，在她失蹤的女兒蘿拉被牽扯進一起連續殺人案之後，「電話響個不停，記者守在我家……把麥克風塞到我面前」。得知她女兒最後一通電話打給一名連續殺人嫌疑犯（現已定罪）後，我是第一個打電話給琳達的記者，過了十多年後，我仍然記得她那滿溢悲傷的聲音、溫柔和藹的態度，以及想找到女兒的渴望，但她不希望與記者交談。她在調查中寫道，她的家人不想要也不喜歡媒體關注，每次女兒的新聞出現在電視上時，她都感到噁心和害怕，而這樣的關注幾乎持續了六年。

儘管琳達不想受到關注，但她還是形容記者「很尊重人」，並指出媒體報導有值得肯定之處。「一位記者告訴我，有大量民眾表達關切，我還被問到有哪個慈善機構可以以蘿拉的名義捐款。我回答人道協會（Humane Society）。」她寫道。「我收到了來自不同記者的花束和暖心信件。在過去三年裡，每逢聖誕節都有一個男人帶來花束。」

有些倖存者對記者採訪與死者不親近的人感到不滿。舉例而言，阿爾琳・史塔克列斯（Arlene Stuckless）在問卷中提到，雖然在她叔叔約翰・惠勒（John Wheeler）令人費解且備受矚目的凶殺案發生後，記者沒有聯繫她的家人，但他們跑去採訪她叔叔前女友的兒子。阿爾琳寫道：「我叔叔前女友的兒子在場，記者和他說話，這件事讓我們家很困擾，因爲他們已經疏遠多年了。我們不希望他和我們家扯上關係。他表現得好像跟我叔叔很親密，但我們知道事實並非如此。」

對創傷倖存者來說，沒有一體適用的方法。一個家庭可以接受，另一個不見得行，原因各異。

比如納姆迪・奧格巴（Nnamdi Ogba）的家人。納姆迪是一名年輕男子，他的母親在案發四天後對我說，這宗謀殺案「令人難以理解」。他在還是青少年的時候從奈及利亞來到加拿大，成爲電機工程師，他愛好和平、生性安靜，是四個弟妹的好榜樣，他被槍殺不是因爲他說了什麼、穿了什麼或做了什麼，而是因爲他所在的地方。因爲有些人想在他們不喜歡的社區對他們第一個看到的人開槍，而納姆迪就是那個倒楣鬼。在事發後不久，他的母親同意與我談話，呼籲目擊者「做對的事」，將殺害納姆迪的凶手繩之以法，此時她既傷心又憤怒，但她並不孤單。奈及利亞加拿大人協會（Nigerian Canadian Association）的一名領袖也在房間裡。當納姆迪的母親坐在沙發上與我交談時，她交叉著雙臂，用手指著鏡頭，向殺害她兒子的凶手傳達訊息。她的兩側坐著兩個支持她的人，他們坐得很近，撫摸她的背，讓她說話。其中一個是她的丈夫、納姆迪的繼父西爾瓦．奧克齊（Sylva Okezie）[117]。在接下來幾天以及隨之而來的公開呼籲中，納姆迪的母親都在場，但發言人的角色大多交給西爾瓦和奈及利亞加拿大人協會的成員。

西爾瓦在問卷中回憶起，一開始接受媒體採訪「並不是輕鬆的經驗。」不過，他寫道，「媒體能立即關注是好事，我相信這有助於確保凶手無處可躲。」當被問及他是否認爲倖存者公開分享自己的故事有價值時，他回答：「如果能夠爲社會帶來正面影響，那就有價值，否則分享的理由將毫無意義。公開分享這類故事應該是爲了產生改變，因爲受害者的家人每次公開分享時都會感到痛苦。。必須有一個目的、一個意圖，才能要求受害者家屬公開分享他們的故事。」

受害者家屬公開分享這種事一定是很痛苦的……我想起朵樂希．康曼德（Dorothy

Commandeur），她的女兒喬琳．科特（Jolene Côté）十多年前在亞伯達省的住處被殺。「與媒體互動壓力很大，會影響我的心情很長一段時間，但這是必要的。」朵樂希在問卷中寫道。她近期接受媒體採訪是在喬琳被殺九年和十年後，她告訴我：「接受採訪會讓我想起喬琳被殺害的所有細節，這帶來很大的壓力，但由於凶手還沒有落網，我們覺得有必要這麼做。」[118] 她很高興記者聯繫她，他們沒有忘記這個案件。但一再重複講述故事的過程依然令人心痛。

我忍不住想，**如果這些呼籲最終沒有幫助，如果所有額外的傷害都是徒勞無功呢？**在我對納姆迪案的記憶中，我的印象是家屬的呼籲並沒有推動調查的效果，凶手會被抓，是因爲調查人員努力不懈地透過數十個監視器追蹤他們逃逸的路線。我聯繫了其中一位調查人員，他是個善良、富有同情心的人，我知道他非常關心納姆迪的家人，因此向他再次確認。

「你說得沒錯。」多倫多警探傑森．山卡蘭（Jason Shankaran）回信表示。「我不認爲家屬的呼籲在本案中發揮了作用。沒有一個目擊者受到激勵而站出來。」然而他補充說道：「這樣的呼籲讓他們能夠成爲整個過程的一部分。」他寫道。「這給了他們一種使命感。這是沒辦法量化的無形資產（幫助家屬治癒悲傷和度過哀慟）。我認爲這帶給他們自己站起來的力量。」隨後山卡蘭警探又補充了一點：「他們是一個獨特的家庭，面對鏡頭比較自在。」

很多家庭並非如此。

我們知道創傷會影響大腦的運作，有些人渴望保有隱私，有些人渴望分享親人的故事，還有其他許多人生經驗形塑了我們以及我們面對逆境時的態度，有鑑於此，當媒體報導創傷事件時，哪些事情該做、哪些事情不該做，實在很難列出一個完整的清單。但我們可以遵循一些基本原則。

我想起了我與艾咪．歐尼爾的對話，她是一位在波士頓馬拉松爆炸案中倖存下來的心理健康專家。當時我們在討論媒體如何報導大規模暴力事件，我問艾咪，在慘案發生後，對剛抵達小鎮的媒體從業人員，她有什麼建議。「我認爲你必須要有創傷知情原則。」她說。「你必須創造安全、透明、信任、合作、發言權和選擇權。你必須給予對方發言權和選擇權。」[119]

這不僅是媒體的課題，也是倖存者支援人員的課題。在創傷事件發生後，要創造安全、透明、值得信任的空間，就要創造可預測性。那些致力於爲倖存者服務的人應該盡其所能，幫他們做好心理準備以面對接下來會看到、聽到或讀到的媒體報導。我們知道記者需要畫面來說故事，所以最好讓家屬知道，他們可能會看到別人談論此案。如果他們對此感到困擾，但又不想與媒體接觸，那麼可以指定一名發言人，發布文字聲明稿或完全不要去看媒體報導。通知倖存者給他們一個選擇；與他們合作，讓他們有發聲管道。

阿爾琳對遇害叔叔的前女友兒子接受採訪感到困擾，但多虧了一名凶殺案調查員的指導，媒體的負面影響才沒有進一步擴大。她在問卷中寫道，這名調查人員詢問她母親是否願意向媒體發表聲明，但她母親拒絕了。他接著詢問阿爾琳，並強調她沒有義務一定要參與。阿爾琳同意發表聲明，調查人員提供了更多指導：

> 凶殺案警探要我發表聲明，並且非常明確地詢問我們是否想回答問題，或單純發表聲明。他認為公開呼籲大眾提供資訊有助於調查的進行。他把決定權交給我們，而我們覺得必須說點什麼，讓大眾知道他是個什麼樣的人。我們選擇不回答問題，因為記者想要的任何資訊都可以在聲明中找到。現場活動結束後，記者確實聯繫了我們，但他們非常專業，一點也不咄咄逼人。

那天由多倫多警探泰德．利歐曼尼斯（Ted Lioumanis）主持的記者會，幾乎可以說是將故事完整地呈現在記者面前。他提供了凶殺案發生前的監視器畫面、家屬的聲明以及他自己的言論。我在新聞報導中只有看到泰德和阿爾琳發聲，[120]這為阿爾琳和她的家人避免了措手不及的狀況。唯一比較有爭議的是，阿爾琳的聲明被剪輯成兩個片段，一些倖存者（不包括阿爾琳）在我的研究中表達了失望之情。調查人員展現出同理心，在阿爾琳的家人面對媒體時支持他們，這與薇絲娜．西科維奇的經歷形成強烈對比——在她辨認出兒子屍體的幾個小時後，一名警察就將她的住址傳給了我，當時她根本不想與媒體有任何接觸。

在七十一名塡寫了問卷調查的凶殺和死亡車禍倖存者中，只有六位對媒體抱有完全正面的評價。在這六人中，有五人利用媒體成爲相關議題的公共倡導者，例如：不良駕駛行爲、法院判決的嚴厲程度，或是假釋聽證會的相關議題。事實上，媒體爲創傷倖存者帶來的諸多負面影響都發生在事發後不久，值得注意的是，在六名僅有正面評論的倖存者中，有四人**沒有**在一開始就被媒體聯繫。舉例而言，布蘭達・邦迪（Brenda Bondy）第一次與媒體接觸是在她女兒艾莉西亞・瑪莉（Alecia Marie）遇害三十多年後。[121] 此時，她很積極與媒體談話，希望藉此讓殺害女兒的凶手繼續被關在牢裡。「我覺得人們對我女兒的故事眞心感到好奇，也能夠同理我捍衛正義的決心。」布蘭達在問卷中寫道。「在她的故事傳出去之前，除了當地人之外，沒有人知道這個駭人的案件，也沒有人願意提起那段可怕的時光。」

有兩名倖存者在事發後馬上被媒體聯繫，而且只有好話要說，其中一人表示，他當時處於極度震驚的狀態，媒體有沒有在場似乎也沒差；另一位是溫蒂・弗拉納根（Wendy Flanagan），她在死去的女兒亞歷珊卓失蹤的數個月期間，與記者建立了良好的關係。爲了讓更多人知道亞歷珊卓的案件，幫助她平安回家，溫蒂的家人主動聯繫媒體，而不是反過來。當被問及第一次與媒體打交道的經驗時，溫蒂在調查中寫道：「記者幫了很多忙，爲我們一家竭盡全力。」溫蒂希望任何知道女兒下落的人能夠了解，她的家人不會停止尋找她，也不會讓她被遺忘。「我們是亞歷珊卓的聲音。」溫蒂寫道。雖然她真的不想進行一對一的採訪，但她還是這麼做了，她說：「我是爲亞歷珊卓做的，我是她的聲音，我不想讓她失望。」

羅德尼．史塔佛（Rodney Stafford）可以體會這種心情，但也許不是在八歲女兒失蹤當下。維多莉亞「多莉」．伊莉莎白．瑪莉．史塔佛（Victoria "Tori" Elizabeth Marie Stafford）的失蹤和隨後的謀殺幾乎立刻就引起了加拿大全國的關注。她父親對媒體的第一印象是：「所有記者都想搶到新聞。」他在問卷中寫道。「如果有媒體試圖聯繫我，我根本無法察覺。頭三天我走遍了街道、鐵路和公園，一心想找到維多莉亞。從四月八日星期三到星期六下午三點左右，我都沒有睡覺，直到家人強迫我躺下來。」這件事本身就成了一個故事，諸如「父親沒找到八歲女兒不肯闔眼」這樣的頭條新聞傳遍了加拿大。[122]

羅德尼寫道，當他發現媒體一直試圖聯繫他時，他「起初很惱火」，這促使超過三天沒睡覺的他走進一家廣播電臺，解釋他一直在尋找維多莉亞。他表示：「我很快意識到，訊息應該要傳遞給更廣泛的人群，而不只是我的社區。」幾天之內，人們舉辦了守夜和遊行，近萬人參與了「協尋維多莉亞．史塔佛」臉書活動。[123] 直到一百零三天後，經過了這麼多的搜尋、守夜、遊行和無眠的夜晚，他才知道，女兒早已遇害。

然而，就和溫蒂．弗拉納根一樣，即使在維多莉亞小小的遺體被發現後，羅德尼還是想利用媒體來爲女兒做點什麼。在凶殺案審判的第一天，羅德尼在法院外與記者會面，他的夾克上別著一條繡有女兒名字的紫色絲帶。紫色是維多莉亞生前最喜歡的顏色。在麥克風和攝影機的包圍下，他解釋說，在審判前幾天，審判所在城市有陌生人告訴他，他們不知道維多莉亞．史塔佛是誰，但聽說過凶手的名字。他告訴現場的記者。「重點不在於凶手，而是被奪走生命的小女孩。」[124]

維多莉亞被殺害十多年後，在谷歌新聞中搜尋她父親的名字會顯示近三百項結果。搜尋維多莉亞的名字則會出現兩千多項。但不是每一則報導都值得肯定。羅德尼．史塔佛並不是那六個給予媒體肯定的倖存者之一。有的報導傳遞了錯誤的訊息，有時試圖聯繫羅德尼的記者數量「變得難以應付」。儘管如此，媒體還是提供了一個平臺，讓他得以談論維多莉亞生前的模樣，包括在審判期間，畢竟審判的重點是她的死亡和死亡前的可怕時刻。

「媒體嚇到了我，但他們成了我的朋友和盟友。」羅德尼寫道。當被問及媒體報導中有沒有任何方面讓他覺得特別正面，他補充說：「有，我發現媒體從業人員也是人，有感情和家庭。」

我想起報導了那場凶殺案審判的朋友們，想起他們身上至今仍留著的傷疤。

在電視直播中目睹丈夫死去的二十三年後，也就是在填寫我的問卷調查一年後，金．漢考克斯寄了一封電子郵件給我，附上前一天出現在網路上的報紙文章連結。「這就是媒體持續影響我（也許還有其他人）的另一個例子。」她寫道。[125] 這篇文章是關於其中一名凶手的假釋決定，這正是我預期金會有話要說的那種文章。雖然她在丈夫遇害後，和媒體打交道的經驗很糟糕（事實上，在接下來的幾個星期、幾個月和幾年裡依然如此），但她後來告訴我，在寄了信給每一個她想得到能夠實現變革的政治人物之後，她才「不情不願地」開始聯繫特定的記者，表達她對矯正制度不公不義的擔憂。[126] 這些互動有好有壞。

好的是她與記者的對話沒有被扭曲，一些未加思索便脫口而出的言論在她的要求下也沒有被寫出來。她與可以信任的記者建立良好的關係，像是我在《多倫多太陽報》的前同事山姆．帕薩諾（Sam Pazzano），他在二〇二〇年退休前採訪過金很長一段時間，還有已故的克莉絲蒂．布拉奇福德（Christie Blatchford），她一直在和金合作寫一篇報導，可惜癌症讓她無法繼續下去。壞的是金打開報紙可能會看到一張多年前的犯罪現場照片，或是看到她剛剛用電子郵件傳給我的那種文章。

那是一篇評論專欄，假釋委員會決議給予殺害比爾的其中一名凶手更多的外役監無戒護日間外出許可。[127]文章內容包含對金的致敬，寫道：「她竭盡全力」確保兩名凶手繼續待在牢裡。還有一張金的照片（近十年前她接受另一位記者採訪時拍攝的）。這位專欄作家痛批假釋委員會在決議中沒有提及「偵查警員威廉．漢考克斯」的名字。當然，任何不熟悉這個案件的人瀏覽過這篇文章都會認爲專欄作家是站在金這邊的。也許他也是這麼想的。但這篇文章問題重重，金在她寫給我的電子郵件中一一道來。

「首先，這個決議是最初在二〇一九年二月做出的一系列決議的延伸。」[128]那是兩年多前的事了。「記者似乎在沒有來龍去脈的情況下任意報導這些決議。」

再來是搞錯事實。兩名女子被判殺害比爾，但只有一名女子持刀。專欄作家把凶手搞混了，錯誤地指出假釋決議的主角是持刀的女子，她刺了比爾「好幾次」。事實上，她不是持刀的那一個。而且比爾只被刺了一刀。

「第三，挑釁和煽動的語言既有害又不必要。」金接著寫道。她指的是專欄作家在描述刺殺過程時用了「**被刀子捅死**」等字眼，以及在提到假釋決議漏掉比爾的名字時表示「**彷彿他是好萊塢賣座鉅片中一個跑龍套的演員**」。

然後是最令人反感的一點。「這篇文章在全國警察紀念日的晚上被發布在網路上，那天本來是反思和榮譽的日子，不該聳人聽聞地拿冷飯來熱炒。報導重大事件是可以理解的，但這篇莫名其妙的文章不但不正確也不必要。」

這篇文章出現在網路上三天後、報紙上兩天後，網路版本更正了錯誤的事實，但煽動的語言依舊存在。[129] 傷害再一次地造成。

我回想起第一次與金的談話，在她寄給我這封電子郵件的一年多前，以及她告訴我的第一件事。

「我應該什麼樣的媒體都見過了吧。」她笑著說。[130]

許多倖存者和媒體打交道的經驗似乎都走同樣的模式：先是壞的，再來是醜陋的，最後，經過足夠的時間後，才迎來一些好的。

壞的：在薇絲娜和達沃林．西科維奇辨認兒子屍體後僅僅數小時，我出其不意地出現在他們家門前。當時薇絲娜疲憊不堪、渾身發抖，還必須接聽不斷打來的電話並接待來悼念兒子的朋友們。我照樣採訪她。

醜陋的：即使搶到了新聞，我隔天依舊打了電話到他們家。**再來，再給我更多新聞，受創傷的父母！**

好的：當薇絲娜和達沃林準備好談話時，當他們想在屋頂上吼出刑事司法系統的不公不義時，我坐在他們旁邊，傾聽他們的聲音，並爲他們提供所需的平臺。

薇絲娜不再居住在加拿大。她搬到很遠的地方，遠離了那些傷害她然後幫助她的記者，我也在其中。但我還是忍不住去想，如果她留了下來，如果她的刑事司法之路像金．漢考克斯一樣繼續走下去，媒體也會繼續幫助她嗎？還是會變成和金一樣的模式？

壞的、醜陋的、好的。再次重複。

7

道德預設的一搭一唱

A Morally Presumptive Chorus

你的親人過世後，你第一次與媒體接觸的經驗是什麼？

「當他的遺體被放進靈車時，媒體就在我跟孩子的面前……他們從來不問任何問題，卻可以談論我們。」

——潔娜・華斯，問卷內容，二〇二〇年十一月六日我要向你講述珊娜．布朗（Shauna Brown）的故事，以及她兒子德馬爾在家門外遇害後發生的一切。但首先，我想說說在幾個小時前、大約一英里外的另一起槍擊案。這是加拿大最大城市不好過的一天。這麼多的創傷，空間和時間卻如此有限。

它發生在清晨夜色尚未褪去的時候，多倫多酷暑難耐，一場燒烤生日派對從週六一直延續到週日。三人中槍，其中包括壽星。她活了下來，但其餘兩人沒有。其中一名男性被揭露了姓名和十三年前在警方的幫派掃蕩中被捕的過往，記者報導「據稱他與幫派有關連」，但沒有提到經過了這麼多年之後，這些指控是否屬實。[131] 另一個電視臺的記者去了解了他的前科紀錄，報導他的確在幾年前被判有罪。[132] 另一名男性受到了比較友善的對待，也許是因爲有人爲他說話，無論是在現場還是在網路上——「朋友們形容這名育有兩子的父親是一個溫柔的巨人。」[133] 不過，一名記者指出，兩人都「爲警方所知」。[134]

這場生日狂歡是一年一度的傳統，也是男女老幼聚集在一起享用自製美食和開心慶祝的機會，甚至還有正式的邀請函和服裝要求，但今年，一連串的槍聲讓一切都變了調。鄰居質疑槍手是否爲受邀賓客之一。[135] 警方呼籲目擊者挺身而出。接著一名記者提供了進一步的說法。有案底的不只兩名男性死者。她表示：「三名受害者皆爲警方所知。[136] 調查人員正在釐清誰才是凶手的目標。」

幾十年來，加拿大和美國各地的記者都說過這樣的話。根據我自己的經驗，我知道對證實或傳遞這些消息給記者的調查人員來說，「爲警方所知」的意思可能是此人有前科，也可能是此人與某個有前科的人有關，又或者是此人曾遭指控（不管多微不足道、多無關緊要或多久以前的事情）但從未被定罪。（同時值得注意的是，大多數犯罪，無論暴力還是非暴力，從未被報警——僅二〇一九年就有超過三分之二的犯罪未被報告。[137] 因此，僅僅因爲某人不「爲警方所知」，並不代表他們不是罪犯。）

我知道我在新聞生涯中曾多次在描述犯罪受害者時輕率地使用「爲警方所知」這個字眼。一般來說，如果你是守法公民，你不太可能被槍殺，當時我覺得讓大眾知道這一點很重要。話是這樣說沒錯，但現在我了解到，在沒有釐清來龍去脈的情況下使用這個字眼，的確弊大於利。爲了進一步解釋，我把麥克風交給那位身穿淺藍色襯衫、戴著藍鳥隊帽子、辯才無礙的年輕人，事發兩天後，他從舉辦生日派對的兩層磚房中走出來，代表倖存的受害者發言：

> 為了那些依然重視尊嚴的社區成員，也為了維護基本的社會秩序，家屬希望能夠發表以下正式聲明。我們摯愛的女兒、姊妹、阿姨、姪女、表親和朋友在生日派對這樣歡樂的場合中受了重傷。她是個充滿活力、企圖心、同情心、膽量和決心的人，在

工作上十分勤奮。她為很多人帶來啟發，受到來自各行各業的人們喜愛。她有一份體面的工作，而且計畫繼續深造。她的朋友圈就像她居住的多倫多一樣多元化。不管從她生活的哪個方面去合理評估，都不應該推斷她和犯罪扯上邊。然而，我們卻一再看到媒體報導這起傷害她的暴力慘案時，一搭一唱地稱她「為警方所知」。家屬對這種充滿道德預設的一搭一唱深感遺憾。它一次又一次地凸顯其本身模稜兩可和怠惰懶散的態度。這麼做無法讓讀者得到正確資訊，而是用來貶低、傷害和妖魔化受害者的手段。簡單來說，這不過是赤裸裸的影射。它促使觀眾不去同理受害者，反而將受害者視為咎由自取的罪犯。這樣的一搭一唱如何有助於社會打擊犯罪？如何促進告知大眾資訊的社會利益？除了將暴力之下的受害者妖魔化之外，還能帶來什麼好處？這樣的一搭一唱只帶來迫害和抹黑。最終，它要是繼續下去，將讓所有人身受其害，因為它試圖剝奪共同人性中的同理心和同情心。家屬對暴力行為表示譴責，尤其是在這歡欣鼓舞的慶祝場合對我們施加的恐怖行為。我們相信社區的力量。我們主張進步和向上提升，特別是對我們所屬的非裔加拿大人和擁有加勒比海血統的族群。如同詩人阿米里・巴拉卡（Amiri Baraka）所說的，我們是擁有非洲想像力的美麗民族，充滿面具、舞蹈和響亮歌聲，然而我們飽受痛苦，有時無法恣意翱翔。[138]

這段未經編輯的影片我看了一遍又一遍，大爲震驚，這麼多年來不知有多少個城市裡的多少個家庭深有同感，但卻選擇了沉默。

就在這名年輕人發表有力談話幾小時後，全市的新聞編輯室都收到了多倫多警察局的一份新聞稿，附有一名年輕男子的姓名和照片，他在生日派對槍擊案發生後數小時、距離不到一英里處遭到槍殺身亡。他的母親珊娜．布朗思考著該說什麼。

和媒體談話不是珊娜的第一要務。和孫女談話才是。她請求凶殺案調查員不要公布德馬爾的名字，直到她能找到合適的話告訴他六歲的女兒，她在街上玩耍時聽到的巨響不是煙火，而是槍聲。事發後，她馬上被朋友的媽媽帶進屋內。而她爸爸不太好。他死了。

這場極其不幸的對話也極其不幸地在德馬爾十二歲時發生。那時珊娜必須告訴兒子，他爸爸死了，不是因爲子彈，而是因爲鐮狀細胞疾病的併發症。

當這座城市得知德馬爾的名字，看到他的黑白照片、他的山羊鬍、他向左看的淘氣表情、他從棒球帽下面垂下來的辮子時，[139] 珊娜和孫女一起坐了下來，她開始向孫女講述一切。根據她在多倫多接受電話採訪時的回憶，她用了汽車來比喻。

「就像如果缺了一個輪子，車子就沒辦法繼續開。我是這樣起頭的。然後我說，人的身體也是一樣，如果一個器官不再運作……像是心臟之類的。」[140] 珊娜看到了兒子的心臟不再運作，因爲有人開槍讓它停止跳動。她是第一個來到他身邊的人。當時她在屋內，兒子在車道上。「然後她看著我說：『爸爸死了嗎？』我回答是，她就崩潰了。」

珊娜在準備進行這場對話的同時，也在哀悼兒子、安排葬禮、安慰女兒們，還有媒體守在門外。「我記得很清楚，第二天他們就出現在我家外面，但我沒有和他們說話。」珊娜在問卷中寫道。媒體並不是事發第二天出現的，而是事發當天就在了。當天，一名自由攝影師上傳了一段影片到社群媒體，他拍到德馬爾蓋著白布，血流得整個車道都是。[141] 珊娜寫道：「這個畫面怵目驚心，我覺得我們在人生最糟糕的時刻被侵犯了隱私。」

大多數失去兒女的父母必須做出選擇和鼓起勇氣才能走一遭孩子被殺的地點，而珊娜只消從前窗望出去即可。在接下來兩天，當她從前窗望出去時，看到的不只是警方在調查和尋找目擊者，還有媒體在觀看、等待、希望她能開口說話。「事發後兩天，我感到不知所措，某種程度上就像是被囚禁在自己家中一樣，因爲記者守在門外，想要與任何走出來的人交談。」她寫道。「我記得我還必須保護和掩護女兒，她才不會被媒體騷擾。」

有十一名凶殺和死亡車禍倖存者在問卷中描述自己受到媒體騷擾或類似行爲，珊娜是其中之一。其他倖存者使用的字眼還包括：**搭訕**、**跟蹤**、**攻擊**、**糾纏**、**尾隨**和**追殺**。

珊娜回覆的問卷內容令我感到好奇，有這麼多不對的事情發生——媒體守在家門外、年輕的黑人兒子喪命於這一帶不少見的槍枝暴力之下。但不知怎麼的，有事情往對的方向發展。「我十分感激，在最早出現的報導中，有一篇文章正面描繪了我兒子這個人、他的生活以及他是多棒的父親。」她寫道。

我想知道爲什麼。

珊娜最初的好運來自於負責此案的凶殺案調查員。她在一通從多倫多打來的電話中表示，警探傑弗瑞．塔瓦雷斯（Jeffery Tavares）「眞的是非常優秀」。她請他延遲幾天公布德馬爾的名字，讓她能有時間恢復鎮靜並告知孫女。他沒有對她施加壓力，但打開天窗說亮話。「他基本上說：『你可以晚一點決定公布他的名字，但媒體最後還是會找出來，並且發布他們自己選的照片。』但我說：『可是媒體要這麼做，必須先跟你們確認吧？』他回答：『是的，就名字來說是如此。』」

我向珊娜解釋，雖然媒體會希望得到警方或其他相關單位的確切資訊，但不是非得這麼做不可。因爲她兒子在家門前喪命，所以受害者的身分很快就會在鄰里傳開。如果我是記者，有六個不同的人告訴我他的名字，再加上社群媒體上有一些照片能找到認識他的人確認，即使只是一個鄰居，這樣就足以讓我的編輯室在警方正式公布名字之前發新聞了。

珊娜的第二個好運來自於一名親近的友人代表她接受了媒體採訪。第一篇關於德馬爾的報導以**慈愛的父親**這句話作爲開頭。142 在這篇報導中，這名親近的友人談到德馬爾會接送女兒參加營隊，這對父女的關係有多緊密，以及他們在事發前一小時去看了電影。報導中還提到，德馬爾正在籌辦一個課後音樂班，希望讓孩子們遠離幫派和槍支。

「這對我來說意義重大。」珊娜談起報導中所傳達的正面觀感時說道。「我住在馬爾文這個高優先社區（high-priority neighborhood）。我兒子是一名黑人男性。他……有過前科……我一定會盡全力保護他和我的家人不被進一步妖魔化。」所以她花了時間找了一張好看的照片。她的救助協會建立了一個線上募款頁面，讓他們有機會描述德馬爾是個什麼樣的人，不會被斷章取義，也無可爭議。

我對珊娜說：「你從一開始就非常清楚，故事可能會被寫成怎麼樣。」

「噢，那是絕對的。」

「即使在哀慟之中，你還是會去想：『**我的兒子是一個有前科的年輕黑人男性，媒體會把他描繪成一個暴徒**。』你知道這種事有可能發生。」

「沒錯。」她說。「『爲警方所知』這句話，一定會在某個地方出現。」

珊娜說，她經常從凶殺案倖存者那裡聽到這樣的說法，他們已經失去了孩子，拒絕再被妖魔化。因此，在這篇以**慈愛的父親**作爲開頭的報導中，找不到**為警方所知**這幾個字。其實這幾個字要出現並不難。大約在遇害的三年半前，德馬爾就曾因販毒指控而被媒體報導過，這個紀錄比生日派對槍擊案中那名因幫派掃蕩在十多年前被捕的受害者更加「近期」。但這就是德馬爾的故事中另一個偶然的轉折。

德馬爾是在另一個小得多的市場被捕的。依照多倫多的標準，他被查獲的毒品數量很少，不值得大城市的新聞編輯室用報導這宗凶殺案的規格大肆播報。因此，他的犯罪行爲只在被捕的城市見報，也只讓他服了最低的一年刑期。該報寫道：「『我想道歉，對不起浪費了大家的時間。』德馬爾．葛拉漢（Demal Graham）告訴威廉．費茲傑羅（William Fitzgerald）法官：『我真的想要改過自新。我不該再這麼自私，必須長大了。』」[143]

我推測以下幾件事：首先，沒有凶殺案調查員向媒體透露德馬爾**為警方所知**，也沒有記者想到要去搜尋他的名字。因爲如果他們發現了這件事，一定會寫出「爲警方所知」或相關字眼。

要不是事發時我在休產假，我搞不好就會這麼做。

如果你在想，要是珊娜看到遇害兒子的前科被報導出來，不知會做何感想，請看看凱莉．麥克納布的遭遇。

在上一個章節中，我曾提到凱莉在兒子以賽亞遇害之後面對了大批媒體報導，她覺得彷彿「我在一生中最脆弱的時刻，被強行推到聚光燈下」，但她還是給予一些記者正面肯定，他們表現出同情心，賦予她權力述說兒子的故事，讓她爲正義發聲。但我沒有告訴你，雖然凱莉遇到了一些非常好心的記者，但也遇到了一些非常傷人的記者。

特別是其中一名記者，他在瞻仰遺容儀式的當天早上打給凱莉，想徵求同意參加葬禮，儘管凱莉已經公開聲明不希望媒體打擾。凱莉在問卷中寫道，以賽亞被殺兩個月後，同一名記者再度打來，「希望我配合他們進行下一篇報導。」凱莉拒絕了。她還沒準備好。[144]「然後不到兩個星期，他們又來找我，要求我發表評論，我還是拒絕，並請對方不要再打擾我。」

接著，一篇八百九十二字的報導在以賽亞被殺三個月後刊登出來，講述了該市那一年兩起懸而未決的凶殺案，以賽亞案就是其中之一。[145]在這八百九十二個字中，只有一百零七個字在談另一起案件；四百五十九個字描述以賽亞在一場派對中因「毒品和酒精引發的襲擊」而被定罪，隔一年他在光天化日之下被槍殺。這四百五十九個字中沒有一個字與他的凶殺案有關。完全沒有想要沾上邊的意思。

雖然有點牽強，但這篇報導其實提出一個論點，勉強說明了以賽亞爲什麼會出現在遇害的地點（中途之家外面的野餐桌旁），因爲他前一年在派對上襲擊兩個人而服刑，三個月前獲得假釋，被規定要住在那裡。報導應該在這裡結束；但沒有，只看到一個又一個的段落詳細描述襲擊事件、描述其中一名受害者的影響、從假釋委員會決議中蒐集的家庭關係個人資訊，甚至是在拘留期間與另一名囚犯打架，後來被證明是出於正當防衛的事蹟。

當我看到是誰寫了這篇報導時，心裡很沮喪。那是一位經驗豐富的記者，我曾經和她一起擔任與談人，在省級警察學院對一屋子的警察演講。她看起來富有同情心，對犯罪新聞瞭若指掌，是一位眞正的專業人士。當我離開新聞界時，她傳給我一封訊息，表示很遺憾看到我離開，祝我未來一帆風順，說她很高興認識我。因此，她處理這個故事的手法讓我百思不得其解。我也曾經在凶殺案倖存者要求保有隱私的幾天、幾個星期和幾個月後再回去找他們。我也曾經報導過前科。但我這麼做的依據是相關性。舉例來說，如果一個社區被定罪的毒販跑到另一個社區搶生意而中槍身亡，他的前科可能就與他的凶殺案有相關性（這是我的依據啦）。但讀完以賽亞被定罪的所有細節，以及在法庭和假釋聽證會上說的話，我完全看不出相關性。

事實上，這些細節被公布，我所能想到的唯一原因是記者在法庭搜尋了以賽亞的名字，找到他先前因襲擊被判的罪名，覺得自己中了大獎，有這麼多來自法庭和假釋紀錄的有力素材可以任她使用。除非有人直接告訴我，這些細節與案件有密切關聯，不然我絕對不會去申請多倫多凶殺案受害者的犯罪紀錄副本。但話又說回來，在以賽亞被殺的那一年，多倫多有九十六人被殺。[146]他的凶殺案是發生在基奇納市的七起凶殺案之一。不管怎樣，如果以賽亞在六十英里（約九十七公里）外的大城市遇害，他的凶殺案就不會受到同樣的關注。

在那篇詳細描述兒子前科的文章發表後隔天，凱莉寫了一封電子郵件給報社，表達她有多受傷和失望。她原本被告知這篇文章「將推動案件的偵破」，凱莉在電子郵件中寫道，而最終的結果與記者描述的「完全不同」。[147]兩天後，在聖誕夜，她收到了該報編輯的回覆，對方解釋說，那篇文章「會被撰寫和刊登是因爲大眾對凶殺案有高度興趣，特別是發生在我們社區的懸案。大眾想要得到有關凶殺案、公共安全、犯罪和治安的答案。」

這一點，我同意。

編輯接著寫道，該報導「公平、準確、負責任且符合公共利益。它提供了必要的內容，沒有遺漏相關事實，儘管我理解有些人可能不想聽到這些事實。記者的工作是必要的、符合道德的，且是負責任的。」

這一點，我不同意。

「在光天化日之下發生了驚世駭俗、明目張膽的凶殺案，人們理所當然地會問原因、過程、身分以及是否爲大衆帶來更大的風險。爲了回答這些問題，事實上，探討一個人爲什麼會被殺害是至關重要的問題。」

同意。

「你知道這個案件的事實。爲了撰寫這篇報導，記者使用了以賽亞自己在假釋聽證會上說過的話，爲大衆提供必要的來龍去脈，說明他會犯下的罪行以及背後的原因。假釋聽證會文件是公開的，使用這些資料不僅是必要的，也是負責任的。」

強烈不同意。

這位編輯在結尾告知凱莉有關國家新聞媒體委員會（National NewsMedia Council，簡稱NNC）的資訊，該機構負責裁決大衆對媒體的投訴。

事實證明，NNC並不同意該編輯的觀點。隔年，有六名申訴人（凱莉不在其中）聲稱這篇報導列出了不恰當的前科細節，並獲得了NNC的支持。NNC的決議指出，該報本身的新聞標準指南提到，「在蒐集和發布新聞的過程中，大衆的知情權和個人合理期望的隱私權之間難免產生衝突，但我們應該依據常理、出於公共利益進行報導，並以一定程度的同情心來做出判斷。對待剛經歷悲劇或哀慟的人們要更有敏感度，編輯人員在與犯罪受害者及其家屬來往時應該表現出敏感度。」[148]

針對以賽亞・麥克納布（Isaiah Macnab）凶殺案，NNC的決議接著寫道：

> 簡短回顧受害者的襲擊判決、他的悔恨、刑期以及隨後轉入中途之家的情況，已是本案中可作為相關背景引用的合理資訊。
>
> 該新聞機構本身的新聞標準指南要求員工以敏感和人道的態度對待新聞報導的核心人物，尤其是喪親之人。在本案中，該新聞報導過度偏重將死者描述為罪犯而非犯罪受害者，沒有明確、可信賴的理由說明兩者之間有關聯。

這種差勁的新聞判斷力所帶來的影響不僅僅是傷害和失望。凱莉在問卷中寫道，在那篇報導出現後，她對媒體的感受從「焦慮、憂鬱」轉變為「產生自殺傾向」。

這件事過了二十二個月後，也就是凱莉塡寫問卷的四個月後，滑鐵盧地區警察局（Waterloo Regional Police Service）邀請媒體前往位於安大略省劍橋的楓樹林路總部，並宣布懸賞五萬加幣（約新臺幣一百一十四萬元）以獲得線報。在看完以賽亞的影片、聽完警察局長簡報後，凱莉走上了講臺。[149] 凱莉穿著白色襯衫和黑色西裝外套，手裡拿著一個裝著白紙的黑色文件夾，她整理筆記，將小包衛生紙放在一邊，雙手交叉放在身前，抬頭看著鏡頭。她開口說：「早安。我兒子以賽亞從過去、現在到未來都會是我一生的摯愛。」

她向聚集在她面前的記者和攝影師訴說，有多少人在二〇一八年九月二十日心碎成一地。以賽亞的父母、兩個姊妹、祖母、阿姨、叔叔、表親、女友和無數朋友。她表示，以賽亞被殺的那天早上，他們還在互傳訊息，討論要開新的銀行帳戶以及哪種帳戶最適合他。「他才二十歲，正在努力做出明智的決定，所以常常問我的意見。一想到他一路走來有多麼不容易，我的心中就會充滿愛。」她告訴媒體。「現在，當我想起兒子時，我想的不只是我對他的愛和我們相處的時光。我的思緒滿滿都是他被殘忍殺害的樣子。」

凱莉告訴在場以及在家觀看的每一個人，她兒子當時只是坐著、戴著耳機、低頭看著手機，不知道槍手正在接近，也無法自我防衛，突然就中槍倒地，然後槍手站在他上方，俯視著他——此時，她的聲音變得嘶啞，話語停頓了下來，低頭看著面前的筆記，然後抬頭望向記者和攝影機，這位母親臉上帶著滿是憤怒和悲傷的神情，傷心欲絕，告訴在場以及在家觀看的每一個人，那名槍手接著又向他兒子開了第二槍、第三槍。「以賽亞被殘忍殺害，當場橫死，目擊他血流如注的旁觀者留下心理陰影，行凶者則駕車揚長而去。」

她說她知道這些細節對在場以及在家觀看的人來說有多麼可怕。「但我希望你們能想像一下我的感受。」她舉著手指，抿起嘴唇，憤怒和悲傷一觸即發。「因爲躺在那裡的是我的寶貝兒子。」她的嘴唇顫抖著，然後閉上眼睛，深呼吸了一口氣，我想，自從人生破碎的那一天起，她不知道做過多少次這樣的深呼吸。突然之間，只剩下悲傷。又深吸一口氣，接著用力呼氣。她繼續開口。

「當以賽亞被殺害時，他正處於日間假釋期間，住在『新方向』中途之家。他在十九歲時犯了一個嚴重錯誤，進入了刑事司法系統。他本來很有可能墮落下去，走上毀滅之路。」話說至此，她恢復了鎮靜，振振有詞，就像律師在法庭上爲當事人辯護。「但是，我兒子會走上新方向是因爲他想痊癒、改過自新和當個有用的人。他透過就業、諮商得到了很大的收穫，下一步計畫是上大學。以賽亞表現得很好，他獲准在十二月搬回家和我住。對一個犯了大錯的年輕人來說，他做了我們所能要求的一切，他應該站在這裡，作爲一個成功回歸社會的活生生例子，但相反地，他死了。」

看完這場記者會後，我感到很好奇，所以發了一封電子郵件給凱莉：「你之所以提到日間假釋的事，是不是因爲你覺得你必須回應那篇報導？你覺得你需要澄清以賽亞在那裡的原因嗎？」她幾乎立刻就回覆了。

「是的。」她寫道。「那篇報導正是我覺得我需要正面回應的原因，這樣他們就沒辦法再誹謗他。我覺得我有必要讓大家知道以賽亞有多努力，希望人們能夠表現出同情心，把他當人看。」[150]

「我認爲你做得很棒。」我回信說。「你是兒子的最佳發言人。你應該要感到非常自豪。」

在本章一開始，我提了珊娜．布朗的例子，因爲她的經驗很獨特，媒體**沒有**指出她被殺害的兒子德馬爾**為警方所知**，**也沒有**暗示他除了受害者還有別的身分。珊娜的經驗似乎是例外，而凱莉的經驗長久以來屢見不鮮，已經是常態。在這個數位時代，餘波可能久久不散。以潔娜．華斯爲例。十五年來，她一直在維護被殺害的伴侶藍道夫．「藍迪」．瓊斯（Randolph "Randy" Jones）的名聲。在描述案件得到的媒體關注時，潔娜在問卷中寫道：「記者們談論他的過往，試圖爲他的死找正當理由。」

在我們談這個案件之前，必須先澄清，不是所有報導都是負面的。藍迪被殺後幾天，多倫多一家大報下了這樣的標題：「他爲捍衛年長者而死」[151]，葬禮後的副標題則是「受害者願意『爲同胞做任何事』」。[152] 問題是，那些描述藍迪死因的正面報導在網路上已經找不到了。只剩另一則當年年底的報導，它的重點是另一個被殺的年輕人，直到倒數第二段才提到藍迪：「一名調查人員表示，警方並未將此案與五月十七日在威蘭大道加勒比海食品店發生的二十七歲多倫多居民藍迪．瓊斯凶殺案連結在一起。在該案中，兩名與幫派有關聯的男子與一名女子被捕，他們涉嫌槍殺瓊斯（亦爲前幫派成員），一連串在市中心響起的槍聲使人們倉皇逃離。」[153]

這番有關幫派的言論令人感到一頭霧水，因爲幾個月前才有一篇報導講述了藍迪不認識槍手的事實，他只是去找朋友，看到有人在打架，一名男子寡不敵衆，瓊斯和其他人上前協助——警方說：「**這不是幫派仇殺**。」[154] 這篇報導，和其他描繪藍迪正面形象的故事一樣，也已無法在線上找到。

潔娜和藍迪育有四子，最小的在父親被殺時才十八個月大。她對他沒有任何記憶。現在她已成長爲一名少女，當她在谷歌搜尋父親的名字時，只會出現「**前幫派成員**」，不會看到「**為捍衛年長者而死**」。「我的孩子和我們的家人覺得他死得很冤枉，他被殺害了，孩子們失去了父親，父母失去了兒子。」潔娜告訴我。「媒體和周遭的人都認爲他活該，因爲他被描繪成是幫派分子。我們在精神上、情感上都徹底被摧毀。」[155]

我想起我曾經報導過一個案件，發生在一個槍枝暴力氾濫的社區。有一名受人愛戴的老師**被槍殺**，我在報導中說：「**這一點道理也沒有**。」[156] 講得好像這個社區的其他凶殺案會發生都是理所當然。

我想起伊芙琳．福克斯塡寫的問卷，她的兒子基辛格被一顆子彈打死，警方說槍手的目標不是他。「有幾個記者大剌剌地問我，我的兒子是否與幫派有任何關係。」伊芙琳寫道。「他沒有，但就算有，這也不是重點。」

我想起記者爲了將不合理的殺戮合理化所使用的各種方法。

我想起有些我採訪過的鄰居提到**隨時都有訪客**、**人們來來去去**、**我一聽到有人被殺**，**就想說一定是那間房子**，我曾經利用這些話把線索拼湊在一起，編出一篇毒窟凶殺案的故事，卻沒有先去認識受害者、認識凶手，警察封鎖線甚至都還沒有拆掉，沒人知道在那條生命戛然而止前到底發生了什麼事。

我想起我在多倫多警察總部報導過的一場記者會，當時我的肚子裡有第一個孩子，正處於懷孕後期。媒體聚集在那裡，聆聽一起案件的最新報告，兩名年輕男子在多倫多一條黑暗的街道上雙雙中槍身亡，原本認爲槍殺他們的似乎是同一位逃亡中的槍擊要犯。但在記者會上，我們被告知，兩人偶遇爆發了爭執，各自拔槍向對方開火。我想起那個站在媒體區後方的女人，她穿著黑色風衣，披著黑色圍巾，戴著大墨鏡，手裡抓著一張裱框的照片，照片裡微笑的年輕人和警方展示的凶狠檔案照截然不同。

她沒有像一般凶殺案倖存者那樣受邀出席。事實上，她和另一名年輕人的母親後來告訴《多倫多星報》記者溫蒂．吉里斯（Wendy Gillis），她們甚至沒有被提前告知哪些資訊會被公布。那個穿著黑色風衣、戴著圍巾和大墨鏡的女人只好在得知破案記者會即將召開後趕至警察總部。[157]但奇怪的是，她位於所有攝影機後方，我感覺到她想要說話，通常在記者會上不請自來又抓著照片的人都是如此。

因此，在記者會結束後，我示意共事的攝影師跟我一起走向那名女子。其他記者、攝影機和麥克風全都就定位，凶殺案調查員走出房間。「我的兒子是我一生的摯愛，我們全家正在經歷一段非常難熬的時期，任何父母都不應該承受這種喪子之痛。」她告訴我們。[158]她流著淚承認，她的兒子自從父親在五年前因車禍過世後，的確出了很多問題，但他也有房子、工作和深愛的女人，以及一個年幼的孩子，現在那孩子將過上一輩子沒有父親的生活。

「無論情況如何，母親也是受害者。」她表示。「我失去了一生的摯愛。」

珊娜．布朗很慶幸她的兒子德馬爾能被媒體正面地描繪，但她知道很多母親沒有這麼幸運。她認爲媒體報導凶殺案的方式需要作出很多改變，尤其是年輕黑人男性的凶殺案。

「七月二十三日，焦點在我兒子身上，但過了幾天之後，換成了別人。」她告訴我。「雖然頭條新聞和聚光燈轉移到了其他人身上，但所有已經受到影響的人還是得留在原地處理這些情緒。」[159]報紙上寫的、電視上講的或問題中提出的一字一句可能會在網路上和倖存者的腦海中存在很多年。「你會問強暴受害者的母親『她爲什麼在那裡？她爲什麼穿成那樣嗎』？不會。同樣道理，他們都是受害者。」

珊娜說，媒體分散了人們對受害者的注意力，免除了我們所有人遏止槍枝暴力的共同責任。有這麼多的家庭在這麼少的社區中深受其害。有這麼多的家庭在喪親之前已經傷痕累累。我在剛開始當記者時，寫了一篇關於一名十七歲少女的故事，她在六個月內參加了六場葬禮，這些早逝的年輕人皆喪命於暴力之下。她告訴我：「如果我失去了一個親近的人，心裡會非常難受。我不想陷入憂鬱。我想要變得快樂。我想要向人們證明我可以過得很快樂。」[160]

「這些受傷的人又去傷害別人。」珊娜在我們聊了約一個半小時後說。「大量層層疊疊的創傷沒有被撫平。」她回憶起她和德馬爾在他被殺害前一年的對話。他們坐在廚房的桌子旁，細數過去十年之中失去的親友。有些人自然死亡，「還有很多人死於槍枝暴力。」她說。「創傷一層又一層地堆疊上去。」

我問珊娜，她是否覺得她的社區和社區當中相互關聯的創傷都被媒體忽視了。

「絕對是如此。」她回答。

被媒體忽視了。

我不禁想起葛瑞格利．史都華的母親，「**我兒子不應該受到這樣的對待。我兒子不應該受到這樣的對待。他不應該受到這樣的對待**」，她在兒子被殺害的房子周圍走動，用手機錄影，拚命地想要引起注意，讓記者來到東聖路易斯。我的筆記上寫著：「這裡百分之九十五的居民是黑人。」[161] 我開始點擊文章、查閱百科全書、觀看紀念影片，研究東聖路易斯的歷史，追溯到第一次世界大戰，當時這座城市的主要居民是白人，黑人來找工作，白人感到不滿。記者凱爾西．蘭迪斯（Kelsey Landis）寫道：「政客散播黑人居民在選舉中作票的陰謀論，報紙煽動有關黑人移民帶來犯罪的謠言。地方政府和工會領袖誇大了南方黑人移民的數量以及對當地經濟的影響。」在一九一七年七月二日，種族歧視達到了令人髮指的巔峰。「由白人男女組成的暴徒開始攻擊黑人男女和兒童，把他們從電車上拉下來，毆打他們，對他們開槍，拿石頭丟他們，謀殺並殘害他們，將他們吊在燈柱上，並將屍體扔進附近的小溪中。暴徒搶劫了黑人居民的房屋，然後放火焚燒。」[162] 那是一場大屠殺，而部分原因是媒體在其中推波助瀾。

一九一七年的種族歧視是理直氣壯的、公開蓄意的、明目張膽的和暴虐無道的。如同北美的許多社區，隨著白人移出、黑人移入，種族歧視根深蒂固，被我們的根所吸收，並代代相傳，直到它成爲主流**系統**，隱祕地操控著誰將獲得工作，哪些學校將獲得資金，誰將被監禁，以及媒體將如何報導創傷故事。

我見過很多來自北美各地的記者。根據我的觀察，他們絕大多數沒有明顯的種族歧視，但這個產業賴以建立的系統卻是如此，似乎無可避免。因此，許多記者正在參與並維護這種種族主義系統，無論他們是否意識到這一點。

多倫多那名年輕黑人男子據說幹了一**些齷齪勾當**並上報，當時我們根本不知道他的名字，也不知道他其實是被隨機殺害。

那名見義勇爲卻被殺害的黑人男子被描述成是**前幫派成員**，儘管警方說**不是幫派仇殺**造成他的死亡。

那名哀慟的母親站在講臺上，爲遇害的黑人兒子辯護，彷彿**他**才是凶手，而不是毫無戒心的受害者。

那名母親花了好幾個小時擦拭黑人兒子頭上的血，還被記者問及，她的兒子是不是有混幫派。

為警方所知，那名穿襯衫的男子說，**是用來貶低、傷害和妖魔化受害者的手段**。

我問伊芙琳．福克斯：「記者問你基辛格是否與幫派有關係，你認爲有種族因素在其中嗎？」

「有。」她回答。我請她進一步說明。

「黑人受害者總是被抹黑。」伊芙琳表示。「人們自動把他們歸類爲幫派成員，並試圖合理化他們被殺的原因。令人心寒。這就是爲什麼黑人母親不太願意站出來懇求大眾協尋殺害孩子的凶手。」

這也是爲什麼珊娜．布朗在痛失愛子後，能夠如此迅速、本能地知道她必須在德馬爾的案件被報導前先做出行動。

我向珊娜提到我和記者貝絲．杭茲多佛關於東聖路易斯的談話。我告訴她，貝絲說，媒體對高犯罪率社區凶殺案的報導只不過是這些邊緣化社區被辜負的另一種方式。我問珊娜，她是否認爲在加拿大、在多倫多也是一樣的情況，年輕黑人男性的家人已經陷入這麼多難關，然後再度被媒體報導他們死亡的方式深深打擊。

她說：「噢，是的。絕對是如此。我完全同意。」

8
Story Taking
奪走故事的人

「我不想說這是意料之中的事，但我的意思是，在發生過這麼多悲劇和死亡的社區中，這似乎已經成為常態，好像見怪不怪了，沒有什麼大不了的。」

——梅姬・賽溫克，採訪，二〇二〇年八月十一日梅姬．賽溫克（Meggie Cywink）深知什麼是多重創傷。訪談開始時，她說：「不只是立即的創傷，還有家庭或個人一輩子都要面對的創傷。」[164]我覺得我懂她的意思。她告訴我，記者在報導原住民案件時，需要了解不同層次的創傷。我覺得我懂，因爲我在大學讀了原住民研究；因爲我知道有很多原住民婦女在加拿大和美國失蹤和遇害；因爲我關心眞相與和解。但我其實還差得很遠。

「你說你在妹妹被殺之前，已經面臨問題，指的是這個嗎？」我問她。「你說的是殖民歷史、原住民寄宿學校那之類的東西造成的創傷嗎？可以多加說明嗎？」

「當然可以。」她溫和地回應我的天眞。「但你說的那些，我們都沒經歷過。」

她的父母不是寄宿學校的倖存者，梅姬也不是。事實上，她的母親嫁給了一個沒有身分的印地安人，並因此失去了自己的印地安身分。梅姬告訴我，沒有身分的她在白魚河第一國族原住民保留區（Whitefish River First Nation reserve）長大，那是安大略省北部的一個社區，居民至多**可能**有兩百五十人。一方面，梅姬和她的家人因爲不具原住民身分而被汙名化；另一方面，她又面臨同化的壓力。

我說：「你描述的是在索妮雅遇害前就存在的身分危機，很多原住民社區的居民都有相同經驗，我想，當一個家庭成員，一個非常親近的家庭成員被殺時，那又是另一個全新的身分危機，因爲她是屬於你們的一分子，所以……」

「我先打斷你一下。」梅姬說。「在我的保留區中，很多人死於肇事逃逸。我無法計算確切數字。在長大的過程中，有很多人酒醉溺斃，也有人葬身火窟。還有大家避而不談的凶殺案。我自己的哥哥和兩個表親則是在一九七四年一場車禍中喪生。」

我的天啊。

我把不同的變數放在一起。一個**可能**有兩百五十人的社區。我說：「你們失去了這麼多條命，眞的是……太驚人了。」

「是的，很多。」她說。「我最近才跟其他人聊這件事。我想這個社區已經有多達三十一起的悲劇。」她不記得有哪起悲劇受到了媒體的短暫關注，無論是來自保留區外的當地報紙，還是距離約一小時車程的大城市。「我認爲如果他們能夠過來問，『**這些人是誰？**』『**這些人有什麼受到喜愛的地方？**』那就太好了。」梅姬說。大多數悲劇都發生在梅姬還住在那裡的時候。十七歲時，她帶著所有的創傷離開了。十五年後，她的妹妹索妮雅被殺害，進入靈界，成爲索妮雅巴。梅姬解釋說，按照阿尼什納貝（Anishinaabe）人的習俗，死者的名字後面會加一個「巴」，表示人界和靈界的區別。她告訴我：「如果不這樣做，當你喊出這些名字時，等於是在呼喚那些人回到這裡。」

165

梅姬多年來致力於爲失蹤和遇害的原住民建立連結、提供協助和發聲倡導，並擔任加拿大「全國失蹤和遇害原住民婦女及女孩調查委員會」（National Inquiry on Missing and Murdered Indigenous Women and Girls）的特別顧問，她注意到這些受害者之間具有共同點。「她們很多人都非常、非常善良，甚至像別人所說的，『會不惜一切地幫助他人』。」她們很多人都很有趣又自由自在。索妮雅巴完全符合這些描述。因此，當梅姬談論她的妹妹時，她談論的也是這些受害者。

但在歷史上，她們很多人從未被提及。至少在媒體上沒有。記者康妮・沃克（Connie Walker）在專訪中談論她的播客節目《失竊・尋找潔曼》（*Stolen: The Search for Jermain*）時回憶道，在一九九〇年代中期，薩斯喀徹溫省一名育有兩個年幼女兒的年輕母親被發現臉朝下倒在路邊的溝渠裡，她是**妓女**，殺害她的兩名男子是**籃球明星**和**曲棍球人才**。[166] 康妮來自一個保留區，距離那位年輕母親的保留區不遠。當時還是高中生的她，看到了媒體對此案的報導，第一次萌生當記者的想法。

原住民婦女被媒體和法庭非人化對待的例子層出不窮。有時是因爲所使用的措辭，有時則是因爲那些未被說出的話語。

在二〇二一年夏天，懷俄明州一名年輕白人女性的失蹤案引起了全球媒體的關注，康妮在《華盛頓郵報》播客中指出，「該地區還有數百名原住民婦女及女孩失蹤。」[167] 在另一個片段中，她說：「我認爲這個案件的問題在於，你看到這麼大規模的報導，看到這麼多的關注和資源集中在她的案件上；但現實是，像她這樣的人並不是受到暴力影響尤爲嚴重的人，原住民婦女在這個國家面臨的暴力發生率高到令人難以置信，而她們只得到了極小一部分的關注。」播客主持人問康妮，這起白人女性失蹤案（後來被發現是凶殺）所得到的關注是否反映了媒體的本質。「絕對是的。」康妮說。「我認爲在很多方面這個……故事是一個關於媒體的故事，述說誰可以在全國各地新聞編輯室做決策，什麼樣的故事值得大報特報，什麼樣的故事讓美國人和加拿大人關心，什麼樣的故事應該讓我們投注大量時間、精力和資源。」

我和梅姬談了約二十五分鐘後，她邀請加入通話的一位夥伴有話要說。蘿拉．海登漢姆（Laura Heidenheim）和梅姬共同舉辦了一場多媒體展覽，以紀念失蹤和遇害的原住民婦女、女孩、跨性別者與雙靈（two-spirit）者。[168]「在我們談話的一開始，你說原住民的聲音有時會受到不同的對待。」蘿拉告訴我。「原住民的聲音**總是**受到記者和警察不同的對待。黑人的聲音總是受到記者和警察不同的對待。」

在將近三十年的時間裡，梅姬只要一有機會就會針對妹妹的懸案提出呼籲。她製作**找到我的凶手**的標語印在拖車上，和丈夫開車拖著它巡迴加拿大與美國之間。她最近在《菲爾醫生》（*Dr. Phil*）曝光索妮雅巴的照片，在那一集節目中，亞利桑那州國會議員葛瑞格．史坦頓（Greg Stanton）敦促觀眾「寫信給當地報社，寫信給當地電視臺，說你想看到更多關於美洲原住民的議題和資訊，特別是原住民婦女及女孩失蹤和遇害的悲劇。」[169]很快地，第一位負責她妹妹案件、現已退休的警探伸出援手，梅姬將開始從新的名單上尋找可能握有線索的人。「你不能等警察和媒體做所有事情。」梅姬在隨後的談話中告訴我。我想到那群不需要等待警察或媒體關注的族群：原住民以外、黑人以外、弱勢族群以外的人們。

蘿拉接著說：「我希望記者能發揮作用的地方是，走進當地，與當地的家庭見面，問問他們：『**你需要什麼？**』」也許倖存者對案件有疑問。也許他們想給調查人員壓力。「我和梅姬協助家屬時，有一個共創的模式，會問：『**你想做什麼？**』『**你想說什麼？**』『**我們要在哪裡見面，怎麼一起將你的故事說出去？**』而不是想著我們該如何拿到我們想呈現的素材。」

她的話讓我想起了阿尼什納貝記者鄧肯．麥庫伊（Duncan McCue）給我的省思：要當一個說故事的人，而不是奪走故事的人。鄧肯在二〇一八年播出的一次專訪中表示，在原住民的歷史上，外來者進入他們的社區，奪走他們的文化知識或故事，然後離開，這樣的事件層出不窮。[170]而記者做的事情也沒什麼兩樣。

身爲安大略省喬治娜島第一國族奇佩瓦人（Chippewas of Georgina Island First Nation）的CBC資深記者鄧肯說：「由於編輯獨立性帶來特權，在爲報導做出最後決策時，雙方並沒有處在一個相互的關係中。作爲記者，我們爲自己保留這項權利。所以，說眞的，我們所要求的是原住民社區的極大信任，信任我們將以對他們有利的方式講述他們的故事。」由於編輯獨立性具有重要性，鄧肯認爲，記者不一定要放棄對故事主題的編輯決策。他繼續說：

但我確實認為，如果你要與原住民社區建立信任關係……你必須讓你的故事主題保持百分之百、甚至百分之一百一的透明度，包括講述故事的方式、敘事框架、角度，一切都要清清楚楚，他們才能自由、事先、知情地同意參與你的報導，而你也建立了信任關係，這種關係不僅在蒐集新聞素材時就存在，亦在報導刊登或播出後持續下去，這樣最終產出的成品就能對社區負責，並確保你所建立的關係在某種程度上也對他們有利。

我心想：「**對報導受創社區、家庭或個人的記者來說，這是多麼寶貴的一課。**」

梅姬談到記者應該要去了解他們的受眾——不只是閱聽報導的普羅大眾，還有媒體挖掘故事的對象。通常，記者在傷害發生的第一時間進入原住民社區，卻沒有事先了解該社區、該領土及其傳統。鄧肯在他的原住民社區新聞報導線上指南中解釋說，即使在處理死亡問題上，不同的原住民文化也有不同的習俗。「有些第一國族的文化禁止在死者死後一年內展示死者的照片。有些文化則認爲，展示死者的任何照片，甚至提及他們的名字都是極其不尊重的。」鄧肯寫道。[171]

作爲一名來自薩斯喀徹溫省的克里族（Cree）女性，康妮．沃克在製作播客節目探討蒙大拿州一起原住民婦女失蹤案時，強烈地意識到原住民社區之間所存在的差異。「我不知道身爲蒙大拿州比特魯特薩利希（Bitterroot Salish）或薩利希和庫特內部落聯盟（Confederated Salish and Kootenai Tribes）的一分子是什麼樣子。我不知道在蒙大拿州身爲原住民婦女是什麼狀況。」她在接受CBC主持人麥特．蓋洛威（Matt Galloway）專訪時說道。「我可能知道一個大概，我認爲有很多相似之處，但也有一些關鍵差異。」[172]

康妮說，在前往蒙大拿州之前，她想確保自己不會犯下其他記者在報導原住民故事時所犯的同樣錯誤。「像是什麼樣的錯誤？」麥特問她。

「像是不了解、不關心社區的歷史或背景就貿然進入、像是用節錄的方式處理故事、像是不尊重且沒有考慮到故事的來龍去脈。」她表示。「我已經看到這對原住民和那些覺得被媒體剝削的家庭造成了多大的傷害。當我見到家屬並試著幫助他們講述自己的故事時，我感到自己肩負著巨大的責任。」

梅姬也希望記者能了解一些事情。「當你承受這樣的創傷時，就像處於漩渦之中。你會覺得你的家人是全世界最重要的人，所有媒體都應該報導你的家人和你所愛的人。」不是車禍或屍袋的照片，而是他們曾經活過的痕跡。「人們傾向於被醜陋的一面所吸引。」梅姬說。「但應該要想辦法讓人們關注另一面。」

梅姬和蘿拉試著透過「姊妹之影」（*Shades of Our Sisters*）展覽來做到這一點，她們把焦點放在曾經活過的痕跡，而不是生命如何消逝。她們注意到，參觀者眞心希望能夠認識、了解這些生命，並感受她們沉重的喪親之痛。

我問梅姬，原住民歷史上，媒體與整個社會忽略的失蹤者和遇害者何其多，因此，這種希望人們能透過駭人死法以外的方式認識受害者的強烈願望，是不是原住民社區特有的現象？

「人們對原住民所知甚少。」梅姬說。「總是充滿刻板印象。像是**原住民酗酒**、**原住民很懶惰**、**原住民只會占用社會福利**。這些典型的形象不斷被強調，深植於人們的腦海中。因此，讓人們知道這些人有眞實的生活、眞實的家庭、眞實的嗜好和喜好是非常關鍵、重要的事，也是我們原住民希望幫助媒體理解的。」

我與梅姬談話時，一開始就犯了第一個錯誤：我自以爲了解她的多重創傷。第二個錯誤發生在大約三十分鐘後，梅姬向我解釋了記者應該要去了解他們正在報導的社區。

我說：「梅姬，讓我們回到索妮雅被殺的時候，因爲她生活在更大的城市環境中。我知道她的遺體是在倫敦郊區被發現的。你記得她的案件在事發後得到什麼樣的媒體關注嗎？」

梅姬開始回答問題，然後突然話鋒一轉。「我和蘿拉討論了你正在進行的這項問卷調查。」她說。「我們討論到，當你和家屬進行這樣的對話時，尤其是剛剛失去親人、沒有經驗的家屬，你在談論死者前應該要先做到幾件事。」她表示，這是給記者的訓練，但我很快地意識到，此時此刻，在我說了那番話之後，這也是給我的訓練。「首先，你要問我：**『你在安全的地方嗎？』『有人在你身邊陪伴協助你嗎？』**因爲這裡地處偏遠。即使是透過電話，我也可能會被你談論的事情觸發創傷，甚至想不開，或做出傷害自己的事，因爲我周遭沒有適當的依靠協助。因此，你必須考慮的其中一件事（我不知道你有沒有考慮到）就是在開啓這些對話之前，先提出這些問題。」

我們在索妮雅巴凶殺案二十六週年紀念日的兩週以前進行了Zoom會議。**不要用「週年」**，我在打出這些字時提醒自己。用**「年」就好**。**梅姬比較喜歡這樣。週年應該是開心的日子。但這不是。**

我們在索妮雅巴凶殺案二十六年紀念日的兩週以前進行了Zoom會議。我唐突地把話題從了解我們所報導的社區轉移到索妮雅巴死後不久的狀況。梅姬說，她已經在自己周遭建立了足夠的協助，不需要再被問那些預備性的、安全性的問題。但我學到了教訓。

梅姬想了想那些不顧倖存者剛歷經喪親之痛而去採訪他們的記者。（在我的研究調查中，大多數記者表示，他們在獲得必要的資訊後或在事發後二十四小時內就會聯繫倖存者。[173]）「如果他們沒有創傷知情（trauma informed），最好確保家屬周遭有創傷協助。」梅姬說。我想起自己曾經採訪過多少剛歷經喪親之痛的家屬，進入他們的房子，在場的都是深陷哀傷的人。有時，很難得地會看到家族友人陪伴在側。我記得唯一一次在倖存者家中遇到訓練有素的**受害者服務提供者**，是在對方正要離開，而我和攝影師同事剛抵達的時候，當時我手裡拿著麥克風和記事本，顯然是要來採訪的，而那位**受害者服務提供者**繼續往車子走去。

蘿拉告訴我，她和梅姬在準備多媒體展覽時，意識到改變對話的方向對凶殺案倖存者會產生什麼影響。「我會說：『我想我們要開始談談你的親人和她逝去的生命。可以嗎？』在我提到像是**屍體**、**發現屍體**和**死亡**之類的觸發詞之前，我會說：『我能徵得你的同意使用這些字眼嗎？』『我能徵得你的同意進入這個話題嗎？』」

我現在了解到，要在杏仁核被激烈活化之前先徵求同意，要在身體反應把他們帶回世界崩塌那一刻之前先徵求同意。

「然後是後續追蹤。」蘿拉接著說。「你把這麼巨大、沉重的事情告訴了我，我最好今晚打電話給你。我最好確保今晚有人照顧你。我最好明天確認一下你的狀況。我最好五年後確認一下你的狀況。」

我想起艾德麗安·納萊恩（Adrienne Naraine），她是我離開CTV之前採訪的最後一位創傷倖存者。她不想談論兒子艾米爾被殺害的事情，而是交由丈夫和倖存的兒子來發言。但採訪時她穿著一件印有艾米爾照片的T恤現身，哭著和他們站在一起，所以我不斷地慫恿她說話，直到她不情願地答應開口。她把她的痛苦和眼淚都傾注到我的麥克風裡。[174] 她寄了艾米爾的照片和影片給我。我對她表達謝意，並告訴她報導什麼時候會播出。然後就對她不聞不問。無聲無息過了八個月，才問她是否願意參與我的研究計畫。她告訴我的其中一件事是：「我其實希望有人能做後續追蹤。」[175] 她其實希望我能做後續追蹤，但她太客氣，沒有直接指名道姓，而是提起另一位記者。「在那一瞬間，她闖入了我的生活。她要深入我們的生活，我沒有敞開心房，然後她就消失了。」

我從沒想過在採訪完創傷倖存者後做後續追蹤是一件重要的事。事實上，我刻意迴避這麼做，除非我需要得到什麼資訊。我覺得與他們聯繫可能會引發他們的創傷，把他們帶回那次採訪的痛苦之中。但我仔細思考了艾德麗安、梅姬和蘿拉的話，意識到我從許多創傷倖存者身上得到了東西，因此有責任確保他們安好。但我沒有做到。

安潔拉．史泰瑞特（Angela Sterritt）說，她經常忘記對採訪對象做後續追蹤的重要性。她正在學習，但這並不容易，因爲身爲記者，我們被教導要保持客觀，不要涉入其中，要進去取得故事，然後抽身離開。當我第一次聯繫安潔拉時，她正在準備爲新聞系學生開設一門關於原住民社區創傷知情報導的課程。我對她的研究感興趣，她也對我的研究感興趣，在我們近兩個小時的談話過程中，很明顯地，我們都在努力尋找答案，同時也迫切希望能導正一切。176

安潔拉已經當了約二十年的記者，大部分的時間都在報導原住民社區的創傷故事，現在她透過創傷知情的眼光來看待她的採訪。如果她感覺到倖存者希望自己的聲音出現在她的報導中，但又不太願意說話，她會建議他們指定一名發言人代爲開口。雖然她總是希望能與故事的核心人物交談（和大多數記者一樣），但也了解這可能會對一些倖存者造成傷害，她知道何時該退後一步並提出替代方案。她也提前投入研究，因此不需要讓倖存者去解釋其他地方已有可靠紀錄的暴行。她給予他們講述故事的權力，並漸漸開始在事後數小時、數天和數週內做後續追蹤。

「有時，我會想：『**我被允許這麼做嗎？**』『**這麼做是可以的嗎？**』但我認爲我們需要改變整個做事方式。」安潔拉告訴我。

我們討論媒體映像和新聞誠信，以及保持客觀公正的重要性。我們討論在人道態度與大衆信任之間尋找平衡的掙扎。其實不應該在兩者之間掙扎，而是要兩者兼顧。我們努力思考，怎麼樣才算是好的記者。**如果我能說服別人說話，我算是好的記者嗎？還是如果我選擇不去嘗試，才算是好的記者？**

我想起一位經驗豐富的記者，她多年前告訴我，她會擁抱凶殺案倖存者，她說得很小聲，彷彿有人聽到會去跟老闆告狀。但我們當然應該擁抱那些需要擁抱的人。我們應該事後確認他們好不好。

安潔拉告訴我，她在職場上看到同事的種族歧視行爲，像是一名記者在對一名正在分娩的原住民婦女進行「問責採訪」時，問她：「**你在懷孕期間有喝啤酒嗎？你有吸毒嗎？**」如果她是白人，絕對不會被問這樣的問題。還有她身爲吉特克桑族（Gitxsan）記者所經歷的種族歧視，同事評論她的穿著，抱怨她在糾正他們的措辭或發音時表現得像個「提倡者」。她告訴我，她必須不斷奮鬥，證明自己作爲記者的能力，爲自己和其他原住民挺身而出，而老闆們只會隨意拋出**和解**以及「需要僱用更多跟她長得一樣的人」之類的話。「我心想，我才不希望更多原住民來這裡遭受傷害和暴力。」她回想起近年來的狀況說道。後來，她的新聞編輯室承諾改變新聞標準和作法，她的老闆們（安潔拉相信他們是眞心誠意的）承諾讓新聞編輯室更加創傷知情。她談到了原住民文化中互惠的重要性，以及媒體的運作方式如何與原住民傳統互相牴觸。她告訴我，有一次，她在一場儀式上因爲她所撰寫的原住民報導而獲贈一條鈕扣毯，這個禮物受到上司的質疑，上司把焦點放在：**這條鈕扣毯值多少錢？**而忽略了它是一種精神交易。

她告訴我，有一次她對育空地區的一位女性進行遠端採訪，這位女性開了幾個小時的車來分享她的故事。當時安潔拉壓力很大，因爲她的截稿日期快到了。她不記得這場採訪是關於失蹤和遇害，還是土地問題，但肯定是一個創傷事件。這位女性接上麥克風，戴上耳機，「我不斷催促她快、快、快」，並在五分鐘內完成了採訪。這名女性的創傷被觸發，安潔拉交了稿子，這名女性開車回家，然後安潔拉停下來思考。「**在我的腦海裡，這真是糟透了。**」她說。「**從那時起，我再也不這麼做。**」

她許下諾言，繼續前行。她再也不會爲了一段二十秒的影片而追逐寄宿學校的倖存者。她再也不會報導對故事中的人物來說沒有意義的原住民故事。但如果寄宿學校的倖存者來找她，想要分享，她一定會騰出空間。

安潔拉認爲，她必須對她報導的對象負起責任，這讓我想起了康妮・沃克。康妮在接受麥特・蓋洛威專訪時，麥特指出她報導中的謙遜態度，並問她如何看待自己的責任。「我感到責任重大。」她向他說明了播客節目《失竊：尋找潔曼》的內容。177

當記者或創作者希望透過講述受害者的創傷故事，來喚起公眾的注意並推動社會改變時，會遇到一個道德和實際上的挑戰。因爲眞實犯罪類型的內容通常具有吸引力，但也容易被過度消費或商業化，而忽略了受害者和其家屬的感受。

「因爲我的出發點是好的。」康妮告訴麥特。「我想盡可能採取創傷知情的作法。但現實是，這些都是眞實人物的生活。即使想著我們正在做一個關於潔曼的播客節目，正在講述關於潔曼的故事。但她的人生不是故事。她的人生就是人生，而她的家人就是她的家人。這是他們的眞實生活。這是他們正在經歷的事情，所以我覺得作爲一名記者，我的責任就是努力幫助他們理解這個播客節目會怎麼呈現。」例如：說明一段預告即將發布，它會非常短、充滿戲劇性，目的是引發興趣。「他們信任我，與我分享這個故事，曝光在大眾面前。我不想讓他們處於比現在更糟糕的境地，我覺得這是一個巨大的責任，特別是因爲我專門報導原住民婦女失蹤和遇害的故事，我在節目中談論喪親之痛，但這絕對不是他們經歷過的唯一創傷。」

向受訪者說明新聞流程已經成爲安潔拉進行報導時最重要的原則之一。像是告訴受訪者：「我接下來會這麼做，但你在這場採訪中也有權力可以採取行動。如果你不喜歡我的問題，可以不要回答。想掛斷電話也沒關係。」安潔拉停下來想了想。「這對我們的工作來說，相當違反直覺吧？」

毋庸置疑。

「我也告訴他們，不必把所有細節都講過一遍，因爲我可以在假釋文件中找到這些資訊。文件就擺在那，我可以自己取得。那是我身爲記者的工作。「用不著你們來提醒我的職責。」她講得很明白，然後接著說。「此外，採訪結束後，你會接到一大堆其他媒體的電話，也會接到我們的。」還有基本的，展現同情心，「告訴對方『這一定很難熬』或『我難以想像』」。

當安潔拉看到痛苦的創傷倖存者對著麥克風哭泣時，從不覺得這樣的畫面像很多白人同事說的**很有力**或**很棒**。（我自己在當記者的時候就說過很多次——**我們得到了非常有力的採訪**。**媽媽的表現很棒**。）安潔拉說：「我覺得這樣眞的很糟糕。我從來沒有聽過我的原住民同事說，**那太棒了**、**那很有力**。」很多時候，記者考慮的是他們從受訪者身上得到什麼素材，而不是採訪造成的潛在傷害。「在我看來，你把她傷得那麼重，才得到所謂強而有力的畫面。」

安潔拉說，她的老闆們認知到這樣的採訪帶來傷害，因此改變了工作方式，包括蒐集採訪和事後處理。「我們不需要獨家新聞來傷害別人或我們的關係。我們會說：『如果你不希望這個畫面播出，我們就不會播出。』」

我在多倫多郊區教導受害者學（Victimology）研究生有關受害者和媒體的知識，持續了八年。每個學期開始時，我都會詢問學生，他們認爲媒體對受害者和倖存者有什麼影響。反應絕大多數都是負面的，創傷倖存者因媒體**再次受害**（revictimize）的想法是一個反覆出現的主題。**因缺乏隱私而再次受害。因人們檢討受害者而再次受害。因人們過度關注犯罪者而再次受害。因一遍又一遍地講述或聽到他們的故事而再次受害**。雖然我開課的目的是讓學生在媒體業能夠爲創傷倖存者提供協助，同時向他們展示媒體如何做到賦予倖存者權力並使其受益，但**再次受害**一詞多年來困擾著我，也一直存在於我的研究計畫中，尤其是當我閱讀倖存者的問卷調查時，他們顯然因媒體再次受害，或**再次受創**（retraumatized）。

接著，我和安潔拉討論到，新聞編輯室應該要有更多元化的組成，記者和創傷倖存者之間的互動不應該那麼「暴力」；安潔拉提到她對進入這個行業的年輕原住民記者以及她報導中的創傷倖存者抱有責任感；我們特別談起兩起事件，創傷倖存者飽受記者折磨，安潔拉表示：「這不是再次受害，而是製造新的創傷。」

「沒錯。」我說。

「這眞的是……」安潔拉停頓下來，搖搖頭，重重地嘆了口氣。「我不想再看到同樣的事發生了。」

不是不想看到媒體讓倖存者再次受創，因爲事情並非如此，而是不想看到媒體製造**新的**創傷。這句話猶如醍醐灌頂。因爲多年來，我多次合理化自己的行爲：侵犯隱私、在不適當的時間聯繫、展示屍袋或嚴重車禍畫面、出現在不歡迎我們參加的葬禮外面，還不斷告訴自己，「**我們只是傳訊人**」，「**喪親之痛不是我們造成的**。」

不，我們沒有開槍，我們沒有酒駕，我們沒有飆車，我們沒有因爲嫉妒心作祟、注意力不集中、心理變態、精神錯亂、不當報復、掠奪行爲或任何原因造成最初的傷害。我們造成的是**新的傷害**。當我們敲門、提出侵略性的問題、暗示死者自作自受、展示屍體、在醫院、葬禮、警察局或不對的地方接近倖存者時，便帶來了**新的創傷**。

我問梅姬，當我想把話題切換到索妮雅巴的凶殺案時，應該怎麼表達比較好？「你可以說：『嘿，和索妮雅一起長大是什麼樣子？』」她回答。讓受訪者用正面的方式去回想他們所愛的人。「然後在對話的某個時刻……你要體會他們的喪親之痛。」

「我認爲這一點非常重要。」梅姬繼續說。「因爲在整個對話中，你讓我想起了我的妹妹，讓我浮現許多溫暖的回憶，但在我的內心深處，我清楚地知道我的妹妹是被謀殺的。我知道這是一場悲劇。因此，它讓我在某種程度上做好了思考這個問題的準備。」

梅姬表示，這並不是說媒體永遠不該打電話。但倖存者必須得到關懷。有些小事情是記者可以做的，像是在報導刊登或播出後寄給他們看，預先通知他們說的話可能會出現在不同媒體上，告訴他們還有誰會接受採訪，並向他們解釋，只有一部分的採訪內容會被使用，因此當他們看到最終成品時，不會感到詫異或受傷。「你從家屬身上拿走這麼多東西，然後只用三十秒去呈現，這在某種程度上是一種剝削。對方會覺得，『**哇，我把整個人生都交代了，記者根本什麼都沒寫進去**。』」當你解釋這所有事情時，最好寫成文字，讓倖存者在你離開之後還可以回去讀它們，梅姬說。「因爲你面對的是一個受創傷的大腦，一個遭逢巨變的人，他們有一半時間都不記得自己跟誰說話，也想不起來對話內容，因爲他們處於這種受刺激的狀態。」

他們的杏仁核正在激烈活化。

當你敲原住民倖存者的門時，請帶一個菸草結（tobacco tie）給他們。但你必須先做好功課，了解爲什麼這樣的獻禮具有意義和重要性，然後再去與他們談論他們的創傷。「當你和這樣的家庭進行對話時，要讓對話自然地進行。不要照著你列出的清單問問題。」梅姬說。「你要和那個家庭坐在一起，感受他們的哀慟和悲傷。不管你遇到哪一個家庭成員，都要讓對話發展下去，並且明白有一些人會非常、非常憤怒。」特別是如果在你出現之前的上一位記者搞不清楚狀況。

當警察給你一張凶殺受害者的檔案照時，就像一九九四年刊登在報紙上的索妮雅巴的照片，要知道，那張照片只代表了生活的一個片段。「當人們看到那張照片時，會想：『**噢，那不過就是個妓女或毒蟲，我們何必去在意。**』」梅姬說。[179] 你要告訴家屬，爲什麼要使用那張照片，向他們解釋，警方在找的目擊者可能只認得出她最後的樣子。告訴你的受衆，它並不能代表被奪走的那條生命。告訴他們，那名女子曾在姊姊的婚禮上當伴娘，看看這張照片。告訴他們，這兩人比起姊妹更像好友。告訴他們，她是多麼的有趣和善良，有多少人的生活因爲她驟逝而支離破碎。「要是能有這樣簡單的對話就好了。」梅姬說，調查小組也好，記者也好，如果能夠簡單地解釋爲什麼要放這張照片，也許就可以避免一些**新的**創傷產生。

要知道哀慟和創傷會一波又一波地襲來，而且可能出現在最奇怪的時刻。「像今天很棒，狀況很好，我已經準備好要來聊聊這件事。」梅姬說。「但可能其實根本沒有準備好。」即使倖存者狀況很好，或**看起來**狀況很好，並且在採訪中擁有一定的權力，一旦你離開，開關就不會再關起來。「早知當初」的想法不會在採訪之後消失，甚至可能變得更糟。

梅姬說：「我要去理解她死亡的悲劇，她人生的處境，她的本質，以及她對我來說是個什麼樣的人，並想起在這段關係中，我可能哪裡沒有做好，反省自己有沒有承擔責任，『**我是個夠好的姊姊嗎？我有給她足夠的協助嗎？**』在採訪中談論她之後，你會陷入這些椎心刺骨的悲傷時刻。」

在對話結束後的一天、一星期或一個月都可能發生。

「突然就爆炸了。」

「因此，對記者來說，重點是要了解到，當你採訪倖存者時，你們的對話會帶來持續性的影響。」我對梅姬說。「身爲記者的我會回到新聞編輯室，整理出一篇報導，但那場對話會留在你的心裡發酵、激盪，並喚起各式各樣的情緒。我想，這要回到之前我們討論過的，後續追蹤很重要，要確保受訪者在進行完這樣的對話之後一切安好。」然後我問梅姬：「你遇過多少次後續追蹤？」她多年來接受過無數採訪，並透過各種管道和活動爲她溫柔善良的妹妹發聲。

「過去二十五年來，大概三次吧。」她回答。

9

受害者之友

Victims People

在你失去親人的幾個星期、幾個月甚至幾年內，你的案件得到媒體什麼樣的關注？

「五十年後，我仍然被要求分享我的故事做為教材。」

你對這樣的關注有什麼感受？

「這麼可怕的事情也能具有正面意義並有助於他人。」

——辛蒂・康納利・格萊姆斯，問卷內容，二〇二〇年十一月十三日在妻子喪生於酒駕車禍之前，大衛．瓊斯（David Jones）多年來已經上過好幾次電視。有一次是在州博覽會上的童子軍活動，另一次是在當地的希臘節購物，還有一次是他代表俄亥俄州中部高中隊伍參加當地益智節目。

茱蒂絲．安在二〇〇八年意外身故時，大衛並沒有使用社群媒體，所以記者不可能透過這個管道找到他。不，一名記者**打電話**要求跟他會面。大衛知道有一個攝影團隊來拍攝了大約十分鐘。他希望呼籲觀眾不要酒駕。但他不知道那次採訪有沒有播出，因爲他沒有看，他在問卷中寫道。

所有的媒體關注對大衛來說都算恰當。畢竟，他的妻子是一位牧師，也是他們大型教會的兒童事工主任。她受到許多人的喜愛，大衛只是其中之一。但儘管最早的那次採訪看起來並無不妥，當問卷問及茱蒂絲．安過世後，他覺得自己什麼時候準備好與媒體接觸時，大衛寫道：「六個月後應該可以。」

他繼續寫道：「在她過世一年後，我開始與酒駕駕駛談話，直到疫情封城爲止。《電訊報》（*Dispatch*）的一篇專欄文章報導了我六年前的演講。我有一場演講放在YouTube上，最近還參加了一場有一千三百人在線上觀看的座談會，並以那篇報導作爲演講的背景。」那篇《哥倫布電訊報》（*Columbus Dispatch*）的報導是這麼寫的：「在滿場的陌生人面前，大衛．瓊斯回憶起他與老婆第一次約會沒幾分鐘就想把她娶回家的事情，在兩人分開時，他每天都會寄信給她。他播放茱蒂絲愉悅的聲音；展示她描繪他們蜜月場景的畫作；秀出他們去度假以及四個孩子畢業的照片。」[180]

這篇報導附了一張照片，時間點是在茱蒂絲．安喪生五年後，我們看到大衛站在滿場的觀眾面前，用他的話語和雙手述說一個故事，一張茱蒂絲．安的照片投影在他左方的螢幕上。文中指出：「在其他情況下，這位沉默的電腦程式設計師可能不會與群眾分享他的人生故事。」但所謂的其他情況並不是大衛能夠掌握的。

在茱蒂絲．安死後的十多年裡，他過著充滿愛和目標的生活。除了一系列的慈善活動之外，大衛還化悲痛爲力量，出席會議、撰寫部落格，並透過播客、雜誌，當然還有《哥倫布電訊報》分享他的故事。每年，大衛都會與大約一千名近期因酒駕被捕的駕駛談話。「我這麼做是希望能拯救生命。」他在後續的電子郵件中告訴我，並補充說：「我還加入國際演講會（Toastmasters）磨練演講技巧。」他也嘗試製作一些播客節目。[181]

大衛是塡寫我這份問卷調查的十四名死亡車禍倖存者之一。在這十四名倖存者中，有十三人希望在喪親之後的某個時間點與媒體接觸，雖然引起大衆關注對他們來說困難重重。將近一半的死亡車禍倖存者（包括大衛）利用媒體來達到某種宣傳作用。

不想與媒體有任何接觸的那一名倖存者，在近年來一場肇事逃逸事件中失去了母親，他希望我不要透露他的身分。他在母親過世後的幾天和幾個月裡強烈希望保有隱私，這讓我想起金．漢考克斯在丈夫遇害後也是如此。所以你可以想像，在審判的第一天在法庭上看到記者，對他來說是很煎熬的事。但這還不是最糟的。那名記者坐在他的前排，正在用手機閱讀有關此案的新聞報導。「彷彿她需要溫習我母親死亡的細節。我覺得心痛不已，憤怒難當。我必須移到被告那邊的位子才能避開這位記者。我很想要對她發飆，但一直拚命忍住別這麼做。」這番話讓我心有戚戚焉，我回想起所有我在最後一秒才趕去採訪的法庭案件，從犯罪現場到法院，或是從一個法庭到另一個法庭，在訴訟開始前瘋狂地用手機追案件進度，我知道一旦早休時間到來，我就得跑下樓，交出點東西給中午的節目播報。我總是會留意坐在我周圍的人，敏銳地意識到我的言行舉止和存在可能會對倖存者造成影響。然而，多年來，我看到很多記者並非如此。

我認爲，這代表了死亡車禍報導中一個更大的問題：創傷被看到，但沒有被呈現出來。「很多人只稱呼她『那個小老太太』、『一名愛德蒙頓長者』。」希潔．摩根在問卷中寫道。她七十七歲的母親愛妮絲在艾伯塔省被一名酒駕駕駛撞死。「這讓她不再是一個『人』，而是一個『統計數字』。」

這是死亡車禍倖存者的回覆中反覆出現的主題，他們已故的親人成爲了一個統計數字。他們並非總是沒有名字或沒有臉孔，但也不過是交代了事。多年來，我在報導凶殺案時也聽過同樣的狀況，但沒有到死亡車禍的程度。被撞死的人們是否更有可能被媒體非人化？我認爲是如此。來思考一下原因。

首先，死亡車禍不會像凶殺案那樣受到關注。如果我開始值班時，城市一端有一個人被殺害，另一端有一個人在兩車相撞事故中喪命，而當下有太多新聞正在發生，沒有額外人力來分擔報導，那麼很有可能凶殺案會有完整的報導內容，包括受害者的姓名和照片，以及大眾和熟人的反應，而死亡車禍只會有最基本的資訊：事故發生的地點和時間、涉案車輛的行進路線，提供目擊者撥打的電話號碼。

至於爲什麼凶殺案會受到重視，我認爲一般大眾比較關心凶手的犯案動機——**為什麼有人會選擇殺死另一個人？背後的原因會導致我的生命面臨更高的風險嗎？**而被酒駕駕駛撞到明顯是隨機事件。這種差異並非微不足道。我遇到許多凶殺案倖存者都提到，有人**選擇**結束他們親人的生命，這給他們帶來了另一層的創傷。當然，許多死亡車禍倖存者都因爲有人**選擇**酒後駕駛、開車發簡訊、超速、飆車或闖紅燈而受到傷害，明明肇事者**知道**這麼做可能會奪人性命。這就是爲什麼許多倖存者厭惡**意外**這個詞，寧願以「碰撞」（車禍）代替。但對大眾來說，殺人所伴隨的明顯動機爲引人注目的故事提供了一條捷徑。

再來，死亡車禍中那些唾手可得的報導素材——事故殘骸，它分散大眾對受害者的注意力，在本質上使受害者非人化。許多凶殺案都是在不爲人知的地方發生的，而死亡車禍，除了少數例外，都是公開事件。現場和事後的照片和影片都很容易取得，我們不必花時間想像它所留下的創傷。**一切都擺在眼前。還有什麼好看或好知道的？**裂成兩半的貨車，撞在電線杆上的卡車，在地上皺成一團的汽車，一堆扭曲的廢鐵——這些畫面對倖存者造成創傷，因爲他們想像自己所愛的人在裡面，但毫無關聯的旁觀者卻可以看得興味盎然，因爲車子通常不是長這個樣子的。要是裡面有一輛綠色的法拉利或紫色的藍寶堅尼，大家的好奇心會更旺盛。

因此，雖然希潔．摩根對某些媒體報導母親愛妮絲死亡的方式感到強烈不滿（例如：儘管希潔要求她不要這麼做，一名記者仍在文章中使用了「結案」一詞，接著又把社群媒體上一張愛妮絲姊姊的照片認作是愛妮絲），但當被問及倖存者公開分享自己的故事是否有價值時，也許她的回答並不令人意外：「非常有價值。關於酒駕的一切都是統計數字。我們需要名字和臉孔作爲與數字的連結。」

希潔提交問卷兩個月後，我收到一封陌生人寄來的電子郵件。信件主旨是「問卷——媒體影響」。這位寄件者主動聯繫不是因爲他有親人在車禍中喪生，而是因爲他在職業生涯中目睹的道路創傷比大多數人一輩子看到的都還要多。他想要聊聊。

安德魯是那種在提交量刑建議時，會讓遲到的記者看發言稿的檢察官。「我認為讓大眾知道這些結果很重要。」他在安大略省的家中接受了近三小時的電話採訪，並在訪談之初說了這番話。[182]「我認為從很多方面來說，這對家屬也有益處。」

對許多跑過省級刑事法院的家屬來說，即使他們的案件有人死亡，也不會有人被提起刑事訴訟或入獄，提交量刑建議的日子等於是法庭程序的最後一天。他們的案件也經常會在這一天出現在媒體上。「很多時候，這讓他們覺得受到重視，這場車禍並沒有被遺忘。」

受到重視是一件意義重大的事，尤其是對案件不符合犯案動機門檻的受害者來說，例如：綠燈右轉的駕駛撞死了斑馬線上的行人。截至本文撰寫時，根據安大略省的《公路交通法》（*Highway Traffic Act*），此類違法行為最高可被罰款一千加幣（約新臺幣兩萬三千元），通常也都是罰款了事。我看過這樣的案例，家屬覺得正義沒有伸張，因此憤怒地向媒體求助。安德魯也遇過。「他們想要討回公道。」他說。

安德魯不願意透露他的姓氏，因為他沒有被正式授權公開談論他的工作，但他對創傷倖存者和媒體有很多話要說。首先，安德魯是一名凶殺案倖存者，他的阿姨艾咪和相伴她五十多年的伴侶唐被殺害，他的家人必須忍受血淋淋的第一手媒體消息、錯誤資訊和街上的新聞轉播車。還有一次，另一名駕駛把安德魯從摩托車上撞飛出去，他在這場車禍中活了下來，但身體裡多了幾塊金屬物，也對受害者的痛苦和憤怒感同身受。但我認爲，更重要的是，過去二十年來，據安德魯估計，他曾關照一百多個家庭，他們在死亡車禍中失去親人，或是親人遭受到嚴重影響生活的傷害。

他說：「我會做任何在規定範圍內的工作，但就像我一些同行說的，死亡事故是我眞正可以全心投入和發揮所長的地方，我自己也這麼認爲。因爲我是受害者之友。」

在每個法庭案件開始時，通常在被告第一次或第二次出庭結束後，安德魯都會抽出時間與受害者家屬會面，告訴他們接下來會發生什麼事。「會有N次開庭，如果你參與庭審過程，會目睹似乎毫無進展的案件處理過程。」他會這麼告訴他們。「**這樣我和辯護律師就可以私下討論**。」他也會將一份受害者影響陳述表放在他們面前。「**我說，這要過一段時間才能解決，但我希望你從現在開始思考表格的內容**。」受害者影響陳述讓倖存者得以告訴法官，這個犯法行爲對他們造成什麼影響，會在法庭訴訟的量刑階段發表。在安德魯工作的省級刑事法院，這並不是標準作法，但他還是會把表格交給家屬。

「我說，我會建議你用鉛筆寫，因爲你會修改很多次。你接下來會經歷失去親人的第一次生日、週年紀念日、聖誕節、假期等等，它們都會觸發不同的情緒。」

我想到倖存者在喪親之後立即勉強接受的所有採訪，當時媒體的胃口是最貪得無厭的，而那些採訪最終可能無法準確描繪犯罪對他們的影響。許多記者沒有意識到這一點。但安德魯非常清楚。

安德魯也意識到車禍畫面所帶來的影響。他會事先告訴倖存者，他在說明案件或提交量刑建議時，會展示其中一些畫面。他告訴他們，「有需要的話」，他可以停下來，給他們時間離開法庭。

有需要的話。

或者他會告訴他們，法庭上的哪幾個座位，只要簡單地將頭轉向一側，就不會看到螢幕上的內容。

我問安德魯：「我知道答案可能很明顯，但可以請你說說，預先告知受害者這些事情的重要性是什麼嗎？」

他用一個問題回答了我的問題。

「我為什麼要傷害他們？」他說。「我不想看到他們帶著更多的痛苦離開。」他提到了警察和消防員，當被問及為什麼選擇這個職業時，他們經常會回答：「我想要幫助我的社區。」

而他的答案是一樣的。

對我認識的大多數記者來說，答案也是一樣的。

無論有意還是無意，媒體都創造了創傷的階級制度。當發生大規模暴力事件時，某些受害者會比其他受害者受到更多關注。我們將在後面的章節中進一步討論這一點。當一天之內發生兩起凶殺案時，哪個故事會被完整報導，哪個故事只會有主播說明帶過。可以肯定的是，當凶殺案和死亡車禍同時發生時，凶殺案往往被擺在前面。

許多爲創傷倖存者提供服務的機構都有自己的階級制度，形式不同但影響巨大。

在我與安德魯通話兩星期後，我又與另一名男子通了電話，儘管他扮演的角色與安德魯不同，但該名男子二十多年來一直爲受害者和倖存者發聲。史蒂夫・蘇利文（Steve Sullivan）曾擔任加拿大犯罪受害者資源中心（Canadian Resource Centre for Victims of Crime）主席、加拿大第一位聯邦犯罪受害者申訴專員以及渥太華受害者服務中心（Ottawa Victim Services）執行董事，他透過這些職位爲各種犯罪受害者或倖存者提供支持，無論是親密伴侶暴力還是凶殺。當我與史蒂夫通話時，他是加拿大反酒駕母親組織（MADD Canada）受害者服務總監，主要爲酒駕倖存者負責舉辦活動和組織支持團體，爲因酒駕或毒駕而受害的倖存者提供協助。

史蒂夫有一個理論：「酒駕介於犯罪和意外之間。雖然研究指出，酒駕駕駛造成的死亡對受害者的影響與凶殺非常、非常相似，但體制裡的人認爲，蓄意殺人比酒駕有更高的優先順序。」183

我們談的不是罪名或刑罰，而是針對倖存者提供的協助，經常需要透過警方轉介。史蒂夫想到他在渥太華受害者服務中心的五年間，與警方密切合作以協助創傷倖存者，他說：「我們從未接到警方轉介酒駕案件過來。」我聽了震驚不已。

「從受害者的角度來看，這根本沒有什麼區別，對吧？」史蒂夫說。對倖存者而言，「這是可以避免的事情，有人犯下罪行，有人做出決定，而我因此失去親人……但體制表示，行爲背後的動機會影響我們怎麼去看犯罪的嚴重性。」

因此史蒂芬說，警方根本沒有爲倖存者轉介適當的協助，至少在加拿大大部分地區是如此。

結果呢？即使「如何應對媒體」被納入倖存者協助的範疇，死亡車禍倖存者獲得此類協助的機會也是微乎其微的。沒有人告訴他們，記者可能會打電話來。沒有人告訴他們，他們不一定要說話。沒有人警告他們，他們可能會在事發當晚、隔天的報紙或五年後，因爲有人在同一個路口喪命，親人的故事被拿出來冷飯熱炒時，看到非人化的畫面。也沒有人向他們解釋，爲什麼他們親人的死亡不被認爲具有新聞價值，而別人的死亡卻有。

史蒂夫想到渥太華的一個案件。一名育有三子的父親在下班回家的路上被一名酒駕的牙醫撞死。我找到了近百篇關於此案的報紙文章，從酒駕駕駛被捕，[184] 到幾年後她的牙醫執照被吊銷。[185]「有關這個案件的報導非常多，簡直沒完沒了。」史蒂夫說。但也有時候，死亡事故倖存者會來MADD尋求協助，史蒂夫在網路上搜尋案件的相關資訊，卻幾乎什麼也找不到。「我不想妄稱自己了解爲什麼會這樣。」史蒂夫說。但他看到了這對家屬的影響。

「我認爲即使是不希望媒體關注的家屬也會想知道爲什麼。」他說。「上週末你們報導了那個人的死訊，爲什麼不報導我弟弟的死訊？」

一致性的問題也以不同方式出現在我與安德魯的對話中。安德魯認爲，在電視上展示面目全非的車輛不一定有什麼效果，有的駕駛就是會在高速公路上狂飆，就像快艇飛過湖面、對所有在他身後翻覆的小船漠不關心一樣。我問安德魯，他認爲什麼方式能有效傳達特技駕駛、酒後駕駛或任何危險駕駛的嚴重性？他回答：「別只是談論幾天就算了。」他知道要求新聞編輯室從頭到尾追蹤每一個案件是不合理的，但也許可以不要把這些車禍單純當成新聞，而是製作成閃電式報導，全年一致性地發布，用發人深省的故事輪番述說危險駕駛的影響。

由於我們還沒有做到這一點，因此我問安德魯，考量到現場畫面會對家屬造成陰影，記者在報導死亡車禍的即時新聞時，應該怎麼闡述他們的故事？他承認車輛的畫面可能無法避免，但要「在合理範圍內」。但那是個很大的前提，因爲對大多數新聞編輯室來說，「在合理範圍內」的意思是不展示無遮掩的遺體或身體部位。安德魯提出一個想法：如果車禍中有兩輛車，其中一輛有人死亡，那就只展示每個乘客都活命的另外一輛。

「爲什麼不能在報導中說，『**我們只展示現場的一部分，這是出於對死者家屬的尊重**』？」安德魯建議。「停下來想想這句話的力量，當家屬坐在家中，『**出於對死者家屬的尊重**』。這不就是他們要的重視嗎？」

我們只展示現場的一部分……出於對死者家屬的尊重。

這番話讓我意識到，我應該要再說說我在本書序言中提到的那場四人喪生的車禍，死者包括一對姊妹、男友和另一輛車的駕駛。我想說的不是那位父親不得不接受的連續採訪，而是我在事發後幾個小時看到的景象。我在上午抵達現場，跳上轉播車，查看前一天晚上拍攝的影片。和往常一樣，爲了中午的節目總是趕趕趕。作爲一名電視記者，我習慣要求同事把原始未剪接的片段跟著轉播車一起送過來，但通常只得到深夜新聞播報的簡短版本。限制了我可以在報導中包含的內容，編輯也變得更加困難。

但這次，當我把光碟放入機器時，看到了完整內容。

這段影片中有長達幾分鐘的恐怖畫面，顯示其中一輛汽車（載有三名乘客那一輛）被火焰吞沒。可怕的是，儘管車上的乘客肯定已經死了，但幾個路人仍向車子跑去，他們被逼得後退，然後又跑過去，狂亂地不斷尖叫，一直被火焰擋住，無法接近車上的人。至少，**我是這麼認為的。「路人試圖幫忙，但火勢太大、太熱。他們無法將受害者從車子裡拖出來。」**我在稿子中寫道。[186]但當我爲中午我要播放的鏡頭製作時間碼並寫下搭配的文字時，我們的二十四小時附屬新聞編輯室接到了警察的電話。大意就是說：**別放那段影片！**不久之後，我也接到了電話，我記得有人告訴我，影片中的尖叫聲不是來自車外，而是來自車內。路人想要救的那三個人，不是已經一命嗚呼，而是正在活活被燒死。

我不知道受害者家屬是不是看到了這段影片，不知道這是不是警方緊急聯絡的原因，也不知道一週半後我採訪的父親是不是仍會想起那些火焰和聲音。但我不禁想知道，如果有一項政策，禁止播放乘客死亡的車輛畫面，也許一些創傷就能被避免。

當然，這樣的影片很少見。攝影師同事跟我提過那些讓他們徹夜難眠的電話，他們在受害者還沒斷氣之前趕到現場，關掉攝影機，看著急救人員全力搶救，而生命就在他們眼前逝去。

但正如我之前所說的，由於死亡車禍事件在本質上具有公開性質，因此許多現場畫面很容易取得，甚至不必透過記者，這些圖像通常帶有個人資訊，讓倖存者感到更加痛苦。手機、行車紀錄器、對街的監視器畫面。有些警察部門甚至採取現場直播的方式，當事故重建人員在背景檢查殘骸時，警察機關媒體發言人在鏡頭前宣導安全駕駛的重要性。裂成兩半的貨車，撞在電線桿上的卡車，在地上皺成一團的汽車，一堆扭曲的廢鐵。觸發創傷的畫面就這麼公開展示。

在新聞上顯示這些慘況讓倖存者心如刀割，但安德魯還有另一個理由。「當你在一天之內看到德州發生碰撞車禍、奧克維爾發生車禍、紐芬蘭發生車禍，它們就只會是一場車禍。」他說。觀眾變得麻木，而倖存者進一步受到創傷。

史蒂夫有不同的看法。

「我認爲從宏觀的角度來看，倖存的家庭成員會說：『對，展示這些照片是有公共利益的。但我不喜歡看到我母親在事故中喪生的照片。』」史蒂夫表示。「當那輛車裡有你的親人時，你看不到什麼公共利益，只看到親人。」

然而，在我的研究中，許多死亡車禍倖存者都非常希望大眾能看見他們的親人，但不是以這種方式。

我想起希潔．摩根的母親。她不僅僅是一名被酒駕駕駛撞死的**愛德蒙頓長者**。她是愛妮絲．摩根，被人深深愛著。

我想起大衛．瓊斯，一位沉默的電腦程式設計師，他爲了有力分享妻子的故事而去上了公開演講課程。

爲什麼我們這麼難看見這些受害者、倖存者，以及他們希望如何被看見？

「每個人都需要認識到自己的角色，以及這樣的角色可能產生的影響。」檢察官安德魯說。

不知道記者是不是也能和安德魯一樣成爲受害者之友。

10

當轉播車離開時

When the News Trucks Go Away

已故親人的姓名、年齡、與你的關係：

「伊凡・沃克・湯瑪斯，十八歲，他是我的兒子。」

凶殺或車禍發生的日期和城市：

「二〇一八年四月六日，死於洪堡野馬隊巴士事故。」

——洛莉・湯瑪斯，問卷內容，二〇二〇年七月二十八日我三歲半的女兒一手拿著快樂兒童餐的玩具，另一手抱著汪汪隊玩偶。她的頭髮往後梳，但幾縷柔軟的捲髮散落下來，遮住了圓圓的臉蛋。她戴著粉紅色的汪汪隊太陽眼鏡，穿著牛仔連身裙，小指甲上塗著藍色指甲油。她小小的腿上全是蚊蟲叮咬的痕跡，眞可憐。今年湖邊的蟲子特別多。我們覺得這孩子應該很快就會睡著了。

她身旁的哥哥盤腿坐在安全座椅上，眼睛睜得大大的，他的頭髮剪得很短——疫情期間，我們都在家裡浴室幫他理平頭。他穿著藍灰色的大象襯衫和黑色短褲，再過一星期就是他的六歲生日了，他好期待。

在另一邊，坐著我們快兩歲的小兒子，身穿一件有領條紋上衣，留著油頭髮型，他把頭靠在右肩上，在汽車座椅裡睡得正香甜。

我們從薩斯喀徹溫省托賓湖向南行駛了大約四十五分鐘。我小時候在那裡度過許多夏天，沿著沙子路奔跑，在祖父母的拖車附近採漿果。我無數次經過這條高速公路，無數次來回這個十字路口。我和丈夫已經決定，在這次造訪薩斯喀徹溫省之後，我們將返回安大略省，賣掉房子，然後再度開車回到這片草原，這次不會再走了。但我的父母和手足，除了一個妹妹，還不知道這件事。這個祕密令人興奮又害怕，而且伴隨著強烈的情感。

「就是這裡。」我輕聲對丈夫說，要他把車開到路邊的碎石空地上。天空烏雲密布，年紀較大的兩個孩子正坐在後座抗議，所以我只好從窗戶拍了一張龐大紀念碑的照片。「不。」我心想。「**這樣不對。**」我不要事後才回想。我現在就要感受這一刻。我告訴孩子們，我馬上回來，然後下車走到洛莉．湯瑪斯（Laurie Thomas）失去兒子的地方。

風呼呼地吹過草原，我腳下的碎石發出嘎吱聲。我漸漸遠離迷你廂型車，獨自感受這麼多人的哀慟、愛和痛苦，他們在過去兩年三個月又兩週造訪這個痛失親友的地方，人生從此變了樣。

爲十六條生命豎起的十六個白色十字架，有些裝飾著鮮花，有些則套著球衣，像稻草人一樣立著。隨著時間的流逝，大部分都已斑駁。還有冰球鞋、冰球和冰球棍，以及綠色十字架。褪色的照片、耳機和大大小小的絨毛玩偶。

鳥兒嘰嘰喳喳，風開始颳起，這個地方乘載的悲傷……太巨大了。

三個星期後，我和洛莉透過FaceTime第一次見面。她坐在位於薩斯喀徹溫省南部的度假屋外，陽光灑在臉上，態度輕鬆而友善。我則回到了多倫多東區的地下室，從那次歸來後，我就一直在這裡打包箱子。我們聊了薩斯喀徹溫省的天氣和托賓湖的蚊子，在分享到沒帶防蟲噴霧

的媽媽糗事時會心一笑，然後轉入正題。

「有什麼我能幫忙的嗎？」她說，我能感覺到她眞心想這麼做。

187

當洛莉成爲創傷倖存者時，她被推到了一個獨特的位置。如果伊凡不是在那次碰撞中喪生，我懷疑他死亡的消息甚至不會傳到多倫多？「如果伊凡不是」（我驟然停頓，努力想找到更恰當的字眼）彷彿能縮小她內心的空洞。伊凡的名字和照片就不會成爲國際新聞，也不會有艾倫．狄珍妮和唐納．川普的X社群文，以及曲棍球名人的哀悼。

「這件事難就難在傳遍了加拿大和全世界。」她說。

洛莉是難得一見會與媒體打交道而且經驗豐富的創傷倖存者。她曾任職於世界上最大的鈾礦開採公司之一，接受過應對媒體和投資者的訓練。她甚至還爲高階主管進行有關媒體如何運作的培訓。因此，伊凡死後，她很了解一些她丈夫不了解的事。「他會接受三十分鐘的採訪，在屋子裡進行，結束後他會說：『好，我看起來很生氣，但只有五分鐘。』但事情就是這樣。」她也了解，如果她沒有睡覺或吃飯，就會語無倫次，說的話可能會被誤解，那時她就不會再開口。

當關注變得太多、打電話來的記者太多，待在附近的人太多時，原本外向又愛熱鬧的她會意識到：「**我的天啊，可以讓我靜一靜嗎？**」然後消失在小屋裡。

碰巧的是，在採訪洛莉的幾個小時前，我才剛採訪完梅姬．賽溫克，學到如何幫助倖存者準備好面對觸發性的提問。在我們深入討論之前，我問洛莉是否有任何她不想談到的話題，這樣我就能盡量避開。

「沒有，如果我感到不舒服或不想回答，我會讓你知道。」她笑著說。我相信她會的。

我告訴洛莉，我記得在事故發生當晚看到了即時新聞通知，我很震驚細節那麼快就出現，記者已經在報導家屬資訊，那時我們（或他們）根本還不知道巴士上的乘客是生是死。彷彿記者在那些慌亂的父母掌握情況之前，就已經直接聯繫上他們。

洛莉表示，在事故發生後的第二天，她的家人接到了第一通來自媒體的電話，同一天，她和丈夫史考特以及他們的女兒喬婷辨認了伊凡的屍體。

「是電話的關係。」她說。「當時我們有市內電話，所以記者可以在答錄機上留言，傳簡訊給史考特，或者打電話到史考特的脊骨診所。」

洛莉處於震驚之中。但她從小就透過有線電視觀看新聞，所以她知道事情會這樣，也知道必須這麼做。她具有足夠的自我意識和媒體意識，知道什麼時候需要躲起來，但她說，有時她需要攝影機在場，這爲她帶來安慰。就像那次攝影機來到家中，去地下室錄下伊凡睡覺的地方。「他們需要這麼做。」洛莉說。「我也需要，爲了我、史考特和喬婷。」

「爲什麼？」我問她。

「這樣人們就知道伊凡是個什麼樣的人、什麼樣的男孩。因爲他眞的是個很棒的孩子。到頭來，他的性格、他的謙虛以及他如何——」她在這裡停了下來。「我們只是想述說我們的故事。」湯瑪斯一家收到了伊凡的朋友和認識的人傳來的大量訊息，說他如何幫助他們完成家庭作業或對抗霸凌。「他是那種總是會爲弱者挺身而出的孩子。」她說，這幫助他們與更廣大的群衆分享心情。

不過，不是一切都是正面的。大多數記者都願意給予尊重，但有些並非如此。記者不斷打電話來，很多人出現在家門口，洛莉知道，要不是她有媒體背景，可能感受會更糟。

我想到倖存者朗達．克拉克－托賓塡寫的問卷，她的兒子帕克在同一場事故中喪生。當被問及帕克過世後，她第一次接觸媒體的經驗時，朗達寫道：「我完全不知所措。」她在家和公司都接到電話、收到社群媒體訊息和電子郵件。「我覺得非常受傷和不安，人們以爲我已經準備好談論這件事了。」朗達解釋道。她感到很脆弱，隱私被侵犯，沒有時間呼吸並爲帕克哀悼。

我問洛莉，在她和家人與媒體打交道的過程中，有什麼可以幫助他們，讓他們的經驗變得更好或更有益處。

「這是一個很難回答的問題，因爲我們受到全國矚目，我會用『駭人』來形容。」她說。「我認爲每個人在這種情況下都盡力了……不管怎麼樣，那天晚上很混亂。在事情搞淸楚之前，一切都很混亂。一個月後，才慢慢釐清。接著就是審判。」

蘇珊．歐米斯頓（Susan Ormiston）是最早來到薩斯喀徹溫省報導「洪堡野馬隊」事故的都會記者之一。「這眞是慘絕人寰的悲劇。」這位CBC記者在網路上發布的影像日記中回憶道。[188]「十六人死亡。十三人受傷。想想他們的直系親屬，算每人十位親屬好了，那就是好幾百個人受到立即性的衝擊。」

蘇珊談到記者在現場面臨的壓力：「你可以想像，要讓失去兒女的人與你交談是非常困難的，很多人不想開口，並堅定地表達了拒絕採訪的想法。」她說。是的，我可以想像。「我總是說：『我了解，我完全了解。』但也有像史考特．湯瑪斯這樣有話要說的家屬。」

史考特．湯瑪斯就是洛莉的丈夫。他告訴蘇珊事發當晚的事、他如何來到現場，以及他看得出來車禍有多嚴重。他從來沒想過自己必須透過兒子的胎記來辨認他的身分，這是他小時候被嘲笑的胎記。看著蘇珊娓娓道來，你會感受到這場與史考特的對話對她個人有顯而易見的影響。

「我非常感激他能告訴我們關於伊凡的事，我認爲這對當時的湯瑪斯一家也有幫助。」蘇珊說。「我看到不少父母希望借助媒體的力量讓他們發聲。」

洛莉說，雖然受過媒體訓練的人是她，但史考特才是積極爲野馬隊發言的人。雖然有時她會不想發表意見，但她尊重史考特的意願。有時她很難去看丈夫的採訪，她會因爲他如此冷靜地談論這件慘劇而發怒。

「此外，有些時候我們會回頭去看一些東西，然後坐在一起流淚。」她說。「史考特是四兄弟裡的大哥，他喜歡解決事情。但這件事不是可以被解決或是被改變的。所以你只能述說故事，並嘗試造福和幫助其他受害者或倖存者，甚至是深受PTSD所擾的現場急救人員。」

第一年很難熬。除了大規模的葬禮和募款活動外，當然還有所有的第一次——第一次沒有伊凡的生日、第一次沒有伊凡的聖誕節、第一次沒有伊凡的一切。「你只能應付生活，試著活下去。」洛莉說。「有些日子我甚至不想起床，但我會聽到伊凡說：『媽媽，你必須起床！』」當她回憶起這件事時，她笑了出來，因爲這就是她會對兒子說的話：「伊凡，你必須起床！」

「我認爲第一年，作爲一個孩子的父母，你完全活在震驚和哀慟之中，你的孩子在一場悲劇中喪生，而且還是一場永遠不會被忘記的悲劇，它影響了世界各地的每個人，不僅僅是加拿大。」她說。後來也沒有比較容易。

「我發現第二年實際上比第一年更難熬，因爲那時你會想：『人們開始忘記這件事了嗎？』」

後來，當我讀到「傷口」（The Cut）網站上艾咪．妮莎（Amy Nitza）的專訪逐字稿時，我會想起洛莉的話。艾咪是紐約州立大學紐柏茲分校災難心理健康研究所所長。記者安娜．西爾曼（Anna Silman）訪問她有關校園槍擊倖存者的心理健康狀況，艾咪在採訪中告訴安娜：

「談到媒體關注，我們辦公室就媒體的正、負面影響進行了論戰。在某種程度上，當媒體出現時，就表示世界正在關心和關注。但當媒體離開時，就留下了空白。世界的注意力已經轉移到其他事情上，但被遺留下來的人們仍要面對滿目瘡痍的生活。」[189]

我想起那些我匆匆停留一天、兩天或三天的家庭，我使用他們的洗手間，敲他們的門，記錄他們聲淚俱下訴說的一切，然後他們看著我走進轉播車發稿、走到鏡頭前向全世界播報、回到我的車上，然後揚長而去，回到我安全的社區，和活得好好的丈夫以及一個、兩個、三個孩子擁抱、依偎、說睡前故事，然後在沙發上看網飛（Netflix）。我想起那些我從後視鏡凝視的地方，心裡充滿罪惡感。因爲對我來說，這不過是一天的工作，但對他們來說，卻是一輩子的記憶。我覺得很難過。非常、非常難過。但我不是活在悲傷裡的人。洛莉才是。還有很多其他人也是。

回到那場事故的現場，我看著所有十字架和周圍的一切，思考每一條逝去生命的重量。令人哀傷、心碎、難以承受。

我又回到了第一個十字架，它裝飾著綠黃相間的針織嬰兒鞋、T恤、掛在紅絲帶上的獎牌、冰球和蠟燭，突然之間，一輛自卸卡車劃破了寧靜，它減速緩緩駛向我身後的停車標誌。

當初，與巴士相撞的聯結車司機就是錯過了這個標誌。自卸卡車重新加速並穿過十字路口，我回到車上，轉頭看看孩子，他們毫髮無傷、活蹦亂跳。我提起精神說：「好了！走吧！」

然後我們開車離去。

11

危險信號

Red Flags

你覺得媒體對其他性侵害或人口販賣案件的報導有哪些特別正面的內容？

「我很高興看到人們開始談論這個議題。我很高興人們關心像我這樣的人。」

——漢娜，問卷內容，二〇二〇年九月二十四日

電梯「叮」一聲，我走進《多倫多太陽報》新聞編輯室，它位於多倫多市中心東端一棟歷史建築的二樓。今天是星期六，周圍只有我和一位採訪指派編輯。我走向新聞編輯室角落的警察資訊臺，撕下我到達之前從傳眞機吐出來的紙山，開始一一查看。

「人口販賣集團落網。」[190]

那是二〇〇八年一月。「人口販賣」還不是一個家喻戶曉的詞。我的目光快速掠過頁面。

五二科掃黃組成員接到消息稱，有東歐女性以當模特兒為由，被誘騙到加拿大……

這些女性一抵達就被限制行動，並被告知她們將擔任伴遊小姐，為集團首腦進行賣淫相關活動。

我大吃一驚，快步走向指派中心，叫喊著：「這可是大消息！」並要求報導這個故事。攝影師葛雷格．漢肯哈夫（Greg Henkenhaf）和我一起前往多倫多北區的一棟公寓大樓，兩名所謂的集團首腦在那裡被捕。一名身穿彩色條紋連身裙的年輕女子緊緊抓著幾小時前被警方攻堅砸碎的門，她告訴我們，她對丈夫受到的指控「感到驚訝萬分」，他「是個好人。不菸不酒。

人很好。」[191]警方不同意這樣的說法。

在接下來幾天，我將寫一系列有關此案的報導，它將被媒體（包括我自己，錯誤地）廣泛吹捧爲自兩年多前人口販賣成爲加拿大《刑事法典》（*Criminal Code*）的一項指控以來，第一個涉及性剝削的人口販賣指控。[192]

一位多倫多警官將在其中一篇文章中告訴我：「這可能只是這項新法的一小步，[193]但一旦你了解如何透過調查行動找出並處理這些案件，將會發現更多類似情況。」

我想，多倫多西區的皮爾區警察局掃黃組調查人員看了以上這段話，應該會翻白眼。但領導該小組的調查人員多等了幾天才與我聯繫。此時，我已經寫了四篇關於多倫多國際人口販賣集團的報導，當下正在製作一個兩頁的跨頁內容，涉及非洲的童兵、沙烏地阿拉伯的駱駝騎師，以及在加拿大被販賣爲性奴隸的東歐女性。[194]

這位警探在電子郵件的開頭寫道：「**多倫多提出了人口販賣指控是很棒的事，但我們已經對六起案件提出了人口販賣指控。想聊聊的話，再與我聯繫。**」

我收到的下一封電子郵件包含了皮爾區這六起目前正在法庭審理的人口販賣案件摘要。[195]每一起案件都涉及加拿大年輕女子或女孩被加拿大年輕男子強迫從事性交易的指控。皮爾區掃黃組警官以及他們在第五號案件中向我介紹的年輕女子，將推動我長期關注國內性販賣的議題——這些故事將跟著我回家，成爲我的夢魘，並徹底改變我看這個世界的方式。

現在回想起來，其實整件事都讓我感到不太舒服。那時我受邀前往密西沙加（Mississauga）的調查服務大樓與掃黃組會面。我們先是談了一兩個小時關於多倫多地區性交易以及可能有數百人受到奴役的深度話題，然後我被帶到警探的辦公室，一名受害者聯絡官和第五號案件中的年輕女子坐在一起。首先，我採訪了警察，接下來是受害者。

倖存者。她希望使用這個詞。

隨後，我與小希[196]的對話寫成了超過十四頁、單行間距的文字稿，細數這位年僅十八歲的女性過去幾年來的悲慘遭遇。所有的威脅、暴力、嫖客。童年歷經的虐待。隨之而來的是不值得被愛的感受。

回想這場採訪讓我感到不舒服的原因，我認爲有以下幾個。首先，我總覺得小希的故事**被利用**。我的用意、警官的用意都是好的，希望利用小希的經驗來說明人口販賣這個普遍存在而且經常被誤解的議題，但它還是被利用了。**小希**被利用了。再來，她三個月前才剛逃離最近一個人口販子，還沉浸於創傷之中。我卻來到這裡，把錄音機擺在我和她之間的桌子上。我有時很難聽清楚她到底說了什麼，因爲她的聲音跟蚊子一樣細，還把眼前的空塑膠水瓶擠壓得沙沙作響，好像不想被聽見一樣。

但我的感覺很矛盾。因爲當時沒有人在談論國內性販賣這個議題。「人口販賣」是政策制定者避免使用的一個詞。今天我們看到的倖存者協助服務、宣導活動和資助計畫，在二〇〇八年根本不存在。很少人了解人口販子的運作方式。全國各地試圖對付這項難題的警察人手嚴重不足，無數受害者（尚未成爲倖存者）不見天日，永遠沒有機會追求自由、有意義的生活。過去我對性交易和受困其中的人抱持著極度天真的想法，而現在我有機會讓大衆認識這個可怕的罪行，這些警察也有機會讓其他潛在受害者知道，他們可以找到出路。我們都覺得，透過講述自己的故事，小希能夠重新獲得一部分多年來被剝奪的控制權。她的故事即將在接下來幾週塡滿兩個跨頁的版面。

接下來許多年，出現了更多關於小希的報導，因爲我追蹤了她復原的狀況，以及各個法庭案件的進展。還有許多其他倖存者的故事。有個頭版頭條標題寫著「『棄兒』悲歌」，並附有一張雙手（我的手）抱著泰迪熊、手腕（我的手腕）被銬在一起的照片。[197] 另一個標題是「無路可逃」。[198] 還有一個，現已退休的警官說：「我們需要一些死掉的孩子。」[199] 這句占據版面的話至今仍令人難忘。在《多倫多太陽報》的旗幟下，我的署名成爲倖存者、警察和其他前線戰士的平臺，讓他們得以在高處大喊：「注意！」

我寫的報導愈多，聯繫我的人就愈多。警察、律師、庇護所工作人員。我在會議上演講，在培訓研討會上發言，每當全國各地的新聞稿中出現稀奇的人口販賣指控時，我都會接受其他媒體的採訪。我既是記者，也是提倡者，成爲一盞明燈，照亮體制中黑暗的角落。小希等倖存者的聲音推動了這些故事，每個倖存者都渴望警告其他潛在受害者注意危險信號。有人告訴我：「你永遠不應該爲了幾百塊而失去自尊和自我價值。」[200]「爲了錢叫你去跟別人上床的男人並不愛你。打你的男人並不愛你。」[201] 倖存者的聲音引起了政策制定者的關注，大衆詢問可以如何提供幫助。有一次，皮爾區的警官告訴我，他們把我所撰寫、關於他們小組工作的故事掛在脫衣舞俱樂部的更衣室裡，這樣其他潛在的受害者就能避免危險。

但我每次聯絡小希，問她願不願意談談時，都還是感到不舒服。歸根究柢，我打電話給她不是單純爲了關心她，而是需要從她身上得到東西。打電話關心她感覺好像逾越了某種職業界線。當時我認爲，要是我表現得像她的朋友，就不可能當個客觀的記者。這並不代表我們的關係沒有意義。我非常關心小希，現在依然如此。

就和洛莉．湯瑪斯及其他「洪堡野馬隊」事故的倖存者一樣，小希也經歷了自己非常私人的創傷。但由於與她相關的人口販賣事件是加拿大最早曝光的案件（就像洛莉的兒子伊凡在大規模死傷中過世）小希成爲了某種象徵。所有發生在她身上的可怕遭遇都變成了她的故事。「性販賣倖存者」成爲了她的標籤，每當她試圖往前跨出一步，就會拉扯她衣服的下擺。

因此，當另一位倖存者要求我爲性暴力倖存者進行問卷調查時，我很好奇小希會如何反思這些年來的所有故事。我發了一則簡訊給她，告訴她這項計畫。

談到爲倖存者和記者牽線這件事，蜜雪兒．安德森（Michele Anderson）有著與多倫多西區警察截然不同的看法。當我們見面時，她在非營利部門長達三十年的職業生涯即將邁入尾聲，她的工作是爲多倫多的性工作者和人口販賣倖存者提供協助和倡導。多年來，她有許多理由對記者與倖存者的接觸保持警惕。

在多倫多家中接受電話採訪時，她回憶起最近在某個大城市法院審理的一起案件。在法庭休庭期間，倖存者和她的支援人員私下在談話，這種談話「應該非常、非常安靜地進行。」[202] 但事實並非如此，蜜雪兒注意到，一名記者在附近偷聽。蜜雪兒介入，告訴倖存者和她的支援人員，他們的對話被別人聽得一清二楚，建議他們移到另一個地方。但傷害已經造成，蜜雪兒說。新聞報導了這場對話的細節。

有一次，一名剛成年的人口販賣倖存者決定公開分享她的故事，包括姓名、臉孔和所有資訊。蜜雪兒說：「我知道這對她來說很苦惱。」這名倖存者同意接受採訪，但沒有意識到接下來會發生什麼事。「他們到處跟著她，她帶他們去看她工作的地方……當時審判還沒有結束。」

「我想，她一開始應該覺得這是個好主意。然後大家就對她寄予了期望。她拒絕不了，因爲她已經同意了，怎麼可以反悔？」蜜雪兒說。「**做都做了，有什麼大不了的，對吧？但我不想再做了。我想要有說不的權利。我想要喊停。離我遠一點。走開。**」

媒體的關注使這名倖存者成爲人口販賣的典型代表，就像我的報導爲小希所做的那樣。但這名倖存者的身分已經曝光。她在街上會被認出來。其他新聞媒體記者可能會打電話給她。蜜雪兒告訴我，在媒體大肆報導之後，這名倖存者抽身了，消失了，從此與世隔絕。蜜雪兒說，最終，這名年輕女子覺得自己糟透了。她無法維持匿名。她覺得自己受到批判。在一個她應該感到安全的地方受到批判。而這還不是全部。

「我想，她覺得受到背叛。」蜜雪兒補充說。「因爲沒有人保護她。」

蜜雪兒回憶起另一名年輕女子，大約二十年前，她同意參與一個提高大眾意識的宣導活動，她的姓名、臉孔和故事被拍成影片。後來，這名女子決定去念社工。「某天在課堂上，他們秀了這段影片，主角就是她。」蜜雪兒說。「她馬上跑來我家門口，情緒激動得要發狂。」她一直想要開闢出一條新的道路，不堪的過往卻被展示出來。「她只不過是……這太令人難受了。」

作爲倖存者的支援人員，這是個很難達到的平衡，你要爲倖存者提供發聲的管道、給他們選擇，同時又必須在不把他們當成小孩子的前提下，認知到他們可能仍深陷於創傷之中，無法完全理解同意接受訪談代表什麼意思。

我永遠忘不了，我採訪過的一名倖存者曾打來一通驚慌失措的電話。我當時正站在我嫂嫂位於三一貝爾伍德公園（Trinity Bellwoods Park）附近的屋子外面，不久前我交出當天最後一份稿子，才剛抵達這裡準備吃晚餐。我看著工作用的黑莓機，熱情地向電話那頭的年輕女子打招呼。那個星期早些時候，一名調查人員在她的人口販子法庭案件結束後，爲我們牽線。在我們的訪談中，她要求我在報導中只提及部分的姓氏。她認爲沒有完全使用假名的必要。這名女子來自加拿大另一個地區，沒有意識到她的故事可能會被發布在整個相關平臺上。見報之後，包括在她的家鄉，都有人叫住她，「**那是你嗎？那是你嗎？**」她迫切希望撤掉這個故事。我可能把它從網站上刪除了（但老實說，我不記得了，那些年的報導早已從網路上消失）但要從報紙上撤掉爲時已晚。我感覺很糟。我不斷在腦海中重複播放我們之前的對話，持續了好幾天。**是我沒說清楚嗎？我怎麼沒讓她知道呢？為什麼我沒堅持使用假名？**我覺得責任完全在我身上。她則感到徹底失望。

「我認爲每個人都有權利做出個人選擇。我絕對不會把它從任何人手中奪走。」蜜雪兒說。「但我也會……我會謹慎行事。」

蜜雪兒同意，有必要提高大眾對人口販賣的認識，透過報導破除「**她在想什麼？為什麼跟那個人走？為什麼不離開？**」等問題。有一段時間，蜜雪兒自己也走到鏡頭前，教育大眾有關剝削的觀念，並爲倖存者發聲。「最初，就宣傳的效果而言是正面的。」但她最終後悔在大眾面前曝光。突然之間，她成爲了公眾人物。陌生人會告訴她，他們在新聞中看過她。她開始清楚地意識到，如果陌生人在街上可以認出她，那麼在她幫助下被送入大牢的人口販子也可以。她感到暴露在外，提心吊膽。她不再接受媒體採訪。「到達一種希望被遺忘的程度。」她說。

「你是以倖存者提倡者的身分發言，甚至不是受害者或倖存者本身。你代表其他人的故事說話。」我說。「所以，如果**你**有這樣的感覺，那麼……」

「是啊。」她說。

蜜雪兒回憶起一名年輕女子告訴她：「我想要的不僅僅是這樣，我不僅僅是一個倖存者，我想要繼續做其他事情，但我覺得自己被困在這個角色中。」蜜雪兒說：「對他們來說，要能夠往前一步，過上與過去的剝削無關的生活，非常、非常地困難而且具有挑戰性……對那些公開分享自己故事的人來說，一切都攤在陽光下，是抹去不了的紀錄。」

幾個月後，這個主題在我與性別正義提倡者法拉．卡漢（Farrah Khan）的對話中再度出現。法拉談到創傷倖存者後來成爲性暴力領域的學術專家或專業人士的案例。她告訴我，記者可以將受訪對象分爲倖存者**或**專家。[203] 如果你被歸類爲倖存者，採訪過程往往會變得「像是在挖掘已經發生的事情」。法拉同意，倖存者必須了解，故事一旦公開就是永久性的。「當人們覺得你就是表面上看到的那樣，這就變成了你的身分。」她說。「性暴力的問題在於你是被迫遭受這種對待。它並不能決定你是什麼樣的人。」

但媒體並不常傳達這一點。

蜜雪兒和我會聯繫上，是因爲我寫了一本關於國內性販賣的書，我請她在多倫多聖約之家（Covenant House Toronto）的一些同事給予反饋。雖然這是一部虛構作品，但許多場景都是受到眞實倖存者經驗的啓發。內容也包含了來自眞實法庭案件的部分文件，藉此提醒讀者，恐怖的情節是有事實根據的。碰巧的是，蜜雪兒曾爲書中一起案件的倖存者提供協助。根據法庭文件，我用名字首字標示了兩位年輕女性，而使用全名標示了她們的販運者。蜜雪兒告訴我，她聯繫了這兩名年輕女性，並以開放式的方式詢問她們，對於自己的案例被納入書中是否有任何想法。她們立刻做出反應：**絕對不想**看到那個人口販子的名字出現。

蜜雪兒表示：「對她們來說，這是她們的故事。『如果你要談論我的故事，就要得到我的同意。你沒有權利寫出他的名字。』這是她們的看法。」另一名倖存者的反應更激烈。蜜雪兒接著說：「她極爲震驚，無法接受，情緒非常激動。」

我寫這本書是希望教育大眾，沒想到會對我試圖幫助的倖存者造成如此大的傷害，我覺得深受打擊。蜜雪兒問我，是否可以考慮刪除人口販子的名字以及與倖存者有關的城市名稱。我說沒問題。最後，我把書中每個人口販子和倖存者的名字都換成了不起眼的縮寫。蜜雪兒告訴我，我所做的簡單改變對兩名倖存者來說意義重大。「她們十分感激，覺得自己的聲音被傾聽了。」她說。

一年半後，我透過許多對話、書籍和播客反思當時的情況，明白了爲什麼這件事會讓這兩名倖存者如此痛苦。在她們不知情的狀況下公布她們過往的細節，不但沒有安全性和透明度，也沒有給予發聲權和選擇權。

我想起性暴力倖存者凱琳．克福特（Karin Kerfoot）的問卷回覆，在被問及媒體報導中是否有任何內容特別令她受創時，她說：「最令人痛苦的部分是不知道接下來會發生什麼事。這正是我在施虐者手中的感受，因此，巨大的不確定性對我來說是觸發創傷的一大因子。」

凱琳的話讓我回想起第一次採訪小希時，她告訴我，她的人口販子會站在暗處，讓她不斷從他身邊來回走過。他想讓她畏縮不前。而媒體也可能以各種方式讓倖存者畏縮不前。

有七名性侵害和／或人口販賣倖存者填寫我的問卷，小希是其中之一。除了一人之外，其他人的案件都已被媒體報導。大多數的回覆都有好有壞，但每個倖存者都同意報導，公開分享他們的故事是有益處的。

先從小希談起。

當我見到她時，她才剛脫離多年苦海三個月。十多年後，她在調查中寫道，她還是苦於之前遭受的創傷。當被問及當年她是否覺得自己已經準備好與媒體互動時，她寫道：「我從來沒有、也永遠不會覺得準備好。我的創傷還沒有完全康復。每次談起那些事，我的心還是會猛地一跳。」我難以想像她當年的心情。

當被問及媒體對她案件的關注讓她有何感受時，她寫道：「我覺得自己很重要，但同時也被利用了。」我的心沉了下去。她在回答另一個問題時，進一步闡述了這一點：「有正面的互動，但也有讓我覺得自己一文不值和被利用的互動，好像變成棋子或物品，被別人用來獲得肯定或實現個人目標。」

我不知道小希指的是我、其他記者（有幾個記者寫過她的案件），還是警察。她的確寫道，很慶幸「有像塔瑪拉．雀莉這樣的人關心我」，但她覺得人們雖然對她的故事感到震驚和感嘆：「噢，這太可怕了！」下一秒卻繼續過他們的生活。「人們永遠不會**眞正**關心，它永遠不會結束。」

她寫道，還有「許多不同的文章搞錯重要細節」。這讓她很生氣，彷彿她的故事不重要。「我覺得如果這個故事很重要，就不會有相互矛盾的細節。」

小希寫道，她很高興自己的案件讓人們意識到人口販賣問題，但每當她看到新聞報導提到「皮條客」時，她的創傷就會被觸發。「有時，當我聽到其他案件時，我不覺得我的故事有他們那麼慘，也不應該得到那麼多重視。」

這是許多創傷倖存者的普遍感受。在看到媒體對他們案件的報導以及對另一起案件的報導後，他們會覺得，自己的受害情況沒有那麼嚴重。這是蜜雪兒在她的職業生涯中經常看到的事情。「他們可能會覺得自己是不足以搬上檯面的受害者。」她說。[204]「他們把發生在自己身上的事情與發生在別人身上的事情做比較，覺得自己不應該得到既有的支持和幫助。我處理過很多案例。眞的。要扭轉這種心態是一大挑戰。」蜜雪兒說，問題出在故事被報導的方式。由於很少大眾了解人口販賣的細微差異，因此記者有責任在向大眾報導犯罪行為之前，先針對犯罪行爲以及它造成的層層創傷進行自我教育。

舉例來說，如果要說「一名男子涉嫌引誘少女賣淫、攻擊、販賣人口及發出死亡威脅」，記者（在與調查人員或檢察官談過之後）可以改成「一名男子涉嫌誘騙一名少女，讓她以為自己愛她，利用話術說服她與陌生人發生性關係，強迫她把所有收入交給他，然後毆打她，並且在她表示想要離開時，威脅殺死她和她的家人。雖然她身體上的傷疤已經開始癒合，但調查人員認為，她所遭受的心理創傷尚不為人所知。」

另一個常見的問題出現在小希後面的回覆中：「故事一旦曝光，就不會有人去對倖存者做後續追蹤。我們馬上會被遺忘。」

過去這麼多年來，我從無數個創傷倖存者的生活中消失，小希是其中之一，但我從來沒有忘記，也從來沒有停止關心。我想知道該怎麼解決這個問題。就算我有足夠心力與所有和我分享過故事的倖存者保持定期聯繫，也沒有那個時間。人數眾多。我是不是採訪太多人了？

法拉完全可以理解小希爲什麼會有這樣的感受。

「這個年輕人突然發現，第一次有人傾聽她的聲音。她得到了一些關注。但記者採訪完就走了，留她一個人面對所有情緒。她述說了人生故事，但要怎麼被寫成報導在很多方面不是她能控制的。控制權在記者手上。」

過去我寫了很多篇關於小希的報導，但我不記得曾經在刊出前詢問過她的意見或是她希望我能在下一篇報導做出什麼改變。我不記得自己是否曾經思考過，就算小希和我交談過一次，並不代表她想一次又一次地和我交談。

人口販賣倖存者奧莉薇亞從未接受過記者採訪，更不用說一次又一次地和記者交談了。她的案件沒有發布新聞稿，這讓她感到難受。她在問卷中寫道：「我希望我的案件能夠公開，因爲我知道還有其他受害者，如果有記者來報導，搞不好這個人口販子就不會那麼快出獄。」她表示，由於案件缺乏媒體關注，人口販子「得以保持匿名」。

奧莉薇亞對案件沒有發布新聞稿而感到難受，漢娜卻因爲案件發布了新聞稿而「極度崩潰」。「好幾個城市的報紙和電視上都出現了施虐者的照片與資訊。」她在問卷中寫道。「我的親友看到之後跟我聯絡，這讓我很難受。看到施虐者的臉也讓我很難受。非常私人的細節以一種看起來毫無意義的方式呈現。有些新聞來源編造了自己的敘事，既可怕又不眞實。我覺得我倖存下來的經歷和毀掉我一生的過往都變成人們茶餘飯後的話題。」

雖然漢娜對新聞稿和隨之而來的媒體報導感到難受，但她也補充說，她很高興「其他受害者可能看到它們，並和我一樣得到幫助。」

瑪麗亞提到，她很希望能讓其他倖存者看到她的故事，但一項報導禁制令禁止她這麼做。

「我認爲，讓倖存者講述自身故事的報導能賦予人力量。」

在沒有法庭案件和報導禁制令的情況下，凱琳講述了自己的故事。她在問卷中寫道：「我很感激能有機會用自己的話詳細描述自己的經歷，而不是被別人斷章取義。」

我爲此苦苦掙扎。我們如何講述這些重要的故事，同時對所有利害關係人產生正面的影響？我向蜜雪兒提出了這個問題。

「我認爲沒有任何方法可以帶來百分之百正面的經驗。不可能做得到。因爲創傷有其複雜性，會被重新激起，時好時壞。即使是匿名進行，也會改變一個人的身分、反應方式以及分享的內容。」蜜雪兒說。「他們的生活從此改變。」

「我深刻認知到分享這些故事的重要性。」她在後來的談話中告訴我。[205]「我發現，不僅對她們來說是如此，對我協助過的其他年輕女性也是，能在安全的地方分享自己的故事眞的非常寶貴，她們不再覺得那麼孤單、羞恥和內疚，也有機會可以消化發生的一切。」但所謂**安全的地方**並不包括記者在倖存者的傷口上撒鹽，請她指出她在哪裡被剝削，或是在她不知情的多個平臺上重複播放她的故事。「創傷知情是不可或缺的，我一直抱持著這樣的態度，而且非常留心這些年輕女性做出的選擇和決定，並給予尊重。」

小希在面對媒體時遇到了挑戰。但就和每一位填寫問卷的倖存者一樣，她認爲倖存者公開分享自己的故事是有益處的。「是的，因爲我們可以幫助彼此療傷。」她寫道，這呼應了許多凶殺和死亡車禍倖存者的感受。

她對協助人員和調查人員有什麼建議？「努力讓人們把我們看作是人，而不是物品、毒蟲或『問題人物』。」對記者呢？「我們不需要一大堆悲傷、不幸的故事，我們需要到位的協助、安全的地方、適當的資源，像我二十年來每天都在爲心理健康奮鬥。」

一直以來都在奮鬥，然後還有這個：

媒體在報導性侵害或人口販賣案件時，是否有任何用詞特別令你感到受創、難過或冷漠？

小希回答：「『**受害者**』。我不是受害者，我是**倖存者**。」

我在過去這幾個月學到許多創傷知情的作法，但是當我晚上躺在床上，思考這幾頁寫下來的文字時，開始輾轉難眠。我一遍又一遍地回顧這一章，不斷增增減減、字斟句酌，只希望能爲分享故事的倖存者帶來正面的經驗，而非傷害。

我最終還是打出了初稿的最後文字，並開始聯繫參與者，看看他們是否願意閱讀我所寫的內容並提供反饋。假設我之前寄給他們的電子郵件沒有跑到垃圾郵件（搞不好有些人就是這種情況），這將不是他們第一次收到我的來信。我在達到各個里程碑後，爲他們更新了幾次近況：**找到期刊來發表我的研究；在會議上進行簡報；與媒體談話，以下是報導內容**。雖然我收到了許多參與者的回覆，但小希卻無聲無息，如果她有收到我的電子郵件、如果她沒有更換電話號碼，她應該收到了我的訊息，但不管是分享近況、詢問意見的電子郵件還是約她聊聊的簡訊，她一封也沒有回覆。[206]

幾天過去，接著幾個星期過去，我反思自己在新聞生涯中，是不是一直**利用**小希的故事來闡述人口販賣的現況。我隱隱覺得她的故事在這本書中再次被利用了，而我無法忽視這種感覺。與其他問卷受訪者不同，小希和我有一段過往，這代表如果我要寫出她的問卷內容，就會提到那段過往作爲鋪陳。但她還沒有同意我重述那些細節。她還沒有同意我與蜜雪兒及法拉討論她的問卷內容，然後將這些討論寫在書中。當然，她同意我分享她的問卷內容，但那是一年半前的事了，她**現在還是**這麼想嗎？

不久前，我和法拉談過話，我擔心我和小希最初的互動可能造成了傷害，她反問我，在警探辦公室的那第一場會面中，我身爲記者的責任是什麼。

她問：「把故事報導出來比較重要嗎？代價是什麼？」

我不斷在腦中咀嚼這些話，然後放到現在的情境。**把小希的故事寫在書中比較重要嗎？代價是什麼？**

我向蜜雪兒表達了我的擔憂。「你覺得我該怎麼做？」我問她。「我不知道她沒有回應是因爲她改變了心意，還是她覺得我寫的內容沒問題。把她的話語留著也不是，刪掉又不妥。我擔心光是聯繫她就會對她造成進一步的傷害。」我想從蜜雪兒那裡聽到的是，**她同意過了。你和她的過往也是你的故事。我覺得不會有問題**。但我們來來回回討論了之後，她問我在簡訊中寫了什麼、在電子郵件中寫了什麼，我唸給她聽，她可以聽到我聲音中的焦慮，於是說出了這些話：「我想，你還是把她的內容刪掉吧。」[207] 我的直覺告訴我，她是對的。

隔天一早，我瀏覽我的Word文件，開始刪、刪、刪，然後神奇的事發生了。我的電話響了。打來的人是小希。

距離我們上次通電話已經過了好幾年。她現在三十出頭了，聲音聽起來比較蒼老，但只有一點點。一如既往地輕聲細語。我說我很擔心她，不知道我的簡訊是不是讓她難受。她解釋

說，只是我傳的時機不對，那陣子剛好過去的一些事情浮上檯面，我又出現，讓她想起**那段日子**，所以無法回應。噢，那電子郵件呢？我寄的地址是舊的，她已經沒在用了，所以即便電子郵件是較不突兀的聯繫方式，但她根本沒收到，也無從得知我的研究計畫到達哪些里程碑。我突然意識到，小希自從十七個多月前填寫問卷以來，對這一切都毫不知情。

但她現在狀況比較好了，已經準備好要聽我的聲音。我問了她所有跟朋友敘舊時會問的問題，我不會在這本書中討論，以免破壞她小心翼翼保護的匿名性。我告訴她，大約從一個月前開始，我將她的問卷內容寫在書稿中，就一直不斷在思考。

小希告訴我，她只依稀記得填寫了問卷，不知道自己寫了什麼，而我對此並不感到驚訝，因爲有幾位倖存者也這樣跟我說過。

但隨著我們的對話繼續進行，我提到我的研究和著作，她便開始想起來。我告訴她，我一直在思考，當初應該要有不同的作法。那時她才剛逃離人口販子的魔掌三個月，我卻要採訪她，要求她重述所有痛苦的細節，一而再，再而三地從她身上拿走故事，真的不該如此。

「要開口談那些細節的確不容易。」她回憶起大約十四年前我們在警探辦公室的第一次談話。「我不記得所有事情，但我記得強迫自己熬過去。這是一把雙面刃。我想要把一切都說出來，但同時又害怕得渾身發抖。」[208] 我想起她放在警探桌子上的雙手，隔開我倆的塑膠水瓶被她擠壓得沙沙作響。後來，我們通了更多電話和簡訊，小希回想起更多第一次受訪的情形：房間好冷，她穿著過大的帽T（還是夾克？）作爲安全毯，房間充滿了自然光。「我可以用眼角餘光看到，你在聽我說話和問我問題時刻意往前傾。」她告訴我。「我可以看到我沒擦指甲油的指甲，那個房間讓我的手凍得發冷。我心想：『**我應該擦一些乳液。**』當我回想那些噁心的細節時，擠壓瓶子的動作反映出我內心的感受。當我重述『那種』生活方式時，我會想起所有不舒服的強烈情緒。」 209

我提醒小希，她在問卷中寫道，她覺得自己被媒體利用了。我告訴她，我現在明白爲什麼她會有這樣的感受，她的故事被我和其他記者利用，但我們在說故事的過程中沒有給她任何權力。她在此糾正了我。

「我沒有覺得被你利用。」她表示。「而是覺得在人口販賣行業，當一個故事曝光時，大家會說：『**我的天啊，太可怕了。**』然後隔天繼續過他們的生活。」這呼應了她在問卷中表達的擔憂。她繼續說明，我對她的回覆也有了更清楚的理解。「沒有人有任何作爲。每個人都想從我這裡聽到故事，但最後，我得到了什麼協助？」

從很多方面來說，小希是被遺忘的倖存者。她在人口販賣成爲熱門議題之前逃離人口販子，她獲得的協助和她承受的長期傷害不成比例。事實上，她獲得的服務有很多都是掃黃組警官超越工作職責所提供的，因爲他們看不下去經歷了層層創傷的人求助無門。同樣的心情無疑促使了那位警探寫信給正在報導國際人口販賣案件的我。他想揭露許多人正在受苦卻不爲人知。他知道讓倖存者分享自己的故事能喚起大衆的注意。而大衆的確也注意到了。但隨著時間的流逝，這些警官擁有了新的職涯，小希仍在原地爲了生存而掙扎。

如果我當時寫的報導爲小希帶來了更多協助，那麼這些協助從來沒有到她的手上。我知道我寫的報導發揮了教育大衆的關鍵作用。我知道它們促使民衆要求當地政治人物採取行動，也可能激勵其他女子逃離魔掌。但對小希來說，她從來沒有一刻覺得，**我說了我的故事，而我得到這些東西**。她要的不是錢；就和我多年來採訪過的所有倖存者一樣，小希從來沒有跟我要過一份印了她的故事的報紙。當時，她告訴我，她想確保發生在她身上的事情不會發生在其他人身上。但在我們當前的談話中，她重新思考了這一點，意識到自己也渴望得到更具體的協助，來推動她前進。

她說：「我們應該成立一個計畫，立即提供認知行爲治療，打造一個避難所，讓倖存者在那裡待六個月到一年，教他們如何過正常的生活。我到現在還是不知道該怎麼過正常的生活。我還在摸索什麼是健康的關係。我不知道怎麼當一個朋友。我已經習慣了與世隔絕。」我告訴小希，多虧了她的故事，她提到的這些服務有些已經存在了。那太好了，她說。但這對她本身來說，並沒有什麼差別，她過去因爲受害而受苦，因爲不斷重複談論過往而受苦，現在也還在受苦，還是覺得自己像當年那個害怕的孩子，渴望被愛、被接納、被關懷。

小希告訴我，有一次，她在谷歌上搜尋她的人口販賣案件，發現有人寫了一本書，提到她的受害情況。她想知道爲什麼這位作者（就像多年來報導她的許多記者一樣）從來沒有聯繫過她，讓她知道他們會講述她的故事。

她說：「發現這些故事就像遇到變態，讓我有被強暴的感覺。」我想起一位凶殺案倖存者曾經告訴我，她在看了有關親人案件的媒體報導之後，感到像被強暴。「人們並不了解，被拿走聲音或人生故事，感覺非常類似『嫖客』完事走人。」小希接著說。「那種尷尬、不舒服的噁心感讓你起雞皮疙瘩。」

聽了這一番話後，我突然明白爲什麼這麼多倖存者會有這些心聲。

我告訴小希：「你不必參與其中。我可以把你的部分拿掉，如果你現在心境已經不同，我甚至不必使用當初的問卷回覆。」

她表示：「沒關係，你可以用。已經發生的事就發生了，過去無法改變。」

我說：「對，但你不必一直重述。」

「你可以用。」她再度強調，並同意確認我寫的內容。

和她通話結束後，我突然有了一個想法。那些年，我先是在《多倫多太陽報》、然後在CTV寫過關於她的文章，用的是近十四年前我們第一次見面時她挑選的假名。當時警探的電腦螢幕上顯示著一些嫖客發布在網路上的小姐評價。談話接近尾聲時，我問她想要我怎麼稱呼她，她看向電腦，選了她第一個看到的名字。

「還有一個問題。」我在手機上輸入。「你想要我繼續用那個假名稱呼你嗎？還是要換一個？」

她在三個多小時後捎來了回覆。

「不，我要換。」她寫道。「改用『小希』吧。『希望』的『希』。」

12

知情意圖

Informed Intentions

在不會令你不舒服的情況下，請寫下你認為與上述回答相關的案件細節。

「我當時還是個孩子，我很感激媒體報導了我的案件。這幫助我面對發生在我身上的事。如果媒體沒有這麼做，我一點機會也沒有。這個祕密會永遠被埋藏起來。」

——唐納・邦德，問卷內容，二〇二〇年十一月二十二日

身後的牆上掛著一顆心形裝飾品，這位肩膀寬闊、帶點鬍渣的年輕男子僵硬地坐著，低頭凝視鏡頭。他正在傾聽一位多倫多記者的提問，剛才他透露自己就是那位在打國家冰球聯盟（NHL）時被影片教練（video coach）性虐待的無名氏。不過，該男子指出，獨立調查機構前一天發布的報告透露的細節多到足以讓人們「推敲出」他的身分。[210]

我不關注運動賽事，但我關注創傷。因此，當有人在X社群上發布了一名曲棍球員含淚對性侵害受害者表達協助的連結時，我做好心理準備並點開它。

從直播採訪的一開始就可以清楚看得出來，受訪者和採訪者之間有一段過往，而且彼此尊重。記者感謝倖存者與「我們」談論此事（因爲，當然了，倖存者談話的對象不僅僅是記者，還有攝影棚裡的每個人，以及未來將看到這段影片的無數觀眾。）這位記者表示，調查報告的發布是「意義重大的一天，也是眞相大白的一天」。

認可、證實。我心想。

他請倖存者跟我們聊聊，他在觀看律師宣讀調查結果時的感受。

在回答問題之前，倖存者還有一些話要說。「謝謝你邀我受訪……謝謝你自從這件事曝光以來所做的一切。若是沒有你和你的報導，我們今天就不會在這裡，所以我想先謝謝你。」

他向記者講述當天經歷的所有情緒，他又哭又笑，笑完又哭了。他談起他的女朋友，他的支柱，以及獲得解脫和平反的心情。「因爲很多事情被公開，很多人接受採訪，我真的覺得在媒體上有很多謊言。昨天一切水落石出，對我來說無比特別和重要。」

也許有人不知道受訪者的近況（像我），因此記者請他告訴我們，他現在在哪裡打曲棍球。這是開啓對話的安全話題，談論他在海外效力的球隊，他說他在這支球隊感到安全、被接納。記者隨後表示，希望他回過頭依照時間順序講述這個故事。記者指出：「有各個年齡層的觀眾正在觀看我們的影片，所以最好避免寫實的細節。」這句話讓我覺得有點奇怪，爲什麼不能僅僅爲了倖存者而避免寫實的細節？但我很慶幸記者已經決定這場採訪不會往那個方向走，而倖存者也知道這一點。

倖存者談到他被選入NHL球隊時有多興奮，這對他和他的家人來說是「極其特別的一刻」。然而他說：「不幸的是，幾個星期後，那些回憶蒙上了陰影，我的人生從此變調。」

這裡是記者可以詢問有關受虐情況的切入點，很多記者一定都會這麼做，但這位記者說：「從虐待發生的那一刻起，我無法想像接下來的日子會是什麼樣子。」然後倖存者告訴了他：那些日子很可怕、很黑暗、很孤獨。記者緩緩進行長達二十六分鐘的採訪，讓倖存者隨心所欲地暢談，他的聲音始終在顫抖，但他盡力保持鎮定。記者有時會不小心打斷他（對許多遠端採訪來說，這是一個不幸的現實，採訪者和受訪者可能無法看到對方）但馬上道歉並請他繼續說下去。

記者問他，爲什麼選擇現在出面？爲什麼公開名字？爲什麼在電視上受訪？

「我過去一直是倖存者，**現在**也是，而且我知道我並不孤單。」他回答。「我知道我不是唯一一個，無論是男性還是女性。這件事我埋藏了十年、十一年，我從裡到外都被摧毀。我希望體育界乃至全世界的每個人都知道，你並不孤單，如果這些事發生在你身上，你必須大聲說出來。」你可以得到幫助。

倖存者感謝那些挺身而出證實他所言不假的人，以及過去十一年來所有支持他的人。「爲了進行調查和訴訟，我必須重回過去，挖掘那些記憶，一遍又一遍地講述我的故事，這並不容易。」他重述故事時說道。「這是我經歷過最艱難的事情，但同時我也意識到，我跨出了療傷的一大步。」

他回想起他在谷歌上搜尋施虐者的名字，發現對方後來又傷害了另一名在別的州打曲棍球的青少年。現在正在受訪的這一位倖存者，其實在事發之後有試圖說出自己被虐待的事實，只不過他的聲音遭到忽視，而記者卻在此時此刻說：「我很好奇，如果那位球員正在觀看，你會想傳達什麼訊息給他？」倖存者不再鎭定，情緒潰堤，他用手摀住臉，全身發抖，開始啜泣。

「對不起，對不起，我沒能多做什麼來保護他，預防這件事再度發生。」我們此刻看不到記者，但他的麥克風是開著的，可以聽到他長長嘆了一口氣。我很想穿過螢幕告訴倖存者：「不不不，**這不是你的錯**。」但直播採訪很棘手，而記者讓倖存者繼續說下去：「但我也想對他說謝謝。」因爲當倖存者得知施虐者重施故技時，「這給了我採取行動的力量和急迫感，我不想再看到這種事發生在任何人身上。所以對不起，也謝謝你。」我聽到記者吸鼻子。「我希望在未來的某個時刻，如果他願意的話，我很樂意和他見面。因爲不幸的是，我們有一些共同點，而這些共同點將成爲我們下半輩子的一部分。」鏡頭回到記者身上，記者開始說話，記者繼續採訪，記者的聲音在顫抖，記者擦了擦眼睛。

在這場採訪播出後的兩個星期中，我一直很糾結。我的第一個反應是讚賞這位記者以同情心處理對話，沒有詢問事發經過，並提供倖存者發聲和選擇的管道，讓他在康復之路邁出下一步。但有兩件事困擾著我。首先，爲了顧及在家收看節目的年輕觀衆，他們沒有提及虐待的內容。也許採訪者和受訪者已經在鏡頭外講好，爲了保護倖存者，不會討論虐待事件，但播出時給的理由並不正確。其實，也不一定要給理由。

再來，每當廣電媒體提及這場採訪時，最常播放的片段就是倖存者崩潰並向後來受虐的青少年道歉。我很少聽到播報員在播放該片段之前或之後指出，這名倖存者受虐不是他的錯，後來那名青少年受虐也不是他的錯。我一直在思考，這場採訪是不是能以不同的方式進行，以避免讓倖存者處必須回答問題的處境，且該問題顯然在追究責任歸屬。

兩個星期後，我用Zoom和法拉．卡漢見面，才知道這場採訪也困擾著她。不過，她和我不同，這位性別正義提倡者認爲記者的作法有不妥之處。

「倖存者老是爲施虐者的罪孽負起責任。」法拉說。「他們被期待要去保護其他人。因此，當他們檢舉時，身上的責任就是不得不檢舉，因爲如果你不檢舉，他們（施虐者）就會再犯。唉，那不是你的責任。實際上是社區的責任。」她質疑記者在採訪前爲倖存者做了哪些準備。

但我還是很糾結。因爲我看得出來記者在訪談中眞情流露，我告訴法拉，我不敢相信他是從責任歸屬的角度問這個問題的，但就在採訪中的那一刻，當倖存者開始向另一位倖存者道歉時，我很想對電視另一端的他大叫：「停下來！這不是你的錯！別說了！這個問題不是這個意思。」

「這就是我一直在強調的。」法拉說。「新聞誠信的觀念以及記者時時刻刻必須……」她把身體往後靠，用肢體語言表示**要保持距離**。「你本身的誠信和你尊重倖存者的誠信何時會相互牴觸？」

「那要怎麼……他不應該問那個問題嗎？」我說。「他要怎麼……」

法拉清楚地知道記者可以如何開啓這個話題。

「我會說：『**我們知道這起暴力事件的責任在於行凶者，而不是你。**』然後再說：『**知道他又去傷害別人，這對你有什麼影響？**』」

就這樣，法拉讓我豁然開朗。「對。」我輕聲說，然後點點頭。

「問題就是要**這樣**問。」法拉說。

「因爲這顯示出**你**才是事件的受害者。」我說。

「沒錯！」她表示。

「你不是行凶者。」我說。

「事實就是如此。」她說。

但我還是故意唱反調。我告訴法拉，我認爲這位記者只是被誤導了。要知道，他以前是駐外記者，現在是體育記者。

「不不不。」她搖搖頭說。

「你不這麼認爲？」

「不。我們不能說他被誤導了。不行。」她表示。「他身邊有資源。他有拿薪水。他不是志工，也不是學生。他是成年人，有工作團隊。他是專業人士。」

如果他不知道如何進行創傷知情採訪，如果他的工作團隊不知道如何進行創傷知情採訪，那麼他們應該打電話向專家請益，法拉直言。

這番話讓我想起最近與蜜雪兒．安德森的對話，她是人口販賣倖存者的提倡者。蜜雪兒告訴我，記者在採訪倖存者前需要了解創傷。我對蜜雪兒說：「光是有良好意圖是不夠的。」她回我：「還必須是知情意圖。」

法拉繼續說。「你有責任。」她表示，你有責任執行創傷知情，或向創傷知情的人尋求指導。

我深感責任重大。

站在多倫多市中心舊市政廳法院的臺階上，我問唐納．邦德，他在幾歲的時候遇到施虐者。「十一歲。」他回答。我問他現在幾歲，他回：「五十一歲。」[211] 唐納（熟稔之後，我叫他唐尼）是這個寒冷冬日出現在法院的衆多人之一。他和其他十七名男子在小時候遭到一名助教、教練以及多年來在媒體上最廣爲人知的楓葉園（Maple Leaf Gardens）接待員性侵害。這只是法庭審理的最新一批指控，最新一輪的倖存者述說他們的故事。

此案中的每一名受害者都意識到媒體的存在。他們多數（如果不是全部）主動報案，至少有一部分原因是因為媒體，他們在新聞上看到施虐者被捕的報導，決定是時候站出來。唐尼默默承受了近四十年的痛苦，他的人生走上了和其他聚集在法院臺階上的男子一樣的道路。他們許多人酗酒、吸毒、人際關係失敗，覺得一切都是自己的錯而感到羞恥和內疚。今天是他們的聲音被傾聽的日子，每個人都站在施虐者面前，宣讀受害者影響陳述。他們所說的話本來應該被視爲量刑的參考，但我們知道，施虐者在監獄裡度過的時間與這些人多年來遭受的痛苦根本不能比。儘管如此，他們還是希望自己的聲音被聽見，不管是在法庭內，還是在外面的臺階上，即使他們的臉孔和姓名沒有曝光；除了少數人，而唐尼．邦德是其中之一。

接下來許多年，我會多次遇到同樣的倖存者，因爲他們的施虐者被逮捕、釋放、審判、判刑然後不斷重複，一個又一個的法院案件，一波又一波的受害者變成了倖存者，並下定決心療癒傷痛。

在我的研究計畫中，唐尼是極少數對媒體毫無負面評論的倖存者之一。事實上，他寫道，在經歷了幾十年的痛苦後，他看到他的施虐者被逮捕的媒體報導，才有了力量站出來。要是沒有看到其他倖存者挺身而出的新聞，他可能會一輩子在沉默中受苦，不知道哪一天才能透過法庭追究責任。

唐尼很高興他的案件發布了新聞稿（因爲能「把消息傳遞給其他受害者」），此外他也寫道，他在法庭上遇到的記者一直都很友善。媒體報導「傳遞消息給所有遭到性侵害的男性受害者，讓他們知道他們可以站出來檢舉施虐者。」他很慶幸記者能有同理心，體會他的痛苦，並告訴他，他並不孤單，這件事也發生在其他人身上，而他們有勇氣站出來。「我從我居住的社區得到了很多協助。朋友、親戚、媒體代表和受害者服務機構都幫了很多忙。我不再把這個祕密藏在心底。」

這麼多年過去，我想起唐尼的經驗，也想起小希的遭遇。他們都受害多年。他們當年都只是孩子。但唐尼在與媒體互動後感覺良好；小希卻覺得自己被遺忘。我思索其中的差異。對唐尼來說，自從受虐以來，已經過了幾十年；我在小希逃離魔掌後沒幾個月就見到了她。唐尼經歷了多年的復原過程；小希才正要開始。當唐尼被要求講述並重述他的故事時，他處於健康的狀態；小希還沒有機會療傷，因爲她在報導中被提起，被遺忘，再度被提起，然後又被遺忘，每次她的案件在新聞周期中達到頂峰，隨即被掃入陰影底下。她的創傷在太多地方被重述太多次了。

貝塞爾．范德寇醫師在《心靈的傷，身體會記住》一書中寫道：「如果創傷元素一次又一次地重演，隨之而來的壓力荷爾蒙就會將這些記憶深深地銘刻在腦海中。」[212]

有時，那些創傷元素會一次又一次地重演，根本不管受創傷的人。

即時新聞的片頭音效逐漸加快節奏，一個低沉、空洞的聲音說：「這是CNN即時新聞。」接著鏡頭轉到主播臺後方的資深記者，她眉頭深鎖，表情凝重。主播在CNN華盛頓攝影棚說：「俄亥俄州斯托本維爾兩名明星高中橄欖球員因強暴一名西維吉尼亞州少女而被判有罪。這起案件引起了全國關注。法官不久前才剛做出裁決。」[213]播放完法官宣布判決的片段後，主播把鏡頭交給人在俄亥俄州法院外的同事，同時說道：「我剛剛才在直播中看到這個畫面，無法想像坐在法庭上的人會有多麼激動。」她的同事把話接下去。

「我從來沒有經歷過這樣的事情。」記者說，「即使對我這樣的局外人來說，眼睜睜看到這兩個前途無量的年輕人、明星橄欖球員、非常優秀的學生發生這樣的事，也是相當令人激動和不勝唏噓，他們認爲自己的人生已經分崩離析。」記者補充說明，其中一名年輕人倒在律師的懷裡，對他說：「我的人生完蛋了。沒有人會想要我了。」

沒有提到倖存者。

記者重述了罪行：兩名被告被判強暴罪，其中一人還拍攝受害者裸照。接著播放兩名強暴犯在法庭上道歉的片段。其中一人說：「我想真心誠意地跟『倖存者』、她的家人、我的家人和社區道歉。任何照片都不應該被傳播，更不用說被拍攝了。」**沒有為強暴道歉**。另一人說：「我想跟大家道歉。我無意做那樣的事情。很抱歉讓你們經歷這一切。」他崩潰了，鏡頭停留在律師拍拍他的背、安慰他的畫面片刻，然後回到記者身上，她表示自己坐在距離被告約三英尺（約一公尺）的地方，他在法庭上的陳述「不忍卒睹」。

還是沒有提到倖存者。

鏡頭再度回到棚內主播，她和一位人在紐約攝影棚的法律分析師連線。「十六歲的少年在法庭上泣不成聲。」主播說。「不管他們是多厲害的橄欖球員，聽起來還是像十六歲的孩子，另一名十七歲，受害者十六歲。重點是，他們可能被拘役至二十一歲，之後有機會獲得刑期減免。不過，被少年法庭判強暴罪，對這兩個年輕人會有什麼長遠的影響？」

沒有人問這對倖存者會有什麼長遠的影響。

法律分析師廣泛地談論了裁決宣判時法庭上會出現的情緒。「總是會有那樣的時刻，生命被摧毀。」他說。「而犯罪行爲已經摧毀了生命，我們有機會看到這一點。」**但沒有機會馬上看到**。「就現在發生的事情而言，這兩個年輕人最嚴重的狀況就是被貼上登記在案的性犯罪者標籤。現在，俄亥俄州法律給他們貼上了這個標籤。」**倖存者也有自己的標籤**。「這將困擾他們一輩子。雇主在做背景查核時，會發現他們是登記在案的性犯罪者。當他們搬到一個新社區時，如果有人上網看到這些資訊，鄰居就會知道他們是登記在案的性犯罪者。這確實會產生長遠的影響，比去青少年監獄待個一兩年更難以洗清。」

近十年後，我想知道這對倖存者有什麼長遠的影響。

這個片段很快就受到強烈抨擊。全國各地的新聞編輯室和部落客都痛斥CNN對判決的報導。一份線上請願書呼籲CNN「爲同情斯托本維爾強暴犯」道歉，獲得了超過二十九萬份數位簽名。[214] 但不及格的媒體報導早在判決結果出爐前就出現了。

這名昏迷不醒的十六歲少女從一個派對被拖到另一個派對，一路上多次遭到侵害。研究人員蘿絲瑪麗・彭寧頓（Rosemary Pennington）和潔西卡・伯蒂塞爾（Jessica Birthisel）指出：「每一個階段的侵害幾乎都遭到強暴犯和目擊者透過行動裝置拍照、錄影或以其他方式轉發。」[215] 研究人員分析了近九十篇有關該案的全國文章後，認爲記者「似乎更有興趣討論性侵害的證據如何透過科技和社群媒體傳播，而不是去探討導致性侵害的潛在權力結構和文化現實。」事實上，研究人員發現，「斯托本維爾事件的更大教訓似乎是過濾在社群媒體上的過度分享，而不是抑制性侵害某人的衝動（或者當你看到別人遭受傷害時選擇挺身而出）」。

研究人員寫道，「十六歲少女被強暴無足輕重，不過是側面故事而已。」有更大一部分的敘事把焦點放在科技。「在媒體報導中，這名十六歲少女的案件核心人物沒有被提到名字是可以理解的：然而，她在很多方面都被忽視了，沒有人報導她在法庭上的態度或對判決的反應，看不到她或她的代理人所發表的聲明，關於她的實際證詞所占的篇幅少得可憐。」

研究人員亦關注此案如何「震驚」斯托本維爾，他們發現「記者未能凸顯性侵害在美國有多普遍，而是將其描述爲俄亥俄州邊緣一個『令人震驚』但單一的事件。」大多數試圖將此案帶到強暴文化來討論的文章都是觀點社論，「這表示去正視『性和強暴的系統問題』只是一個觀點，而非事實。」

研究人員推測，記者會想了解「橄欖球明日之星爲什麼犯下這樣的罪行，以及這對斯托本維爾鎮本身帶來什麼衝擊」，似乎是受到「強暴犯通常是『怪獸』的陌生人強暴迷思」影響。**加害者對倖存者來說並不是陌生人，事實上，他們是橄欖球明星！到底出了什麼問題？**記者容易聚焦在攻擊的技術層面，而非攻擊本身。

西維吉尼亞州《查爾斯頓憲郵報》（*Charleston Gazette*）一名記者在判決出爐一個月後，針對此案引起的廣泛關注寫道：「毫無疑問，此案引起廣泛關注的一個原因是這個情況可能發生在美國任何社區。」[216]

但問題是，這個情況可能已經發生在美國任何社區，因爲它的核心是一名少女被兩名她認識的男孩侵害。大多數的強暴案都是倖存者認識的人所爲。[217] 但這起案件有很多轉移注意力的話題，就和很多性暴力的故事一樣（**橄欖球明星……喝到掛的夜晚……社群媒體**）媒體似乎被眼前的熱門話題沖昏了頭，而沒有去問：**這對倖存者有什麼影響？這個情況到底有多常見？以及我們如何阻止它再度發生？**

反思此案的《查爾斯頓憲郵報》記者有機會回答這些問題，但他沒有這麼做，而是花了很大的篇幅描述他採訪一名當地教會主任牧師的內容，對方延續了最常見的強暴迷思之一，也就是受害者也應該受到譴責。「當然，這兩名年輕人的行爲不可原諒，他們必須負起責任，法律也這麼要求。」文章引用他的話說，「不過，從年輕女性的角度來看，不應該讓自己陷入那種境地，喝到不省人事、失去控制。如果我沒辦法思考，就會被人家利用。我們必須控制自己的行爲，盡量避免類似情況發生。」

我想到性暴力倖存者的問卷回覆，他們思索了媒體對自己案件的報導。倖存者妮可・泰勒（Nicole Taylor）寫道：「有人說女性不應該單獨跑步或戴著耳機跑步，這樣才能對周遭發生的事保持警覺。我明明在大白天的繁忙道路上跑步，卻覺得被襲擊好像是我的錯！」記者雖然報導了妮可的案件，但沒有聯繫她、問她的看法。「這讓我覺得我無法控制什麼內容會被報導。」她寫道，當中包括被稱呼「**受害者**」而不是「**倖存者**」。

當被問及她對記者有什麼建議時，人口販賣和性侵害倖存者奧莉薇亞在問卷中回答：「注意你用來形容被販賣者的詞彙以及視覺描繪。媒體似乎有辦法讓被販賣者看起來好像發生在他們身上的事情是可以避免的。但必須承擔責任的是人口販子。」

而有時，媒體也必須承擔責任。

在二〇二一年七月的某一天，一名有權有勢的好萊塢大亨因多項強暴指控首次於洛杉磯出庭。數十名指控者之一，露易絲．戈德堡（Louise Godbold）現身當地電視新聞臺上討論此案。[218] 露易絲同時也是Echo的執行董事，該組織爲創傷倖存者提供協助，並爲其他組織規劃創傷與韌性訓練課程。

洛杉磯福克斯新聞十一臺（Fox 11）訪問露易絲的兩位主播（一男一女）看起來很和善、富有同情心，就是採訪創傷倖存者的記者該有的樣子。男主播開口：「非常感謝你願意受訪。謝謝你有勇氣把事情說出來。」接著，他問露易絲，她看到施虐者出庭有什麼感想。露易絲回答，在某種程度上，她很高興他來到洛杉磯，面對他的罪行。「對許多人，包含我來說，這裡是犯罪現場」。

女主播先是提到「辯護律師表示沒有證據」，然後試圖引導露易絲談論她所遭受的虐待。

「你認識他的時候是實習生，希望能得到實習機會對嗎？」

露易絲沒有上當。

「對，當然那些都是很久以前發生的事了，我已經描述過非常多遍。」她說。「我們可以從中看到一種模式，在沒有互相商量的情況下，我們之中有一百多人告訴親人發生了什麼事，就算沒有法醫證據，看看對他不利的歷史證據占了多少分量，單憑這一點，就足以定罪。」

男主播把她剛才沒接的話接了下去。

「你的一部分經歷是他抓住你的手，放在他的胯下、浴袍上，還有很多像這樣的細節，這也和其他人說的類似。」他低頭看了一眼他的紙。「你希望怎麼討回公道？」

露易絲談到訴訟時效，表示她無法爲一九九一年發生在自己身上的事討回公道，但補充說，她認識許多其他倖存者，她很高興她們能夠在法庭上對付他。

再度換女主播說話。

「正如你所說的，你寫出了自己的故事，你當初被誘騙到飯店，他要求你幫他按摩，然後對你下手。當你在法庭上看到他，再度聽到聽證會的內容，是不是又想起了之前的創傷？而你是創傷專家，從以前就是。」

「沒錯。」男主播說。「你對其他正在處理創傷的人有什麼建議？」

露易絲說了以下這段話。

首先，媒體最好不要一直重複細節。我了解你們想帶出我的故事背景。但問題就在這，這些都是非常私人的細節，不是會在派對上隨便跟人家分享的。你通常只會跟醫師或親近的人分享這些細節。更別說在公開播出的節目上有多令人難堪。至於創傷的部分……昨天醒來看到新聞上到處都是他的臉孔，這令人很不舒服。你感覺到神經系統做出反應，腎上腺素和皮質醇在身體流動。這其實是非常有害的。要是一再反覆發生，就會導致身體出現各種疾病。所以我們不希望不斷提醒人們那些受害的細節。我們真正想做的是不斷提醒人們，像這個施虐者這樣有財富和權勢的人，做了這些霸凌和虐待行為卻逍遙法外，我們要傳達一個訊息：時間到了，你不能再逃之夭夭。這些被壓迫、被噤聲的小人物終究要來追究他的責任。

女主播感謝露易絲「爲我們上了一課」，並爲「提到過於具體的資訊」而道歉。她解釋說，因爲露易絲寫過這個主題，又是創傷專家，所以考量到辯護律師表示沒有證據，她以爲露易絲會比較願意談細節。「我想謝謝你幫助我們了解創傷產生影響的方式，我們未來一定會更加謹慎。」

隨後，露易絲在X社群上貼出這場採訪的連結，並稱讚兩位主播「承擔了可能不是由他們所做的決定」。[219]當我再次觀看這場採訪時，注意到他們脫口而出有關她被侵害的細節，好像突然脫稿演出，想要榨出更淫穢的內情；彷彿正在透過耳機接受指導一樣。**實習生……胯下……浴袍**。

如果兩位主播讀過露易絲兩年前爲《太平洋標準》（*Pacific Standard*）雜誌撰寫的「不造成傷害：採訪創傷倖存者的媒體行爲準則」專題文章，就不會等到這次才學到教訓。當露易絲寫下這篇文章時，距離她透露自己是倖存者已經過了近兩年。

「揭發名人施虐的後果之一就是引起媒體關注。」她寫道。[220]「那些聲稱幫助我們『把故事說出去』的人，最終往往讓我們再度感受到最初的創傷所帶來的剝削感和無力感。」

她提到她有一次爲紀錄片接受專訪，在鏡頭前待了三個半小時。「一如往常，我的專訪被剪到只剩十五秒，僅僅留下施虐者試圖撫摸的身體部位描述。」

「講述和重述我們的故事是有代價的。」露易絲寫到了神經系統的活化，她目睹一名倖存者在重述故事時，再次經歷被侵害的過程，她引用了精神科醫師茱蒂絲．赫曼的話（我在前面的章節也引用過這位醫師的論點）：「創傷剝奪了受害者的權力感和控制感；復原的指導原則是恢復倖存者的權力和控制。」[221]

在接受福克斯新聞十一臺採訪的兩年前，露易絲思考了赫曼醫生的這番話，寫道：「看到創傷復原這一基本層面被愚昧無知或墨守成規的媒體忽略，我感到憤怒和痛苦。」

在接受福克斯新聞十一臺採訪的四個月後，露易絲在與我的電子郵件交流中詳細闡述了這些觀點。「經常被引導去談論受虐細節，就像我上次受訪那樣，會導致神經系統長期被活化，造成潛在傷害，而這只不過是倖存者在採訪中失去權力和控制的一個層面。」她告訴我。[222]

舉例來說，正如那場採訪所凸顯的，問題不只在於被迫描述慘痛細節所帶來的情緒影響，還有我對案件、證據和施虐者罪行的有力論述全都被拋在一邊，取而代之的是重口味的性侵害情節。這種框架讓我失去權力和控制，無法向大眾表達自我。我是創傷專家、非營利組織領導者、聰明成熟的女性和出色的演講者。但他們只想呈現當年那個飽受驚嚇的二十八歲實習生，她錯誤地相信與一名業界領袖開商務會議是安全的。

雖然我無法體會在一個備受矚目的性侵害案件中成為代表人物是什麼感覺，但露易絲的話讓我深深產生共鳴，而且隨著我繼續往下讀，愈來愈能感同身受。「如果你接受採訪，準備好要分享專業見解，卻被問及最私人、最痛苦的過往，我相信你一定也會有同感。」她寫道。肯定是如此。事實上，近幾個月來，我經歷過好幾次一模一樣的狀況（其中兩次發生在這次電郵件交流的前一週），我受邀談論我的研究，關於創傷對記者產生的影響，卻被要求重述我自己的故事。有時沒關係，但有時狀況不好，感覺真的很糟。

「我沒有愚蠢到認為福克斯新聞臺對我的創傷專業知識感興趣，他們只是想讓具代表性的性醜聞受害者在節目上露臉，但這仍是一個屈辱的經驗，任何倖存者都不應該有這樣的經驗。」露易絲繼續說。「我們是倖存者，但也是姊妹、母親、女兒、社區成員、專業人士，我們的價值不只是在二十四小時的新聞週期中充當犧牲品。」

回顧我自己的職業生涯，我並沒有刻意**忽視**倖存者恢復力量和控制的基本需求。事實上，它從來沒有進入我的眼角餘光。至少不是我想的那樣。沒有人告訴我，提到某人被侵害的細節可能會剝奪對方的權力感和控制感。當我重讀自己寫下的文字時，我同意這聽起來很荒謬，尤其是現在我已經親身經歷過，但過去在我的心中，我讓對方講述自己的故事，就是在給予他們權力和控制了。我正在**賦能**（empowering）他們。

我沒有考慮到，我有責任保護倖存者免於進一步的傷害。由於記者很少採訪活著的倖存者（而不是某人被殺後倖存的家屬），所以我認爲我們沒有考慮到，受訪者實際上親身經歷了暴力行爲，而去談論這些暴力行爲可能會讓他們一遍又一遍地重新經歷。我把這個想法告訴露易絲，記者在採訪性暴力倖存者時，往往會忘記他們面對的是直接受害者，我們習慣與間接的對象談話，像是凶殺案調查員、目擊者、倖存的家屬。「你說得沒錯。」她回應，「記者正在報導一個故事，但由於故事的焦點通常在於肇事者（除非受害者也剛好具有高知名度），我可以理解爲什麼我們很容易被視爲『目擊者』而不是『受害者』。現在我覺得比較說得通了。」

就這樣，露易絲讓我在一個我從未考慮過的層面上理解了自己的觀點。我們並不是將性暴力倖存者視爲間接受害者，而是將他們視爲目擊者。

我記得一名新聞編輯室主管總是對我或另一位正在報導性暴力議題的記者說：「我們需要受害者。我們不能講沒有受害者的故事。」受害者，那是另一種聲音，具有獨特受害者視角的人。不管採訪對他們會產生什麼影響。不管引導他們走下去的路有多危險，尤其是當報導趕著要推出的時候。

「我不認爲大多數的媒體專業人士一早起來就想傷害別人。」露易絲在《太平洋標準》的文章中寫道。[223]「他們只是想做好工作，如果能得到如何在過程中『不造成傷害』的明確指點，他們會很高興。」

噢，我多希望當初能得到指點。

露易絲在她的文章中爲記者設想的行爲準則「至少」包括以下幾點：得到倖存者持續的知情同意；爲記者和工作人員提供有關創傷如何對神經系統產生影響的訓練；爲倖存者提供相同的訓練；爲倖存者提供諮詢；確保倖存者在拍攝前可取得協助；以及讓倖存者參與剪輯、敘事和行銷決策。此外，露易絲提出了以下協助倖存者的建議：將採訪限制在一小時內；提供選擇，例如：坐下來的位置；提供休息時間；詢問倖存者在感覺到壓力時會做什麼來緩解，並鼓勵他們使用這些技巧；還有，如果倖存者「陷入焦躁、驚慌的狀態（過度激發，hyperarousal），或者相反地，發現他們出現退縮、情緒麻木（過低激發，hypoarousal）的反應，須馬上喊停！」

「對採訪者來說，要敞開心胸，想像與創傷倖存者合作進行報導，這是巨大的第一步。」露易絲表示。「我們受夠了那些採訪我們，但並不眞正傾聽我們的人，因爲他們認爲自己有說故事的專長就一定懂得比較多，連在創傷方面也是。」

重點來了，早在二〇一五年，法拉．卡漢和一小群研究人員就爲加拿大記者製作了一份性暴力報導指南。這份指南《使用正確字眼》（*Use the Right Words*）[224]列出了一長串該做和不該做的事。我無法一一詳述，有興趣的記者可以去查查看，這裡我給幾個例子：**不要**過度使用「據稱」，因爲它可能暗示對倖存者的懷疑；**不要**預設使用「受害者」，**應**使用受訪者偏好的詞彙，像是「倖存者」或「經歷過性侵害的人」；**不要**落入「悲劇受害者」的刻板印象或救援敘事。

當我第一次見到小希時，這本指南還不存在，但當我大量報導其他性暴力案件時，這本指南已經問世了。其他資源還包括達德新聞與創傷中心（Dart Center for Journalism & Trauma）[225]的建議表，它在我加入CTV後不久發布（在我開始報導人口販賣議題的幾年後）。問題是，我從來都不知道有這些資源。同事沒有告訴我。主管沒有告訴我。也許最糟糕的是，我從來沒有去找過這些資源，而我現在認爲自己身爲記者的個人責任就是不造成進一步傷害。雖然這聽起來很荒謬，但我過去不斷追趕截稿日期、對抗車陣，然後在多數人吃完晚飯並開始讓孩子上床睡覺後才回到家，我甚至沒有時間去思考，「**嗯，怎麼樣可以把報導做**

得更好」，更不用說去找資源這麼做了。從來都不是「**我要怎麼以有利於倖存者的方式完成報導，即使要花上好幾個星期的時間建立信任，並得到適當的知情同意**」而是「**我要怎麼完成報導？**」僅此而已。

我想起某次在多倫多警察總部舉行的記者會，一名性犯罪調查員呼籲民眾提供有關過去一起性侵害案件的資訊。記者會結束後，我問調查員，倖存者是否願意發言。我們快速地打了一通電話，又等了一會兒，接著倖存者用擴音器和我及其他幾位記者交談，我問她問題，她詳細描述受虐情況。那次採訪除了告訴自己**要有同情心**之外，我沒有任何眞正的想法或準備。

我想起我對小希和許多人口販賣倖存者所做的採訪，我聆聽他們的故事，引導他們描述受害情節，沒錯，我懷抱著同情心，但沒有眞正了解這些對話可能對倖存者在當下以及未來的歲月中產生什麼影響。曾經有倖存者坐在我面前，但我從來沒有想過要再三確認她沒事、可以繼續下去、不需要休息、改變心意或走出門外。我也從來沒有眞的問過他們：「**你還好嗎？這個故事對你有什麼影響？**」

法拉說：「就像發生性關係要取得同意一樣，這些對話也是。」她以美國計畫生育聯盟（Planned Parenthood）發明的縮寫「FRIES」來說明什麼是「同意」。[226]「它必須是自由給予的（freely given）、可逆的（reversible）、知情的（informed）、積極的（enthusiastic）、具體的

（specific）。」

你什麼時候見過記者在現場採訪中對情緒崩潰的受訪者說：「**如果你不想繼續，我們可以馬上喊停**。」

我問了法拉一個我之前問過蜜雪兒的問題。

「你認爲現在有任何方法，可以讓倖存者在媒體上分享他們的故事，而不會對他們造成傷害嗎？」

「沒有。」法拉回答。「不管怎麼樣都會帶來影響。」

「我說的可不是腳趾被砸碎這樣的事，而是有人對我的身體施加權力和控制，讓我的生活在心理、經濟、精神、情感和性方面產生長期影響。所以是的，它會影響我。」法拉說。「那就減少傷害吧。減少傷害。把減少傷害當成一個目標。創傷知情、減少傷害和暴力知情的報導一直都是我們強調的。如果能做到這三件事，那就已經進步了，對吧？如果再加入多元交織性（intersectionality），你談的就不只是順性別（Cisgender）白人女性了。我很期待看到。」

13

奇怪又孤獨的創傷

A Strange and Lonely Trauma

你在案件的媒體報導中，經歷過或看過什麼特別令你感到難受的事情嗎？

「一個不斷重複播放的手機錄影片段。裡面可以看到事發後死去的受害者以及驚慌的倖存者（我也在影片中）。」

——潔西卡・鮑爾，問卷內容，二〇二〇年十月二日潔西卡・鮑爾（Jessica Bauer）在部落格寫了六百八十八個字後，才提到她爲什麼要記錄**那天發生的事**。「我記得一整天都有不祥的預感。」她這麼起頭。[227]

「飛機起飛延誤……」

「我們抵達勞德岱堡的機場……」

「走到一號行李領取處的途中經過一間星巴克。我記了下來……」

「我們坐在最靠近輸送帶的椅子上。我用snapchat傳照片……」

「接下來這個部分我眞的不想寫。我的情緒太激動了。我強迫自己繼續寫，因爲我必須這麼做。這個部分才是我寫這篇文章的原因。來吧。」

這是她聽到三聲槍響的部分。比較像「**啪**」而不是「**砰**」。人們開始奔跑並趴在地上。

「我開始感覺到……我說不出那是什麼感覺，只知道是純粹的恐懼，我們右邊的男人開始大喊：『他回來了！**趴下！**』」潔西卡寫道。「完了。完了。我死定了。我知道。我死定了。我眞的要死了。」

然後一群警察從她身旁跑過去。每個人開始慢慢起身。潔西卡坐了起來。她看向左邊的男人。

「那個人就在我旁邊。我摸得到他。我想要去摸他。他在我們的行李前面，就在我們剛剛坐的地方。我想搖晃他，告訴他結束了，可以站起來了……但我知道。在我意識到之前，我就知道了。」

潔西卡陷入歇斯底里。她的丈夫試圖讓她把注意力集中在他身上，但她的眼睛一直盯著地上的男人。那個男人和他的鞋子，他的棕色鞋子。

「一個女人起身。她注意到這個男人並爬向他。她看到她的丈夫。這時她還可以平靜地說，**那是我的丈夫**，然後爬得更近。」接下來，女人意識到發生了什麼事，潔西卡不斷盼望，也許男人只是感到害怕，他會站起來的。「但她開始哭喊：『**那是我的丈夫！天啊，為什麼？！**』」她淚流不止。我沒辦法感覺或思考。我想伸手去安慰她，但我動彈不得。我僵掉了。我看到她抓住他，我看到他的鞋子，我哀求他移動他的腳並站起來。」

幾個小時過去了。在這幾個小時當中，潔西卡想著她死定了、然後與調查人員交談，她在她的手機、夾克和包包上聞到火藥味。接著，潔西卡和她的老公以及其他倖存者終於可以離開現場，被帶到一輛等待的巴士上，這時我們從她的日誌切換到她寄給我的電子郵件。她記得她當時還在哭，雙腿發軟，完全不想動。[228]

「我的丈夫用雙臂摟著我，一組新聞工作人員狂奔而來。」就和剛才在機場裡面狂奔的人一樣。「攝影機靠得很近，我可以感覺到燈和設備的熱度；(手持燈和攝影機上的燈，還有湊到她面前的麥克風）不過，我想他們知道我沒有心情說話，所以立即轉向我身後的人並開始採訪他們，接著下一組人馬做了類似的事，再下一組也是，直到我們快步走向巴士，移動到新的地點。」

潔西卡寫道，事後看來，她認為記者「**很想表現得體，但失敗了**」。她的評價可能手下留情了，因為直到槍擊事件發生前幾年，她都是媒體的一員。潔西卡曾是新聞內容專家，為網路撰寫新聞故事，並在幕後處理音訊、協助打光、製作圖表、指揮現場，並透過那些小小的耳機給記者和主播提示，記者在主播說話時，有時會用手指壓著耳機，對著鏡頭點頭。因為她有過去的經驗，所以知道記者和主播也是人，他們會受到自己報導的故事影響，會在新聞中場和節目結束後感到憤怒並哭泣。

「在我的電視臺，實地記者會咄咄逼人主要是製作人的關係。」潔西卡在電子郵件中寫道。「製作人一心想要讓自己的時段獲得最高的收視率、最好的報導，並盡可能得到所有資訊。他們會催促記者『去現場』，不要待在攝影棚。」

我可以體會離開攝影棚、到現場直播的需求。當我在電視臺工作時，每個晚上都預期會做現場直播，除非絕對必要，否則不會有預錄的內容。如果我要報導中午前結束的量刑聽證會，就會在晚上六點鐘跑到空蕩蕩、黑漆漆的法庭外進行現場報導。

「我覺得他們不應該直接拿攝影機對著我們。」潔西卡寫道。「他們一點都不『識相』，只想著『我要趕在其他記者之前採訪，提高收視率。』」

雖然我無法想像記者在奔向受創傷的人時會考慮收視率，但不可否認的是，這一行的競爭很激烈。隨著時間過去，競爭對我來說愈來愈不重要。我只想要寫出好的（深思熟慮的、準確的、完整的）報導。但正如我們所知，光是有良好的意圖並不夠。就算我想要寫出好的報導，也還是會奔向受創傷的人，在等待了好幾個小時終於有動靜之後，被「快、快、快」的催促聲推著走，並擔心錯過「好」故事。但也許，我們記者需要思考，什麼樣的報導才叫做好。

對潔西卡來說，有一些記者不該跨越的明確界線。

「我認爲記者不應該在沒有先徵詢同意的情況下，直接拿攝影機拍攝淚流滿面的人。他們正在做現場報導，所以不管我喜不喜歡，我餘悸猶存的模樣已經被播放出去。」

她不希望家人看到她這個樣子。

潔西卡寫道，當她回想起那一刻時，情緒變得很激動，所以只能繼續前進。

「記者需要接受訓練，或是了解人們不情願地處於他們從來不想陷入的境地，要是再讓他們不情願地站在鏡頭前，等於是在傷口上撒鹽。」

我有一個理論可以解釋，爲什麼像潔西卡這樣的人會受到如此對待。它超脫收視率和競爭，根植於一種非常基本的誤解。但首先，我聽過很多像潔西卡這樣的故事。太多了。我想要分享一些。

「我第一次接觸媒體的經驗帶給我很大的創傷。」瑞秋．莫里斯（Rachel Maurice）在問卷中寫道。事情發生在二〇〇一年三月的加州桑蒂。在那一天之前，十六歲的瑞秋從未與媒體有過任何接觸。那一天，她目睹一個男孩開槍射殺她面前的所有人，她在朋友斷氣前陪著他，然後被帶到高中校園外的家長會面區，這裡本來應該是一個安全的地方。「我記得看到一個男人拿著照相機對著我們。我當時嚇壞了，因爲我才剛剛在槍擊案中被槍指著，而這臺照相機在拍照時，看起來就像用槍指著我們。我覺得被侵犯、很害怕。」

瑞秋還在找她的媽媽，突然間，面前就出現了好幾支麥克風。**她有目睹槍擊嗎？她在學校裡面遇到什麼狀況？**「他們本來可以問我需不需要幫忙找家人，但沒有這麼做。」她寫道。

與此同時，瑞秋的媽媽一直在對街的家長會面區等待。由於瑞秋的教室距離槍擊地點非常近，所以她是最後撤離的學生之一。當她的母親看著學生一個接著一個跑出來時，她愈來愈擔心瑞秋不在裡面，而是中槍被送往醫院。隨著她的憂慮不斷加劇，記者把她團團圍住，不斷問她女兒的情況。「媽媽告訴我，那一天是她這輩子第一次體會到媒體只想搶新聞。」瑞秋在後續的電子郵件中告訴我。[229]

接下來幾天，記者在瑞秋家外面紮營，堵住了往返學校的街道。事發兩天後，學校就復課了，[230] 如果你看起來像是要去上學的學生，「媒體會問你能不能說幾句話」，瑞秋在問卷中寫道。「我嚇壞了，感覺被侵犯。我覺得他們侵害了我的隱私。我當時才十六歲，有一張舉起雙手被護送出校園的照片在電視上氾濫。同樣的照片也出現在頭版新聞上。」

在瑞秋看來，記者只對頭條新聞感興趣。「他們並不關心身爲倖存者的你，只在乎命案現場的血腥露骨細節。他們試圖讓你表現出更多的情感，如果你哭了或怕了，他們會很高興。」瑞秋寫道，其中一張被發布的照片，是她的朋友被白布蓋著。瑞秋可以看到他的鞋子。

艾瑞克．摩頓森（Eric Mortenson）是奧勒岡州春田市瑟斯頓高中（Thurston High School）槍擊案最早抵達現場的記者之一，他低頭看著他的筆記本，這也許是他三十七年新聞從業生涯中唯一保留的一本，他知道它的存在，但一直不敢打開來看。他唸出當天寫下的第一個句子：「把男孩和女孩拖到走廊上。」他的情緒溢於言表。[231]

「我朝著學校走去，還有幾十名或走或跑的家長，數百個孩子跑出來找爸爸媽媽。」艾瑞克在前報社的二十週年紀念影片中回憶道。「坦白說，我抵達時，看到這一幕，愣住了。整個人動彈不得。這太……重大了。太震撼了。我無法接受眼前的一切。」

艾瑞克瞥見一名臉色鐵青的電視記者在孩子們跑過的時候把麥克風湊到他們面前，「我突然醒了，告訴自己**你有工作要做**，新聞業就是這樣。你看到什麼、聽到什麼、發生了什麼。把它寫下來、報導出來。把最基本的事情做好。」

不過，唉，「最基本的事情」不知道造成了多少傷害。

妮可．伯卡爾（Nichole Burcal）的話語透露出一種截然不同的情緒，她是那一天從瑟斯頓高中被拖出來的學生之一。「到處都有人用閃光燈拍照，跑過來問發生了什麼事。」她在問卷中寫道。她感到困惑、不知所措、被迫開口說話。隔天，她登上了一家全國性報紙的頭版。「他們捕捉到很多歇斯底里的情緒。至今依然讓我感到焦慮和恐慌。」她寫道。每當大規模槍擊案發生時，她的創傷就會被觸發，當記者爭先恐後地報導細節時，她會看到歇斯底里和不知所措的情緒逐漸蔓延。「別再當禿鷹了。你要報導事實，而不是呈現歇斯底里的表情。」

週年紀念影片從艾瑞克的回憶跳到那一天的一段畫面，影片中的青少女面無表情，她的前方至少有兩支麥克風，她說：「對，我的男朋友今天被殺了。」她的男朋友是十七歲的高二生，很安靜，也很聰明。

艾瑞克在前報社的客座專欄詳細闡述了他的回憶。他寫道：「從那時起的每年春天，每一起慘無人道的槍擊案。我都會想起那種陰影和那些孩子，有人奪走他們的純眞，將其射殺。」[232]「那天早上我採訪了一名淚流滿面的學生，後來我才知道她的腿中彈了。她處於驚嚇狀態，沒有意識到自己受傷。」

顯然他也沒有。

「我不記得我什麼時候哭過。可能是幾天後吧。」

在這篇專欄中，艾瑞克提到，他最近聽到全國步槍協會（National Rifle Association）發言人聲稱媒體「很愛」大規模槍擊事件。

「當然，報導重大即時新聞事件，甚至是悲劇事件，都會讓人腎上腺素飆升。」他寫道。我能夠體會。「但當它褪去後，你會感到空虛和無助。」這我也能夠體會。

「我不想再報導校園槍擊案，幸運的是，我再也沒有報導過。」

但其他人還是會報導。

瑟斯頓事件發生後不到一年，距離二十小時的車程外，麥克風和攝影機湧入另一所學校——科倫拜高中（Columbine High School）。

學生們分成十人一組，排成縱隊，抓著彼此的皮帶環，被帶到科倫拜高中校園外。[233]從合唱團辦公室，走下樓梯，經過禮堂，穿過公共區域，然後爬上建築物的一側。「就和那些有名的照片一樣，所有孩子們爬上建築物的一側。」海瑟·馬汀在科羅拉多州的家中受訪時解釋道。接著，他們坐上休旅車，繞過克萊門公園，接下來幾天，這座公園將會有一座由花束、泰迪熊、紙條和絲帶裝飾的臨時紀念碑，幾年後，則會有一座永久紀念碑設立於此。到達皮爾斯街後，警察記錄他們的口供，接著他們再度坐上巴士前往利伍德小學（Leawood Elementary School），海瑟記得她在一張單子上簽名，被帶到體育館等候，只要自己的名字被叫到，就可以和父親團聚。

現在我們先暫停一下，想像那個團聚的場面。因爲在她離開學校前的**幾個小時**，十七歲的海瑟以爲自己死定了。她聽到槍聲，大部分是從圖書館裡傳來的，而她和許多人躲在同一條走廊上的合唱團辦公室。她等著槍聲朝她襲來。她把自己的名字寫在天花板上。她和其他學生談論這輩子無法做的事情，因爲他們就快死了。在某個時刻，海瑟用合唱團老師的電話打給家裡，告訴媽媽她被困在學校，不知道發生了什麼事，但一直聽到槍聲。然後她不得不掛斷，因爲有幾十個孩子和她一起躲在合唱團辦公室裡，而這是在人人都有手機的年代之前。海瑟表示，依照她父母的說法，在那通電話之後的某個時刻，一家新聞臺報導說學校裡的每個人都死了。透過我自己的研究，我無法判斷這是海瑟或她父母的模糊記憶，還是新聞臺簡短報導了沒有倖存者的錯誤資訊。無論是哪一個，我都不會感到驚訝。我們知道創傷如何影響大腦，也知道在那幾個小時裡，倖存者還沒有被釋放，大眾還不知道槍手已經身亡，電視直播資訊變化無常。

可以說，在某個時刻，海瑟的父母以爲她死了。然後他們團聚。然後還有這個。

海瑟繼續說道：「我第一次接觸媒體的經驗，是在走出利伍德小學時被媒體圍住的時候，他們把麥克風湊到我們面前問問題。」

這就是事情變得有點複雜的地方，因爲海瑟知道這類型的互動可能造成什麼傷害。二〇一二年科羅拉多州奧羅拉電影院槍擊案發生後，她和其他科倫拜倖存者成立了非營利組織「抵抗者計畫」(The Rebels Project)[234]，爲大規模暴力倖存者提供協助。海瑟聽過同樣故事，也一起翻白眼抱怨說：「**老天，媒體太糟糕了。**」但當她與父親團聚後接受媒體採訪時，以及在接下來的幾天裡，當她錯誤地告訴記者她在學校外面看到坦克時，她覺得自己被看到，她的創傷是真實的。

「每個人都希望自己的故事被聽到，並感到自己很重要。尤其是毫髮無傷的倖存者。」她說。「我不會說我爲此感到自豪或興奮，但我覺得我被注意到了，有人想聽我的故事，我的故事很重要。」

這在某種程度上讓我想到了我的理論。

自從瑞秋、海瑟和妮可親眼目睹了校園槍擊事件以來，美國發生了多起校園槍擊事件。《華盛頓郵報》的一項調查發現，美國至少一百六十四所中小學、超過十三萬五千名學生於在校期間暴露在槍枝暴力之下。235 這是自一九九九年科倫拜校園槍擊案以來，近二十年發生的事情。（《華盛頓郵報》的調查指出，這些數字並未包括數十起自殺、意外和課後攻擊事件，這些事件也導致學齡兒童遭受槍擊。）

雖然這些槍擊事件中的一小部分成爲了國際媒體的焦點，但其中有相當多槍擊事件至少會引起當地媒體的關注，甚至可能引起短期的全國關注。每當這些報導出現在新聞中時，就有數以萬計的美國人觀看，他們的創傷可能被觸發，更別說是更多像潔西卡．鮑爾這樣目睹校園外大規模暴力事件的人。

但問題就出在這，我的理論如下：除非被子彈擊中或親人喪命，否則大規模暴力事件中在場的當事者基本上不會被許多媒體視爲倖存者。

儘管隸屬於美國退伍軍人事務部的創傷後壓力症候群防治中心（National Center for

PTSD）估計，大規模槍擊事件的目擊者中有百分之二十八會罹患創傷後壓力症候群。[236] 從我聽到的故事來看，這個數字低得令人訝異。

瑟斯頓高中大規模槍擊案的倖存者妮可．伯卡爾在她的問卷中回憶道，一名記者在意識到她的男朋友毫髮無傷時對他說：「我們幹嘛跟你說話？」

「大家關注的焦點是喪命的人，這是可以理解的。」在賭城大道九十一號公路豐收音樂節（Route 91 Harvest Festival）槍擊案中倖存下來的安德烈．拉穆魯（André Lamoureux）寫道。「但倖存者繼續受苦，而且大多被遺忘。」

伊利諾伊州教師安潔拉．麥奎恩（Angela McQueen）於二〇一七年在學校食堂解除了一名槍手的武裝並制伏他，她在問卷中寫道：「我覺得有些人會認為，如果槍擊案發生時你不在現場，應該不會受到影響。一開始我甚至相信了這個鬼話，但當我開始聽到愈來愈多食堂外的人訴說故事，才了解他們經歷了什麼，他們也受到了很大的創傷。」

若是對創傷及其影響沒有基本的了解，這些人就會被媒體當成目擊者、故事的載體，而不是受害者或倖存者。

所以何不跑向他們？何不採訪他們？為什麼只報導一起大規模槍擊案，而完全忽視之前無數其他槍擊事件中倖存者的經歷呢？

海瑟結束當天酒保的工作，開車回家，當時她行駛於科羅拉多州的高速公路上，幾部緊急車輛從她身邊飛馳而過，警報鳴響。那是二〇一二年七月二十日的清晨，科倫拜事件已經過去十三年多了。

多年來，警報一直是海瑟的觸發因子。「**噢，天啊，發生了什麼事，發生了什麼事，發生了什麼事？**」她通常會這麼想。「**又來了。**」但那天晚上，當她開車穿過黑暗回家時，她告訴自己：「**海瑟，別慌。只不過是發生車禍。**」 237

隔天，她開車去高爾夫球俱樂部做第二份工作，從廣播節目中聽到：「奧羅拉電影院發生槍擊事件……」然後她就聽不下去了。海瑟關掉收音機，抓起「年輕歲月合唱團」（Green Day）CD，插入播放器。當她抵達高爾夫球俱樂部時，酒吧裡的電視正在播放新聞。酒保看到她走進來，馬上把電視關掉。

她在球場上推著啤酒車，聽著球手們針對剛剛發生的案件發表意見，像是「**如果我在場，我會……**」，沒經歷過大規模槍擊案的人有時會說這種話。

海瑟學會了不去看或聽任何慘劇的報導。

十一年前，她是一名餐廳服務生，在上班途中從廣播聽到九一一事件的消息。她覺得很幸運，那天沒有在路上撞死自己或別人，因爲她完全不記得自己是怎麼把車開到餐廳、又是怎麼走進去的。她只記得走進經理辦公室，過度換氣，然後躲在製冰機後面的地板上。

六年後，也就是二〇〇七年，朋友開始傳訊息給海瑟。「**別看新聞、別看新聞、別看新聞**。」她打開新聞。然後看到了維吉尼亞理工大學（Virginia Tech）槍手的宣言，其中提到了科倫拜。

「兩天後，我在洗澡時，突然覺得全身不對勁，有點刺痛，然後陷入極端的恐慌發作，虛弱不堪。」她告訴我。她不得不讓當時的男友替她請病假。她感到很難爲情。八年過去了，海瑟仍在掙扎。

但正是這樣，她學到了寶貴的一課：別看新聞、別聽新聞、別點新聞；千萬不要。

因此，雖然那一天她不得不聽高爾夫球手針對奧羅拉槍擊案發表意見，但她沒有去找任何影片來看。她不想看到歇斯底里的目擊者、燭光守夜，以及一定會冒出來的手機錄影影片。

即使成爲了大規模槍擊案倖存者的提倡者，海瑟還是沒有看。多年後，她不得不詢問一名桑迪胡克（Sandy Hook）小學槍擊案倖存者，槍手後來怎麼了。全世界都知道槍手在殺死那些孩子後自殺了。海瑟不知道，因爲她沒有看。

當被問及媒體對其他大規模暴力事件的報導是否引發了她的創傷時，瑞秋的回答反映了許多我在調查和訪談大規模暴力事件倖存者時聽到的共同點：「帶有槍聲或巨大爆炸聲的影片最令人不安，再來是槍手或行凶者的照片，還有人們臉上露出驚恐神情的悲傷照片。」

基本上，幾乎每個大規模暴力事件的報導中都存在這些元素。

不過，觸發因子並不是創傷被忽視或誤解的唯一後果。

「大規模暴力倖存者社群出現了一個引人注目的問題：受害者之間存在一種階級制度。」身爲心理健康專家和波士頓馬拉松爆炸案倖存者的艾咪．歐尼爾在一場對話中告訴我。238「誰重要，誰被正視，誰不重要，誰不被正視，誰最終出現在媒體上，誰最終出現在電視上，誰最終出現在馬克．華伯格（Mark Wahlberg）的電影中。」

倖存者意見分歧的地方是媒體在多大程度上創造了這些階級制度。有些人完全怪罪媒體只關注受傷的人或表現出激動情緒的人，而其他人則認爲，不能完全怪罪媒體，就算沒有媒體，這些有毒、有爭議的階級制度還是會形成，只不過可能沒那麼嚴重。

艾咪表示，階級制度破壞了作爲大規模暴力倖存者的唯一「好處」（如果可以這麼稱呼），也就是從這些可怕的事件中得到同儕協助。

「這是一種非常奇怪又孤獨的創傷經驗，這些隨機的陌生人是唯一眞正懂你的人。」她說。「你到世界任何一個地方，這些社群的大多數倖存者都會立刻接納你，甚至不會問你發生了什麼事、受傷的程度、是心理還是身體，或是兩者都有。雙方會有一種默契，許多受害者之間會立即產生革命情感。」艾咪指出，有時不同事件的倖存者之間形成的關係比同一事件的更牢固，因爲有利於某些倖存者的媒體報導，在同一事件的倖存者間造成了裂痕。

海瑟認爲，媒體的確可能在倖存者社群中製造裂痕，但也補充說，看似偏心的媒體報導所帶來的影響，會因憤怒和怨恨而變得更加複雜，這些情緒是哀傷過程中很正常的一部分。「你看到朋友出現在新聞上，而你的故事沒有被傾聽。」她說。「你的故事不夠好，你的故事不夠有說服力。」[239] 海瑟爲近年來一宗備受關注的大規模槍擊案倖存者提供協助，她注意到有不少人認爲：**「受訪的人並不能代表我們所有人。」**

「這是一種很有趣的關係。」艾咪告訴我。「因爲人們希望被正視而不是被遺忘，但又不想被剝削。」

還有一個問題是，毫髮無傷的倖存者遭受的痛苦不被媒體正視，這會造成什麼傷害？有沒有可能阻礙一些倖存者尋求心靈上的協助，從而加劇或延長他們的創傷？在我的研究中，有幾位參與者陳述了這樣的經驗。[240] 再來，如果一個事件的死亡人數很多，但隨後又被另一個死亡人數更多的事件所掩蓋，那麼創傷事件之間的階級制度會造成什麼傷害？在我的研究中，有幾位參與者表示，他們感覺到自己的創傷沒有像其他倖存者**那麼嚴重**，因爲突然之間，**最糟的**新狀況出現了。

二〇一七年發表在《犯罪與正義期刊》（*Journal of Crime & Justice*）上的一項研究顯示，大規模槍擊事件的受害者人數與報導數量之間存在相關性。研究人員發現：「槍擊事件的受害者愈多，報導的文章愈多、篇幅愈長。[241] 若將死亡和受傷的情況分開來看，此相關性依舊存在，每一類別有愈多受害者，報導占據的位置也愈顯著。這項發現呼應了『見到血，才能見頭條』的論調，因爲愈多暴力就會引起愈多媒體報導。」

另一項研究指出了媒體報導的差距，它檢視了各個大規模暴力事件的報導，包括科倫拜高中槍擊案，以及幾乎整整八年後的維吉尼亞理工大學校園槍擊案。研究人員發現，不僅槍手受到了遠遠超出受害者和倖存者的關注，而且在每起案件中，「只有少數受害者得到比較多的關注，而大多數受害者即使被報導，也只被提及一兩次。」[242]

我把媒體創造了受害者／倖存者階級制度的想法告訴了艾琳．葛林，她是拉斯維加斯大都會警察局受害者服務中心的主管。我們當時在談論二〇一七年十月一日拉斯維加斯一場音樂節上發生的大規模槍擊事件。「在這個案件的媒體報導中，你有注意到這樣的階級制度產生嗎？」我問她。

「當然有。」她在內華達州的家中接受電話採訪時說。243 有些倖存者被認爲更適合媒體報導，而另一些則因傷勢的嚴重程度而被追逐採訪。「說實在的，如果你把兩個受到同樣影響的家庭放在一起，其中一個準備好面對鏡頭，表現搶眼，就會成爲『媒體寵兒』。」

「對乏人聞問的另一個家庭來說，這會有什麼影響？」我問。

「他們會覺得自己沒有那麼有價值，他們的故事也沒有那麼重要。他們的創傷不一樣。」

在協助創傷倖存者近三十年後，艾琳能體會這種感覺。在那場大規模槍擊事件發生後，她和她的團隊幾乎是立刻就趕到現場，面對最初幾個小時的狂亂、困惑、歇斯底里以及數百個不知道親人是死是活的民眾。數百人死命逃生，不知道朋友或伴侶的下場。她回憶起面對如此前所未有的事件所產生的「強烈情緒」，不知道如何正確照顧自己以及她和許多同事所承受的情感傷害。而且，當拉斯維加斯最知名的餐廳之一決定爲警察、調度員以及所有在那個可怕夜晚到現場支援的人舉辦晚宴時，艾琳的員工打電話去預約，卻被告知：「噢，抱歉，僅限第一線應變人員。」那就是一種階級制度，而艾琳和她的團隊沒有被算進去。當媒體開始報導槍擊事件對第一線應變人員的影響時，艾琳和她的團隊一樣沒有被算進去。

因此，當有單位要提供所有第一線應變人員心理服務時，艾琳和她的團隊甚至懶得打電話。「因爲我們覺得自己不值得，好像可有可無。我們不被當成第一線應變人員。我們感到相當尷尬或不舒服。受害者被排除在外也是同樣感受。**我應該不需要治療，因為我的情況沒有其他人那麼嚴重。」**

佛州奧蘭多「脈衝」（Pulse）夜店槍擊案是當時美國歷史上最致命的大規模槍擊事件，隔年馬上被拉斯維加斯案取代，而四年多後，喬在問卷中表示，她不確定在目睹了可怕的畫面後，與媒體交談是否有助於康復。

當被問及沒有媒體聯繫或接觸，她做何感想時，她回答：「一開始，我很慶幸。現在大概也是。」喬尚未向父母出櫃，也還沒有準備好讓他們知道，當一名槍手在奧蘭多的LGBTQ2+社區大開殺戒時，她人就在那間夜店裡。「缺點是我獨自一人面對，直到一年多後才聽說有許多可以利用的資源。我覺得自己與社會脫節。有時我會想，如果把經歷公開，會不會對自己有幫助，但我也很確定，一旦事情傳開，也不會好過。」

喬的疑惑也讓我感到疑惑了。一定有一個快樂的媒介、一種正視這些倖存者是倖存者的方式，而不要求他們講述看到的、聽到的、感受到的經歷，去重溫最初那幾個小時、幾天的脆弱和恐懼。

「脈衝」槍擊案發生後那幾天，喬孤立無援。她還沒有機會消化自己所經歷的事情，就在新聞上看到了激烈的畫面。「那些畫面讓我迷失方向，我覺得無法呼吸。」她寫道。由於喬還沒有準備好讓父母知道她當時在場，所以在和家人一起看這些新聞報導時，她把自己的情緒隱藏了起來。接著是社群媒體，以及在夜店內拍攝的Snapchat影片，一位熟人在她面前播放，也沒有意識到喬是倖存者。

和海瑟一樣，喬的創傷會被緊急車輛的閃爍燈光和鳴響警報觸發。她將此歸告於緊急車輛前往「脈衝」的影片不斷重複被播放。

因此，就像許多大規模暴力倖存者一樣（事實上，我的研究中有許多創傷倖存者也是如此）喬不再看電視新聞。她只透過可控的來源，用點擊標題的方式看新聞。

當被問及她會給報導大規模暴力事件的媒體從業人員什麼建議時，喬寫道：「我懇求媒體盡量不要直接播放來自現場的血腥畫面，但我知道我們生活在一種追求震撼價值和消費創傷的文化中，所以這一點不太可能改變。」

如果你在看自己案件的新聞報導或與媒體從業人員接觸時曾有負面經驗，你認為怎麼樣可

以讓它變得更輕鬆、更不傷人或對你更有益處？

這一題很具挑戰性，喬表示。

「媒體帶給我最大的挫折感是，對其他不受影響的人來說，這不過是另一個故事。搞不好還是虛構的。我經常看到有關槍擊事件、倖存者和行凶者的社群媒體貼文或迷因，這顯示出，發布這些貼文的人不會停下來思考，並意識到他們的觀眾可能會有人因此受到影響。」她回答。

「人們往往會忘記，活生生、真實的人失去了某人或受到其他影響，還得面對每天的生活。這對我們來說，不僅僅是一個故事而已。」

我思索了喬的話。也想到海瑟推著啤酒車，聽著高爾夫球員大談闊論「**如果我在場會如何如何**」。

我忍不住想，如果媒體能夠了解他們所造成的傷害，以及他們到達之前就已經造成的傷害，那麼他們也可以幫助大眾了解這些問題。

14

理性的人

A Rational Human Being

……記者該去醫院嗎？

「如果我們像禿鷹一樣，在人們正經歷一生中最糟糕的一天時去敲門、在醫院晃來晃去，這不會帶來任何好處。我知道有些報導不這麼做不行，但要是能想出稍微不一樣的作法，也許對每個人來說都會比較好。」

——戴夫244，採訪，二〇二一年六月二十四日鞋子上沾滿血跡的創傷科醫師穿著手術服，左腳踝擱在右膝上，手術帽上架著防護眼鏡，脖子上掛著一條掛繩，他對著身旁的麥克風讀手機上的內容。他讀的是一篇他在奧蘭多區域醫療中心（Orlando Regional Medical Center）值完班發布的文章，關於他治療的數十名「脈衝」槍擊案受害者，還有一張全新網球鞋的照片，那雙鞋子現在沾滿了乾涸的紅色血跡。

戴夫坐在他旁邊的棕色皮凳上，左手握住掛在脖子上的錄音設備，右手將有線麥克風指向醫師。他戴著耳機，戴著眼鏡，穿著藍色牛仔褲和藍色高爾夫球衫。[245]

「這雙鞋子上的纖維之間浸透著五十四名無辜人士的鮮血。我不知道哪些是異性戀，哪些是同性戀，哪些是黑人，哪些是西班牙裔。」醫師讀到。「我只知道他們一波又一波地被送來這裡，歷經折磨、尖叫和死亡。而在那場混亂中，醫師、護理師、技術人員、警察、救護人員和其他人展現出超乎常人的同情心和關懷。」

當醫師讀這些內容時，戴夫一動也不動地坐著。左手放在錄音設備上。右手握著麥克風。

「從那些病患身上流出來的血，浸透了我的手術服和鞋子，將永遠跟著我。」醫師繼續說道。「在這些紅色潑墨圖案中，我將永遠看到他們的臉，以及那些在黑暗時刻付出一切的人們的臉。」

「仍有大量工作要做。其中一些工作永遠不會結束。」醫師話語停頓，深深吸了一口氣。

「當我工作時，我會繼續穿這雙鞋。」此刻，醫師開始顫抖並蹙起眉頭，戴夫鬆開掛在脖子上的錄音設備，用左手的手指梳理著頭髮。醫師恢復了鎮定。「當最後一個病人離開我們醫院時，我會把這雙鞋子脫掉，放在我的辦公室。我希望每次工作時，都能看到它在我面前。六月十二日，在最邪惡的人性露出醜陋面目之後，我看到最善良的人性立即反擊。我永遠不想忘記那個夜晚。」

醫師抬頭看著戴夫，戴夫向醫師點點頭，然後這段發布在戴夫新聞編輯室網站上的畫面漸漸轉化爲那張沾血鞋子的照片。

那段影片拍攝五年後，我看著人在奧蘭多的戴夫，而他看著人在薩斯喀徹溫省的我，他的女兒在隔壁房間玩耍，我的孩子們在樓上玩耍。戴夫家中的一首古典鋼琴曲是我們談話的背景音樂。他雙手托著山羊鬍下巴，仔細思考我的每一個問題，左顧又右盼，低聲緩緩道來過去五年的感受。戴夫流露出深思熟慮的神情。我看得出來爲什麼那位醫師那天會同意與他交談。246

戴夫告訴我，他與奧蘭多的淵源相當深厚。他在那裡上學、工作並結婚生子。那天晚上，當槍手向所有夜店客人開火時，他已經在**那裡**了，不必和來自其他地方的許多記者一樣，空降到他已經很熟的酒吧。「脈衝」就在他妻子曾工作的醫院路上，他多次坐在酒吧裡啜飲啤酒，等著遲到的妻子。

談起最初的那幾個小時、那幾天，他說：「發生了一些事情，讓我覺得我做的事情弊大於利。」

他們在醫院紮營。當然，戴夫被派去採訪了，他雖然不是犯罪記者或國家安全記者，但他是健康記者，認識那邊的醫護人員。「我試著與走進來的人們交談，他們來看活著或死掉的親人，而他們不知道，不是……」他搖搖頭，聲音逐漸變得微弱，我便分享自己對在醫院紮營的想法，因爲我以前做過好多次。

「身爲記者，這是最令人遺憾的。」現在換我的聲音逐漸變得微弱，戴夫點頭表示同意，直到我繼續說下去。

「當我想到所有可以找到近親家屬的地方（因爲我們知道哪裡可以找到他們，對吧？）那是最糟糕的，我會被派到加護病房。」在那裡，家屬不知道自己的親人是否會活下來，也許他們已經在剛剛的事故中失去了一名家庭成員，還對另一名家庭成員抱有一絲希望。

我理解戴夫，戴夫也理解我。

然後穿著沾血鞋子的醫師走了過來。

「我只記得我坐在那裡和他說話，他的情緒開始崩潰。」**當我工作時，我會繼續穿這雙鞋**。

「在那一刻，如果你是廣播記者，你拿著麥克風，你會一直擔心收音問題。如果我動來動去，你會聽到雜音，這樣錄音檔就毀了。所以，在這樣的時刻，如果我**不要**那麼像記者，而是像個理性的人，我會有不同的反應，但我因爲工作在身，無法這麼做。」語畢，他直視著我，揚起眉毛，彷彿這是他自從醫師崩潰的那一刻起，過去五年來所學到的智慧，而他現在把這個智慧傳給我，彷彿在說，**懂嗎？懂嗎？**

我問戴夫，他在那一刻是否想安慰醫師。

他回答：「或是表現得像個人就好，說一聲『我眞的很遺憾。』」

因爲戴夫要求他唸出那篇貼文。醫師也同意了。但戴夫表示，如果他不是一名爲廣播錄音的記者，他就會告訴醫師，「如果你不想，可以不必這麼做。」但他是一名記者，所以沒有這麼說，醫師唸了貼文，爲此掙扎，而戴夫到現在也還在掙扎。

我問戴夫，如果醫師沒有親自唸那篇貼文，是否會影響那天的報導，戴夫的報導是否會變得不那麼引人注目，或者會讓聽衆更難理解醫師的痛苦。

「嗯……」他用手托著下巴，抬頭看向右邊，停下來思考了一下，然後點頭回答道：「我認爲在那場採訪中，那段音訊的確比較引人注目。」他又停了下來。「但我想，要是我當時能夠再多思考一下，或是受過更多訓練，我可能會說：『嘿，如果你想暫停一下，如果你不想繼續下去，完全沒有關係。我們不必用這一段。』我認爲他覺得自己有義務這麼做，就算不想要也還是硬著頭皮做了。」

但戴夫沒有接受過任何訓練。在新聞學院沒有，在工作上也沒有。

五年後，戴夫仍在思索那一刻。但讓他如此痛苦的，不僅僅是那一刻，或是在醫院試圖與那些不知道親人是否尚在的人交談的時刻。還有後續的報導，關於當晚第一線應變人員在那一晚之後出現PTSD的故事，進而延伸出更多關於第一線應變人員苦於PTSD的報導。

他說：「二〇一八年，我大部分的時間都在採訪警消人員，他們處理過極爲重大的創傷事件，然後得了PTSD。」他採訪了幾名遺孀，丈夫都自殺身亡。某次採訪了一名女子，她的未婚夫在她面前結束自己的生命，而戴夫並沒有意識到，這件事就發生在他們坐著的房子裡，直到她指著某處，他才發現那名女子沒有搬家。

這全都發生在戴夫的母親被診斷出癌症並逝世的同一年。接著，他的妻子懷孕。一切令他難以承受。他不知道如何應對，因爲沒有人教他。不管是在生活上，還是新聞工作上。他度過了好幾個月的黑暗時光。

戴夫有一個好朋友是當地一所大學的新聞學教授，這位朋友知道他的掙扎，現在都教學生「狀態不好也沒關係」，以及一些在報導時自我照護的訣竅。戴夫上新聞學院的時間和我差不多，要是當時學會這些訣竅，也許就不用受那麼多苦，也不會感到如此孤立。

到了某個時刻，戴夫意識到，他必須面對自己感受到的痛苦。他開始看身心科醫師、服用藥物，並給這些藥物足夠的時間和能力發揮作用。他開始對自己、妻子以及生活中其他重要的人誠實表達感受。他開始鍛鍊身體，增加睡眠時間，並全心投入與孩子們一起玩耍的時光。他學會提出要求。在工作上，他告訴老闆們，他需要從創傷中休息一陣子。

「當時，我的意圖是好的，我只是需要休息一下，然後也許會回來。」接著來到「脈衝」槍擊案五週年紀念日，當戴夫聽到那個可怕夜晚的一些音訊時，他意識到他無法報導X故事或Y故事，因爲他沒有情感能力再去經歷這一切。但幸好療程和自我照護爲戴夫奠定了基礎，戴夫能夠與他的老闆們商量並設定一些界線，告訴他們哪些故事他可以報導，哪些故事他不行。

我問戴夫，如果五年前的戴夫意識到這些報導造成的傷害，他是否能做到這一點。

「不行。」他表示，而他沒有責怪誰。「我覺得無論如何我都會想辦法熬過去。我會把它對我個人生活造成的傷害，當成是附帶損害。」

這份工作的附帶損害。我的一位前同事稱之爲**世界上最棒的工作**。

「你總是覺得自己非常幸運，能夠以說故事爲生。我一直都想當一個作家。」戴夫說。「即使在二〇一八年，做了那麼多PTSD報導，當直接與我合作的編輯問我過得怎麼樣時，我認爲他的本意很好，但我從來沒有坦誠地告訴他，某些事情讓我深受困擾。」

我想起我的一位主管，我們有時會閒聊，在談話結束時，她會在新聞編輯室用一種疑惑的表情問我：「你還好嗎？」我會回答：「還好。」然後她會歪著頭，瞇起眼睛說：「是嗎？眞的？」我一直認爲她指的是具體的某一天、某個故事，或是長時間在外面跑新聞和家裡幼兒的狀況，可能是其中一部分或全部。但現在回想起來，搞不好她曾經微弱地試圖挖掘得更深入，想要眞正了解情況。因爲我認爲她關心我，我眞的這麼認爲。她可能只是不知道該怎麼問，而我也不知道該怎麼回答。

戴夫提到他當時的害怕，我和許多我曾交談過的記者都可以立即產生共鳴。他怕主管問他好不好，然後因爲他誠實回答而將他邊緣化。「你不希望他們把你從報導中剔除，因爲他們覺得你處理不了。」戴夫說。「而且你也不想被貼上『不及格記者』的標籤。」

他指出，不同的新聞編輯室有不同的文化。戴夫從來沒有在電視行業工作過，但他一直認爲電視比報紙或廣播更殘酷。我不知道。我待過報社和電視臺，也感受相同的壓力，要有表現、要搶獨家新聞、要讓哀慟的家屬接受採訪。但新聞編輯室的文化百百種。當我考慮來到多倫多時，我當然聽說過不同新聞編輯室的不同文化和不同程度的協助。

但戴夫又提到另一件讓我感同身受的事情：「過去幾年，我花了很多時間與警消人員談論完全同樣的事情——爲什麼他們不想說：『**我需要休息，我需要幫助。**』」而戴夫從來沒有轉過身來說：我們的產業也有同樣的問題。我告訴他，多年來我與警察就PTSD的主題進行了無數次對話，我會問他們過得怎麼樣，並鼓勵他們尋求幫助。

然後，戴夫說，你會覺得自己的痛苦不夠有說服力。我想起我採訪和調查過的大規模暴力倖存者，他們有些人多年來默默承受痛苦，因爲他們**身體上**毫髮無傷。他們的痛苦算什麼？何必尋求幫助？

「有些跟我談過話的犯罪倖存者會說：『我活了下來，別人沒有，所以我沒有理由受到這麼大的影響。』」戴夫透露。「有警察告訴我：『我是事發**後**才到的。事發時我不在場。』而記者可能會說：『事發時我不在場。我只是跟當時在場的人談話。』」

我在這裡打斷他，因爲我心中有一個出現了很多次的想法。「這不是**我的**悲劇。」我說。

「對。」戴夫說。

「我只是在講述這個悲劇**故事**。」我說。「當你在採訪『脈衝』槍擊案時，不管是像這樣的重大事件，還是單一凶殺案、死亡車禍的日常創傷，我都不是那個經歷創傷的人。我算什麼？憑什麼說我在受苦？」我告訴戴夫那些困擾著我的畫面和採訪，以及我從未談論過它們，因爲我想，**我每個孩子都好好的，我的丈夫也好好的，我有什麼資格受苦呢？**我告訴他，我的治療師幫助我認識到，我的痛苦並不能消除其他人截然不同的痛苦。

我告訴戴夫，跟我談話過的第一線應變人員都曾參與各式各樣可怕的案件，但很多時候，某一個案件卻讓他們情緒崩潰。

他說：「我聽過很多一模一樣的狀況，你參與了數百個案件，面不改色。然後你參與了某個案件，案件當事者是和你的孩子穿著同樣褲子的小孩。突然之間，好像累積到一個程度就爆發了。那就是臨界點。」

「沒錯。」我說。「關鍵就在這裡，累積到一個程度就爆發了。」

「但我們沒有去處理這個累積的過程。」戴夫說，他指的是記者。「『脈衝』案過了五年後，我們現在做得好多了，會去談論它如何影響我們，以及更大的事件，這些方面我們的確進步了很多。但我不覺得我們已經到了能談論那些『小事』的地步。」他隨即停頓了一下，糾正自己說：「我不應該說是『小事』。」

但我懂他的意思。單一凶殺案、單一死亡車禍。

「也許我們把它們視爲小事，因爲我們太習慣用數字來衡量創傷了。」我說。瑟斯頓高中發生了槍擊事件，噢，**太糟糕了**，然後是科倫拜高中槍擊事件，噢，**這是最糟糕的**，然後是夜店案，這是**歷史上最糟糕的**，然後是拉斯維加斯案，這是新高峰。「好像突然之間，之前的倖存者就不再重要了。」我說。「重點是，每一個案件都很重要，我們不能讓其中一個蓋過另一個，因爲這樣就會失去了報導這些故事的意義。」

我問戴夫，如果他在新聞學院時，有談論過創傷這個議題（有意義地談論）他的生活是否會有所不同。

「我不知道答案。」他深思熟慮後說。「我想，如果我在創傷影響我之前，能更好地理解它，那麼我就會更早看到自己的一些危險信號，搞不好就能防止情況變得更糟。」

我告訴戴夫，我一直認爲你必須**感受**故事，才能讓人物以有意義的方式講述它。而現在我知道我的報導可能以哪些方式造成傷害，我一直在思考，如果當初我是創傷知情的，我說故事的方式會受到什麼影響？「我的報導會同樣引人注目、具有重要性嗎？」我問戴夫，他認爲創傷訓練會對他說故事的方式帶來什麼影響。

戴夫思考了「脈衝」槍擊案五週年紀念日的一些報導。「我們做了一件事，請一名第一線應變人員和他協助救出的一名倖存者一起接受採訪，讓他們談話，然後我們問他們一些問題。」他並不是要大家只報導可怕事件的正面新聞。但他的重點在於，報導這些新聞時，可以不要有詳盡的重播畫面和生動寫實的影片。

「我認爲你有時可以看看平臺上有什麼資源可以利用，我們可以進行採訪，可以將人們聚集在一起，並找到提供幫助的方法。」他說。「你可以找到一種對我們一起做新聞的人來說更有意義的報導方法。」

一起做新聞的人。

「你認爲這是否會影響記者應遵守的客觀原則？」我問。

「我認爲這不會互相牴觸。你還是可以客觀地報導所有正在發生的事。當一個重大事件發生，去回顧並探討**什麼做對了、什麼做錯了、我們可以從中學到什麼**，這些事也要做。」他說。

「我們可以花一些時間退後一步，看看有沒有什麼其他方法可以報導創傷，而不落入窠臼。」創傷的窠臼：屍袋、寫實的手機影片、砰砰砰的槍聲、歇斯底里的片段、過早的臆測。

我問戴夫，回過頭來看，「脈衝」槍擊案的報導是否應該以不同的方式進行。

「我認爲應該要製作一份手冊給記者，並且把一些觀念灌輸到新聞總監的腦袋裡。」他說。

「我們喜歡在新聞學院裡討論如何把傷害降到最低，而你能做到的其中一個方法就是給予報導對象選擇權，尤其是沒有任何媒體識讀能力的人。」

據我所知，大多數的人不具備這樣的識讀能力。

戴夫說：「他們不知道會發生什麼事，他們不知道會有什麼影響。」他所想像的變革，必要的變革，會讓許多業界人士感到挫敗，這需要文化上的轉變，因爲大家得忘記搶第一這件事。

他把話題轉回「脈衝」槍擊案。「如果我能回到過去，重來一遍，我可能會在第一天和人們交談，但絕對不會打開錄音設備，我只會說：『嘿，我只是想讓你知道，我們可以討論發生的事情，我會跟你解釋整個流程，你慢慢來，釐清問題，思考一下，然後讓我打電話給你，看看你想怎麼做。』」

我想起我與另一位報導「脈衝」槍擊案的記者談過話。她也在第一時間出現在醫院外面，希望與家屬或倖存者交談。她告訴我，當家屬移動到附近的社區中心尋求親人的生死下落時，一群媒體緊跟在後，**包括一百多臺電視攝影機**、**記者等等**。她就是其中之一。雖然一開始被圍繞建築物的黃色警戒線擋住，但媒體會一窩蜂聚集到每一個走出那棟大樓的人身邊，無視警戒線的存在，一路跟著他們到車上，而這些人很有可能才剛收到最可怕的消息。現場場面混亂，在大樓外紮營爲家屬提供協助和水的兩個教會團體開始手搭著手，把走出大樓的人圍在裡面，保護他們不受媒體侵擾，直到他們回到自己的車上，駛向剛剛破碎的生活。「**這怪不了他們**。」記者告訴我。「**此刻你要人家說什麼呢？**」

「還有一種惡性循環，每到一個週年紀念日，記者都會回去找那些願意立即接受採訪的人。」戴夫說。「然後這些人就會陷入無限循環，每隔幾年就會被採訪。」

所以才會產生倖存者的階級制度。

「新聞業這一行往往會把剛從新聞學院畢業的學生丟進殘酷的競爭中，沒有讓他們接受適當的訓練。」戴夫說。「我想，如果要改善現狀，爲每個參與者帶來更好的結果，那就眞的要好好看一下誰報導了這些東西。以及把他們丟進這個行業之前該做些什麼？」

戴夫沒有在新聞學院接受過創傷訓練，在工作中也沒有。直到「脈衝」槍擊案發生，這些事情才被談論。

他說：「我認爲，我們現在面對的一些問題來自於媒體互相競爭。如果總統來訪，大多數人都不會介意由一兩個指定的記者（pool reporter）來報導。」也就是由一兩個記者取得圖像和影片，並和所有人分享。因此，如果在這方面可以合作，爲什麼創傷事件不能比照辦理？戴夫提出疑惑。何不讓不同新聞編輯室採用輪値的方式報導創傷事件？由一個新聞編輯室的一個記者採訪倖存者，然後與其他人分享內容。「這樣倖存者就不會接受了一場採訪後，三十幾個請求接踵而來，要他們再說一遍同樣的事。」

「進行採訪的記者最好創傷知情而且接受過相關訓練。」我建議。

「是啊。」戴夫笑著說。「如果能這樣就更好了。」

15

經典案例

A Classic Case

關於媒體報導創傷事件的方式，以及這樣的報導對受害者、倖存者和媒體從業人員的影響，你還有什麼想讓人們知道的嗎？

「我們也會流血。我們也會受苦。」

——從業二十多年的記者，問卷內容，二〇二一年一月二十七日在八〇年代，傑夫．隆格（Jeff Long）只是個年輕小夥子。差不多十九、二十歲。他開著媽媽的克萊斯勒，停在約克大學附近樹林郊區的路障旁。他是一名自由攝影師，所以總是有拍到好畫面的壓力，這樣才能把影片賣出去。要記得，那時還沒有手機和手機相機，所以傑夫不能依賴站在人行道上用智慧型手機拍攝直式影片。新聞攝影機是街道的耳目。如果他趕到現場的速度不夠快，可能就拍不到東西。因此，他會坐著聽無線電監聽器的吱嘎聲，等待消息傳來。一旦有事發生，他會拿出地圖書（如果有必要的話；做這一行必須知道主要的十字路口和犯罪率高的街道），發動汽車，然後上路。如果是白天，他會從小巷繞過多倫多阻塞的交通。晚上就比較容易了。畢竟沒什麼車。一旦抵達現場，他會停在任何可以停的地方（路邊、人行道上）拿起裝備，上工。

不過，快速趕到現場，你會接觸到一般人可能永遠不會看到的各種景象：人正在死去，人已經死去，人正在受苦；生命正在結束，生命已經結束，生命被摧毀。他當時並沒有考慮後果。畢竟，他只是個年輕小夥子。「你不會去考慮這對你的社會和心理影響，你也不懂更大的社會問題，因爲你還很不成熟。」247

我問傑夫，所謂**社會影響**指的是什麼？

他回答：「很多時候，我們報導這些事件，是因爲它們在社會上具有重大意義。有人死於悲慘的情況。人們想知道這些事情正在發生，並試著去避免。至少在我心裡，這並不完全是爲了要用聳人聽聞的手法呈現別人的痛苦。」

但那個炎熱的夏夜，在樹林旁的路障，傑夫並沒有想這麼多。他在想，要怎麼拍到好的畫面才能有錢賺。說實話，他對即時新聞根本不感興趣。傑夫真正想做的是紀錄片。這份工作只不過是墊腳石，至少他是這麼認爲的。

他看不到樹林裡有任何東西，只知道警察在那裡調查一具**被發現的屍體**，因爲無線電監聽器裡的通話是這麼回報的。但現在只有一名警察，負責看守現場。調查人員已經走了，其他媒體也消失了，只剩下傑夫和另一位年輕的攝影師。他們只需要拍攝屍體、擔架被放入靈車，然後就可以閃人了。他們有電池帶、管型攝影機和巨大的三十伏特燈。當年的攝影機還沒有那麼靈敏，所以在晚上需要大量的光線才能看到任何東西。那一晚也不例外。

「我們一直在那裡等，然後靈車開了過來。一如往常，我們下車，準備拍攝，看著他們走進樹林裡。」傑夫回憶道。

接著，唯一看守現場的警察從樹林裡出現了。

「他出來對著我們說：『如果要打開攝影機上的燈，攝影機必須運轉嗎？』我們回答：『不，當然不用。』他說：『那我可以請你們幫個忙嗎？我們要把屍體包起來，抬出去。你們能不能過來現場，用攝影機的燈照一下……』然後我們兩個就去了。」

傑夫和另一位攝影師跟著警察進入樹林，走向屍體，打開燈。

「他們把這個可憐蟲翻過來，我永遠都忘不了那幅景象，屍體已經開始腐爛，面朝下躺在地上。翻過來之後，五官都不見了，臉整個凹陷下去。」傑夫坐在多倫多近郊的自家地下室，留著他的招牌小鬍子，穿著高爾夫球衫，透過電腦螢幕看著我。他將雙手放在臉龐兩側，從耳朵滑到下巴，不斷重複這個動作。「看起來幾乎就像《星際爭霸戰》裡面的角色，臉變成一個漏斗，看不到眼睛或嘴巴。就是一個漏斗的形狀，爬滿蛆蟲。」他講述這個故事不是爲了要引起好奇。並非如此。

「一開始，你會覺得很好奇。每個人都很好奇。屍體長什麼樣子？但你不會想知道。」他苦笑說。我在很多採訪中聽過很多次這樣的苦笑。「我永遠忘不了。我可以鉅細靡遺地去描述屍體的模樣，但我記不得昨天晚餐吃了什麼。」

自從開啓這個研究計畫以來，我的腦海中浮現了好幾位來自各個新聞編輯室的前同事。他們有的有酗酒問題、情感問題、憤怒管理問題。有的會在剪片時大發雷霆，或在截稿期限逼近時，用第三人稱稱呼自己。轉播車上的光碟用扔的。深夜傳來的簡訊充滿痛苦。一位即將退休的攝影師語重心長地對職涯中期的攝影師說：「好好保重。」隨著我對創傷及其影響大腦的方式有了更多的了解，我心想，**原來是這麼一回事**。

但重點是，傑夫．隆格並沒有以上這些行爲。

在與傑夫共事近十年的過程中，我會用這些詞彙來形容他：細心，溫和，頂尖的專業人士，通常留著小鬍子，沒有山羊鬍，也沒有鬍渣，穿著有領襯衫，攝影機操作技術高超，剪片速度快，冷靜，富有同情心，善良，盡忠職守，從不抱怨。

如果能跟傑夫搭配，那就會是美好的一天。

我與人在奧蘭多的戴夫交談四天之後，收到了傑夫的簡訊。自從我離開CTV以來，我們斷斷續續有聯絡。傑夫總是樂於讓我得知最新消息。「希望你一切都好，我的朋友。」他寫道。「眞高興你能持續爲新聞業的創傷暴露議題帶來關注。」

在我的回覆中，我告訴傑夫，我原本並沒有認眞看待替代性創傷（vicarious trauma），我是在研究媒體對創傷倖存者產生什麼影響時，自然而然地碰觸到這個議題。我經歷了一段忿忿不平的時期，因爲我的雇主中，沒有一個人採取任何措施來保護我免於受到替代性創傷，治療師說，我的反應是很自然的，我現在的任務是改變未來記者的工作方式。我告訴傑夫，我前一天共同主持了一個多倫多廣播節目，討論記者所面臨的替代性創傷，結果收到了一些來自聽衆的惡毒訊息，他們說我是「覺醒青年」、「玻璃心」等等。還有人告訴我，「該長大了吧」。

傑夫這麼回覆：「所以，你可以想像，三十多年來，我一直在承受地方和國際新聞報導帶來的創傷，我接觸到的東西是任何人都想像不到的。」他的話其來有自。傑夫很用心地將創傷訓練引入我們的新聞編輯室，減少工作人員暴露在創傷之中的機會。當我休第二個產假時，他告訴我他做了哪些努力。他會傳研究論文給我看。我們都對同事感到擔憂。但令人驚訝又遺憾的是，我從未想過傑夫可能一直以來都在受苦。

所以，我實在是無法想像。

他繼續說：「我們有充分理由高度重視所有因工暴露在創傷之中的第一線應變人員，而他們直到最近才得以爲自己的心理傷害尋求必要的幫助和考量。我們並沒有想到記者也需要幫助，這是大錯特錯。」

傑夫想分享他的故事，於是我們約了時間通電話。

我的研究論文發表後五天，[248] 我接到三場訪談邀約，希望我談談研究內容。第一場是薩斯喀徹溫省一位晨間秀製作人的預訪。第二場是多倫多一位新聞學教授的訪談，她會把我們的對話錄下來，上傳給學生看，因爲實際的上課時間我無法到場。第三場是多倫多另一所學校新聞

系學生的採訪，他的教授是我的前同事。一場緊接著一場。

自從一年半前創立公司以來，我已經接受過很多工作上的訪問，所以不太會去做什麼準備。不過，如果要談論我的研究，我喜歡面前有一些統計數據，就不會被數字難倒。除此之外，我會採用我給過很多人的建議：**你自身的經驗你最懂。侃侃而談就好**。

多年來，無數新聞系學生、實習生和年輕記者問我如何面對創傷。這變成一個一定會被問到的問題。你正在訪問一個只報導壞消息的記者，當然會想知道對方如何處理這一切。我總是回答：**別悶在心裡。去感受。說出來。哭出來**。我想，開長途車回家時哭出來是我的應對機制。有時，走進門後我需要一個長久的擁抱。有時，那些擁抱帶著淚水，浸濕我丈夫的襯衫，我會把臉擦一擦，再轉過身去面對孩子。當然，我和同事在跑新聞時也會發揮黑色幽默。但我現在意識到，我在職業生涯和私人生活之間畫出了一條界線，所以很少在家裡眞正談論這些事。爲什麼我要讓家人經歷我那天目睹的恐怖場面？他們會在新聞上看到，何必再講更多？有時，我會開始談論可怕的事情，對我姊姊說：「今天的案件眞的很慘。」她會問：「有小孩？」我回答：「對。」她會說：「我不想聽。」所以我就沒說。下一個我也不會說。我又爲什麼要告訴我丈夫？爲什麼要讓他想像我晚上想像的事？爲什麼要讓他去想那些我覺得會發生在我們孩子身上的慘劇？因此，這變成一種周而復始的循環。

當然，現在我才了解到，過去當我的情緒滿出來，覺得需要談談時，我把這樣的需求投射到錯誤的對象身上。那些年來，我應該定期去看治療師。但沒有，於是我壓抑的一切便在意想不到的時刻爆發——突如其來的發飆、崩潰，愈來愈沒有耐心和能力處理突發狀況。當時我入這一行已經超過十年，直到生了第二個孩子休產假才終於尋求專業協助。我的女兒才四、五個月大，而我的焦慮達到巔峰。不是對寶寶的焦慮。就只是焦慮。我變得喜怒無常。看到新聞中的悲劇會讓我哭到不能自己。而我自己報導過的故事則會在意想不到的時刻從回憶中跳出來。

當我將我的工作經歷和症狀輸入電腦，並詢問谷歌博士我可能出了什麼問題時，顯示的結果是：替代性創傷，又稱次級創傷（secondary trauma）、同情疲勞（compassion fatigue）。不管用哪個詞，指的都是間接暴露在創傷之中而產生的創傷後壓力反應。「替代性創傷反應可能包括侵入性的意象和想法、迴避和情緒麻木、過度警覺症狀、身心症（somatization）以及類似直接創傷倖存者經歷的身體與酗酒問題。」二〇〇四年一份替代性創傷研究的作者寫道。[249]「記者對受害者進行採訪、目睹可怕事件的後果，以及他們在採訪和撰寫新聞報導之間消化情緒反應的時間有限，可能會讓他們接觸創傷素材的情況更加複雜。」

我開始尋找可以提供幫助的人，並在離我家不遠的地方找到了一位治療師，他的專長是幫助遭受創傷的警察。我寄了一封電子郵件給他的助理，稍微介紹了一下我的背景，結果很沮喪地被告知這家診所只幫「第一線應變人員」看診。因此，我降低了標準，找到另一位沒有特別宣傳專長但晚上可以看診的治療師，這樣我出門就不必帶著孩子。

我第一次坐在她的沙發上，她問我爲什麼來，我回答：「我想我正在遭受替代性創傷。」她在記事本上寫了一些東西，並揚起眉毛，我不記得她眞的這麼說，還是看起來是這樣，但那一刻我所看到的或我從她那裡聽到的是「嗯，還眞是新鮮事。」這就是她讓我萌生退意的地方。我描述了我的工作，告訴她我這幾年不間斷地報導創傷事件，但她似乎對這些東西不感興趣。她想聽聽我和母親的關係。她想再次知道我的寶寶多大了。「你的寶寶還小。」她在我第三次也是最後一次看診時說道。「你的荷爾蒙還在激增。」

接下來四年我都沒有再接受治療。

那段時間有很多微小（但激烈）的爆發點，最後一個是十二月那一天的「鬆餅糊」事件，我一邊等著丈夫買我的生日禮物回家，一邊不斷地攪拌，怒火愈燒愈旺。當淚水從我的臉頰滑落時，我感覺就像以前很多次一樣，完全失控了。我不太記得接下來幾個小時的事，但我記得在孩子們上床睡覺後，對著丈夫飆罵，然後他下樓，我上樓，因爲我實在無法忍受繼續談話，情緒激動不已，然後躺在床上哭泣，盯著牆壁，有史以來第一次（幸好也是唯一一次）想像，如果我不在人世了，我的孩子和丈夫會過著什麼樣的生活，搞不好這樣對他們來說比較好。

我記得我哭著去樓下找我丈夫，他不知道是在跟我姊姊通電話還是傳簡訊。他沒有告訴我他說了什麼，也沒有必要說。我們來回爭吵。隔天，我姊姊不顧防疫規範，隨便編了一個理由跑來接我，要帶我去吃一頓生日午餐，我筋疲力盡，不想做任何事、見任何人或去任何地方，所以我們開到麥當勞的得來速點餐，再找個車位停下來，當我開始打開牛皮紙袋時，忍不住哭了出來。「我不知道自己是怎麼了。」我記得我淚流滿面地說。「我眞的很難過，而且擺脫不了這種情緒。」我們離開之前，她寄了一封電子郵件給她的前治療師，結果對方已經退休了。不過那位治療師馬上推薦了其他人選，我也在當天主動聯繫對方。

九個月後，也就是我的研究論文發表五天後，我接受了早上的第三場訪談，對象是新聞系學生。她在一開始便表示，她不敢相信自己正在和我說話，她一直是我的粉絲。噢，眞是不敢相信。她非常貼心又善良，我十分受寵若驚。大約三十分鐘後，她問了我一個問題，而我因爲我的研究接受過的媒體採訪以及在職期間接受過的新聞學院採訪中，從來沒有人要求我回答這個問題。「你有過PTSD嗎？」她說。我聽得出她很緊張，因爲她立刻開始以不同的方式重複自己的話。「像是，你經歷過任何PTSD症狀嗎？你提到了你所受的苦。」她想找到一種提問方式，讓我覺得回答是合理的。

我停下來思考我的答案。我一直對治療抱持著開放態度，也希望當初能早點開始，但在幾個月的療程中，我多次覺得自己不配得到這樣的標籤。「是的。」我告訴這位年輕記者。「我的治療師說，我的症狀就是PTSD的經典案例。」

傑夫坐在多倫多近郊南湖醫院心臟科的一張舒適椅子上，等待著另一次心臟病發作——或者至少，他確信這已經發生了兩次。第一次，他在四〇四號高速公路上，正要去上班。那時他過得很好，生活沒什麼壓力，也沒有接到什麼可怕的電話。那一天的步調很緩慢，傑夫驅車前往電視臺，突然胸口一緊，左臂傳來疼痛。手指有點麻麻的。傑夫經常長跑，很早就戒菸了，也幾乎不喝酒，但在四十多歲的年紀，他忍不住想：「**我是不是心臟病發作了？**」不是，醫護人員在他第一次就診時說。他們向傑夫保證，他和他想的一樣健康，可以離開醫院了。但後來同樣的事又發生了一次，這就是傑夫第二次回到醫院的原因，他和其他人排成一排，襯衫底下露出醫療儀器的線路，等待事情發生。

「如果這種感覺再次出現，請告訴我們，或告訴護理師。」醫師說。

它真的再次出現。

「我說：『這種感覺又來了！』但護理師說：『一切都沒問題。』」

傑夫根據事實推斷，如果這種感覺不是心臟造成的，那一定是頭腦造成的。「那時你才開始認真思考，**我必須搞清楚這是怎麼一回事，以及為什麼會這樣**。」他的家庭醫師送他去接受治療，「但無濟於事。」他表示，於是治療師又把他送回家庭醫師那裡，家庭醫師開始給他一些藥物。終於有用了。這是傑夫嘗試的第一種抗憂鬱藥，劑量壓到最低。他說：「我立刻就感受到了巨大的變化，整個人都平靜下來。」

不過，當然，藥物無法消除傑夫腦中的記憶。

藥物無法讓他忘記，在中國報導天安門廣場抗議活動的途中，他和同事們被帶進機場下方的一條隧道，兩旁都是持槍的軍事警衛，他們不知道會被帶往哪裡、又會被怎麼對待，深信自己要變成政治犯了。事實上，他們被拒絕入境，並被送上另一架飛機回家。

藥物無法讓他忘記，當他想辦法又飛回中國時，在天安門廣場度過的時光，以及一群他遇見的優秀中國年輕男女。他飛出去後，才知道坦克車開進了廣場，那群中國年輕人之中的某些人已經慘死，在他心裡留下不可磨滅的罪惡感。他的同事們則在飯店的陽臺上遭到槍擊。

藥物無法讓他忘記約克大學附近樹林裡的屍體。或是多年後，他坐在直升機上，用長鏡頭看到的那個懸掛在樹上的屍體。「看到一個人生命終結的全景。」藥物無法讓他忘記他親眼目睹過的每一種生命終結方式，人們在他面前支離破碎，太多了，真的太多了。

還有，他曾眼睜睜看著兩名消防員從房子的地板往下掉，消失在熊熊的火焰中。雖然後來他們沒事，但藥物無法讓他忘記當下的那種無助感。

還有，爲什麼他沒有幫女兒取那個他老早就想好也一直都很喜歡的名字，因爲那個心愛的名字現在屬於一個不幸遇害的女孩，而且他去過那間她遭虐殺的房子。

藥物無法讓傑夫擺脫某個事件帶來的倖存者罪惡感，它發生在他擔任義消的那些年裡。傑夫的好哥兒們沒有意識到傑夫那天晚上沒有值班，而是在CTV輪夜班。當有人通報一個偏遠地區的小男孩用床架上吊時，好哥兒們以爲傑夫也會立刻趕過去。這個小男孩和他自己的兒子差不多大。光靠藥物無法讓傑夫擺脫這樣的感覺：如果他在場，好哥兒們就不會單獨和那個小男孩待在房間裡，即使知道救不了他，還是爲他做了好幾分鐘的心肺復甦術，直到更多人過來幫忙。

藥物無法讓傑夫甩開他在一場死亡車禍中目睹的景象，當時他看到兩個人走向一名警察，便拿起攝影機開始錄影，把距離拉近，沒有意識到他們正在找某人，而且即將被告知那個人已經死了，其中一人雙腿一軟，癱倒在地。「鏡頭呈現出來的情緒太強烈了。」傑夫回憶道。強烈到傑夫在傳送影像之前，打了電話給大老闆，說要小心處理，最好不要使用，因爲「太震撼了」。確實如此。電視臺從來沒有播放這段影像，大眾也從來沒有看過。但傑夫看過，就算是藥物也刪不掉那個鏡頭。

因此，傑夫繼續進行治療。藥物和治療，雙管齊下。已經持續大約十年了，我認識他大概也是這麼久的時間，卻毫不知情。

孩子們出了家門，我和丈夫打算享受難得的片刻寧靜，再投入一天的行程。我和他聊了我幾個月前開始的療程，就事論事地解釋我和治療師進行的討論，然後突然哭了出來。「沒有人告訴我會這樣。」我說。「爲什麼沒有人告訴我？」

我發現，新聞創傷很像流產（我流過兩次）。當你面對它時，你會感到非常孤獨。你會想，**我是否做錯了什麼，才會導致這種結果？怎麼樣才能避免？為什麼沒有人告訴我會發生這種事？**然後，當你開始談論它時，才發現自己並不孤單。

今年早些時候，我在一個廣播節目中討論記者經歷的替代性創傷，與另一位主持人起了爭論，他那種老派的「要嘛堅強起來，要嘛另尋他職」的思維方式獲得很多聽眾回響，但我也收到一大群加拿大知名記者爲我加油的簡訊和X社群私訊。「謝謝你談論這個議題。」他們寫道，然後分享特別令他們受創的事件。一個犯罪現場。一個法庭案件。當然，到了這個時候，這些訊息並不令人驚訝，尤其是在看到記者爲我的研究填寫的問卷內容之後。

我對來自加拿大和美國各地的二十多名記者進行了調查，其中大多數表示，他們會在創傷事件發生後二十四小時內，或在獲得資訊後，立即聯繫倖存者。[250]雖然有少數記者表示，他們不介意這種作法，但沒有人將其描述爲正面的經驗。大多數人至少描述了某種程度的不適，其中包括《多倫多太陽報》資深犯罪記者羅伯．藍貝提，他是一個非常正派的人，我很高興與他共事了幾年，直到他退休，他寫道：「幾年後我變得麻木了，然後進入生存模式，完成工作並繼續前進，他們是統計數據而不是人類。這對我來說是一種生存策略。後來，講述死者的故事變成了一種『義務』。這就像坐上不同階段的雲霄飛車。和具有相同想法的記者共事很有幫助，但如果對方是沒有同理心的新聞工作者，那就是惡夢一場。有幾個人是這樣。」

一位從事新聞業二十多年的編輯室主管說：「我以前沒有任何問題，因爲我相信我正在幫助倖存者。後來有兩次，我是第一個通知倖存者不幸消息的人，那種經驗糟透了。」**沒錯**，我心想。然後，我的腦海中浮現出一起近十年前的凶殺案。

上午發生了凶殺案，消息不到一兩個小時迅速地傳開來。一名女子在家中被殺害。我飛速查了一下線上房地產紀錄，找到她的名字，然後輸入谷歌搜尋，從明顯是她的臉書頁面連到一則我認爲是她已故父親的訃聞，從中發現一個男性名字，我想那是她哥哥。然後在不遠處找到一個同名同姓的律師。我想，如果這位律師被叫出辦公室，那我應該找對了方向；如果他正在上班，那就是搞錯了。我打到律師事務所，問助理他在不在，令我震驚的是，電話馬上就接通了。我說我一定是打錯號碼了，但他想知道是什麼事。因此，我小心翼翼地描述細節，確信我在某個地方搞錯了身分。但我沒有。而且還告訴他，他的妹妹死了。結束通話後，我感到噁心想吐，環顧新聞編輯室，其他人都在忙自己的事。我剛剛竟然以最可怕的方式傳達了這個可怕的消息。律師自己打了幾通電話，十分鐘後又回電給我，急著想知道更多細節。眞的很糟糕。我永遠都忘不了，至今仍帶著愧疚。

另一位工作經驗超過十年的記者對拍攝死者照片進而採訪家屬的作法感到不舒服，他寫道：「噢，我痛恨這麼做。即使受害者或倖存者願意說話，這仍帶給我很多壓力和罪惡感。因爲我總是擔心他們會後悔，或是從他們身上奪走原本可以用來自我照護的力量。」我從我的研究中知道，這位記者的感覺是對的，一些倖存者的確後悔了，而有時我們奪走的力量，原本可以用在更好的地方。

另一位有十五年經驗的記者表示：「這是這份工作最糟糕的部分，也是我最不喜歡的部分。」

當被問及報導創傷事件對他們產生什麼影響時，大多數記者都至少列出了一個負面影響。

其中一位寫道：「老實說，我根本不想去想。」後來，當被問及自我照護的方法時，同一位記者表示：「喝酒。」再被問及還有什麼想讓人們知道的事：「我們會哭。常常哭。」

一位有十多年經驗的記者寫道：「我不知道我是否了解它對我的全部影響，但我知道我比我認識的大多數人更常思考死亡這件事。我知道我一聞到營火的味道，就會想起腐爛屍體的味道。」一位從業二十多年的記者透露，他得了PTSD，而另一位經驗豐富的記者則表示：「我患有替代性創傷和重複性壓力，如果放著不管，就會很難繼續工作。」

「我經常撰寫和研究家暴議題，但從來沒有思考過這件事。」一位資深記者寫道。「回想起來，我發現每個故事都帶走了我的一部分，而且要不回來。我把這些故事帶回家，反覆咀嚼，以不同的方式看待男人。我把焦點放在給讀者的希望和教育以及解決方案，但我認爲這對我的傷害是持續累積而且長期隱藏在表面之下的。」

在我的研究過程中，我看到了肯尼斯．傑克森（Kenneth Jackson）的X社群推文串。肯尼斯堅持不懈地報導兒童福利系統的失敗以及許多在照顧過程中死亡的兒童。他所付出的努力使他獲得了享譽盛名的密契納獎（Michener Award），該獎被認爲是加拿大首屆一指的新聞獎。在肯尼斯的同意之下，我節錄了幾段推文內容：

報導兒童福利簡直要了我的命。我終於可以承認了。我快要做不下去了。

……這個籠子裡關著一百七十八名原住民兒童，而且這個數字每天都在增加，我不知道他們所有人的名字，更不用說看到他們的臉了，因為他們死在安大略省兒童福利系統的黑暗角落。

我知道他們在那裡。

我每天起床餵我的孩子們吃飯時會想。

我每天晚上遛狗時也會想。

……就算我盡了最大的努力，還是無法釋放他們之中的任何一個。我們一起被困住了，他們每個人都向我尋求出路。

他們引領我進入黑暗的角落，希望我能帶來光明，讓世界看見。

但你看不到。還沒有，即使我已經曝光了這麼多。還不夠。我不知道怎麼樣才夠。

每天我都變得更加破碎。慢慢地，我人生中所有的決定都浸淫在這樣的悲慘之中。

即使是快樂的時刻，我還是感到悲傷。[251]

當被問及報導創傷事件對他產生什麼影響時，我的前同事羅伯・藍貝提在問卷中寫道：

「我再也不想當犯罪記者。」

這些話讓我很驚訝，因爲在退休之前，羅伯這位從業數十年的犯罪記者是少數對這個領域瞭若指掌的人。而且他看起來樂在其中。他是在警察總部橫著走的傳奇人物之一，能與凶殺案調查員和警察局長直接聯繫，竟然會說再也不想當犯罪記者？

但我在接下來幾天、幾週和幾個月細細思索了他的話，發現了一個驚人事實：我也不想。

16 停車場 The Parking Lot

「如果沒有選擇新聞業，我會有多麼不同？」

——我的日誌，二〇〇八年三月五日

「從事某些工作時，你要知道某些類型的工作有到期的一天。」我的治療師在第四次療程中告訴我。「我們不需要讓整個職涯暴露在可怕的事情中。」252

從來沒有人告訴過我，犯罪報導有到期的一天。我看過許多犯罪記者一直堅守崗位直到退休，我也立志要這麼做。二〇一〇年聖誕假期期間，CTV的大老闆打電話給人在雷吉納的我，說要給我一份工作，希望我全職報導犯罪新聞，但指派中心可能會在影展期間派我去支援紅毯。我告訴他：「你要我去採訪紅毯也是可以，但我一個人都不認識。」那時，犯罪報導已經融入我的血液，是我唯一想做的事。我不想應付政客的花言巧語，或是無聊的學校董事會會議。我記得我在整個新聞生涯中報導過的唯一一場遊行，是在《多倫多星報》週末輪班時發生的。我的編輯先是派了一般任務記者報導這場遊行，然後轉向我，用濃重的牙買加口音說：

「雀莉，你也一起去，以防有人中槍。」

我對那些毫無價值的故事不感興趣，我是這麼看待它們的。我想要述說讓人們關心的故事。報導犯罪新聞代表我大部分的時間會與沒有接受過媒體訓練的人交談，並從他們身上得到誠實、坦率的答案，或是在警察總部、城市各處的咖啡店與板著臉孔的警察交流。我掌握了許多重大案件的內幕消息，一堆資訊都是私下告知，從未公開過。與新的消息來源人士會面時，對方經常說「某人說你可以信任」，而我從來不知道這個「某人」是法院警官、巡邏警察、凶殺案調查員，還是警察局長。有一次，在一間速食連鎖店，一名警察在我對面坐下，將一個褐色信封滑過桌面，我打開它時，他朝左右看了一眼。多年後，回想起那一刻，我還是會忍不住微笑。那就是我的生活。我的同事說過好多次，**這是世界上最棒的工作**，而我當時也這麼想。

治療師問我，爲什麼我會想去報導犯罪新聞。我告訴她原因，一部分是熱情，一部分是興趣，一部分是同理心。對寫作和分享重要故事的熱情。對犯罪調查細節的興趣。對倖存者的同理心。最後這一點在過去幾個月一直懸而未決，激起了各種令人困惑的情緒，因爲我面對所有我可能已經造成的傷害，同時又眞心希望倖存者能從我的報導中受益。

我不禁懷疑，我是否到了這樣的一個職涯階段，對自己目睹和報導的一切感到一團混亂，所以才會被壞消息的新聞吸引，藉此處理自己的創傷。我不禁懷疑，我和哀慟的母親交談、感受她的痛苦、聽著她說的話、寫在我的稿子裡、然後從耳機聽著這則報導被播出、等著製作人給我提示切換回來，這個過程會不會是我宣洩悲傷的出口。治療師告訴我，這聽起來很合理。

「像你、像我、像每個活在世界上的人一樣，我們都在受苦。」她說。「我們的聲音值得被聽見。」

我對這句話感觸很深。

我告訴治療師，我離開CTV一個月後，和一名同事談了話。他是我非常尊敬的一位記者，文筆出色，能夠透過寥寥數語表達出逝去生命的重量。「你知道我和你的差別嗎？」他說。「你眞的在乎。」

我說：「顯然你也是啊，從你的文字中可以感受得到。」

他說：「不，你才是眞的在乎。」

我問治療師，爲什麼我會受到這麼大的影響，那位記者卻不會。（但話又說回來，誰能說他不會呢？）

「每個人都有不同的門檻。」她說。「他可能具有某些人格特質或容忍範圍，能夠以不同的方式感受事物，但知道如何操縱人們的心理以獲得回應。」

「不過，整體而言，人們在扮演這個角色時會受到影響。」她說。「除非他們有反社會傾向，否則一定會受苦。」

療程結束四十五分鐘後，我收到多倫多一位知名前官員寄來的電子郵件，他關切的議題與我報導過的許多故事有重疊。我離開CTV快一年半了，他剛剛讀了我爲《多倫多星報》寫的一篇專欄文章，底下的作者簡介列出了我的公司名稱「拾報」。[253]他電子郵件的部分內容如下：

「我經常看你在CTV晚間六點鐘新聞中報導犯罪和其他可怕的事件。隨著時間過去，我可以看到你眼中的痛苦，我覺得你需要做點不一樣的事情，而我能夠體會你的感覺。後來你消失了

——我希望你有更好的發展。眞高興知道你創立了公司，開始了新的生活。恭喜！我相信你已經找到了屬於自己的路。」

當我還沉浸在收到這封電子郵件的興奮之中，看到我媽媽的臉書好友邀請跳出來，通常這個平臺我只用來處理公事。我點擊她的大頭貼照，那是一張她和我爸爸去度假的照片，我感到滿心歡喜，但片刻之後，我想像他們以某種方式慘死，而這張照片會被放在新聞上，一陣悲傷突然襲來，我淚如雨下。

當我回想起過去五年，差不多從我聯繫第一位治療師以來，我可以看到事情開始產生變化。我的焦慮程度變高、情緒起伏更難預測、眼淚更容易流出來（儘管這種情況已經好幾年了）。當我再把時間拉近，大約離開CTV一年後，狀態又開始惡化。「攪拌鬆餅糊攪拌到爆哭」事件就是其中一個明證。差不多在那個時候，我突然對描繪暴力場景的電視節目或電影失去了興趣，尤其是寫實的暴力。要記得，在我的犯罪報導生涯中，我一直都是重度上癮的眞實犯罪迷。從書籍、紀錄片、工作過程中接觸各種亂七八糟的鬼東西，包括某一次，我非常後悔看了一個網站，它專門滿足某些人的吃人幻想。我和一位警察私底下喝咖啡，聊到一場備受矚目的

調查時，他提到了這個網站。如果我要報導這個議題，就應該去深入了解，不是嗎？網站上一張圖片過去幾年一直深深印在我的腦海中，我多希望可以按下刪除鍵。

但有一天，我和丈夫開始觀看一部新的影集。在第一集中，一個年輕人騎摩托車時被汽車撞了，汽車駕駛跑過來幫他。年輕人不斷被自己的血嗆到，就這樣在駕駛的眼前死去，回天乏術。不久前，我在檢視研究計畫中一起凶殺案的媒體報導時，發現了一篇舊報紙文章，內容是目擊者描述受害者臨死前的模樣。他被自己的血嗆到。血不斷冒出來。沒有任何生存的可能性。描述得極爲生動。而我看到的電視節目畫面與那篇報紙文章中的描述完全吻合，我立即產生了前所未有的劇烈身體反應，強烈到很難用言語來形容。我從來沒有對電視節目中的內容產生這麼大的身體反感。我必須讓它**遠離**。我記得我摀住眼睛對丈夫說：「不行，我看不下去，天啊。」我過去的確曾經對圖片和影片產生身體反應，主要是法庭物證或其他描述暴力犯罪的影片，它們不會直接出現在新聞上，而是由我來驗證和換個方式**描述**，才不會讓晚餐時間正在看新聞的觀衆也產生身體反應。但我從來沒有對虛構情節產生這樣的反應，就好像我的大腦在發出警訊：**危險！危險！**搞不清楚什麼是眞、什麼是假。我已經到達了一個新的隱形門檻，從那時起，我就再也無法觀看犯罪類型（眞實犯罪或其他類型）的節目。

我的前攝影師同事傑夫．隆格可以感同身受。他說：「如果節目太過眞實，或太過悲傷，我也看不下去。我會情緒崩潰。」

他告訴我，他的治療師是這麼解釋的。

「你的大腦就像一個停車場。你可以把回憶放在那裡。到了一個程度，停車場滿了，你無法繼續把回憶放在那個荒涼的地方。那時你就會開始被回憶淹沒。」

當我親吻孩子道晚安時……當我在社群媒體上點擊親人微笑的照片時……

不過，當我回顧職涯初期時，才發現那些侵入性思維其實很早就開始出現了，當年我在《多倫多星報》的無線電室254工作，聆聽無線電監聽器，與第一線應變人員交談，交出一篇又一篇關於創傷事件的報導。連續好幾個月，我永無止盡地寫死亡車禍的報導，我開始相信，我弟弟會坐上酒駕駕駛的車，或是當他前往山區玩滑雪板時，有人會越過分隔線把他撞死。一想起遠在三省之外的弟弟，各種暴力場面就會侵入我的腦海。那些想法讓我相信悲劇一定會發生而淚流不止，就像後來我依偎在熟睡孩子們身旁的時刻。

當我寫下這些文字時，突然想起一件事。我跑到樓上的床頭櫃前，開始在抽屜裡翻找，取出耳塞、眼罩、生日卡片和舊照片，直到我找出封面上有著複雜花卉珠飾圖案的粉紅色日誌。

第一篇。二〇〇六年八月二十一日，我坐在《多倫多星報》的無線電室已經近四個月。開頭寫道：「有時候我想知道，我們怎麼樣才會快樂。」

接著：「有時候我想知道，我是否眞的能在新聞界生存——太多痛苦了。與哀慟的家屬談話很難。」

我描述了兩個多月前我寫的一篇報導，一名男子目睹妻子在公寓大樓的家中被兒子殺害。這起凶殺案發生在星期六下午五點半左右，所以我的稿子寫得很倉促。我按照我受過的訓練，盡可能蒐集細節，並打電話到大樓裡尋找任何有資訊的人。我找到了管理員，他說我可以問問某間撞球館，那位悲傷的丈夫和他的妻子是那裡的常客。

凶殺案大約過了三、四個小時。我機械式地撥了撞球館的號碼，每一聲鈴響都讓我坐立不安，我等待著電話另一頭出現不可避免的聲音，對方要嘛把電話交給悲傷的丈夫，他會對著我大吼並掛斷，要嘛告訴我找錯地方了，他不在那裡。我希望是後者。酒保接了電話。我說了我要找的人的名字。他把電話交給悲傷的丈夫。我拼湊出一篇報導。老闆們很滿意。但有些細節沒寫在報紙上，我在日誌中寫道：

「他說話含糊不清，似乎沒注意到他的朋友每隔三十秒就會抗議並搶走電話提醒我，我這個人有多爛，竟然試圖和處於這種狀態的人交談。我不記得上次感覺這麼糟是什麼時候了。」

我永遠忘不了那場採訪，以及當下和事後的感覺有多糟。我到現在還是懊悔不已。我根本不應該進行採訪，也不應該打電話給撞球館。近年來，這種懊悔與憤怒交織在一起。怎麼會發生這種事？我怎麼會這麼不明事理？怎麼沒有人看到我、阻止我、事先告訴我：**盡可能蒐集細節，但別跨越界線？**我當時是一名二十一歲的實習生，不斷地從一份合約跳到另一份合約（在報社一年半的時間裡，我簽了四份不同的合約），試著在一群不屈不撓的獲獎記者之中證明自己。我過去在新聞學院的休息室裡總是會讀到他們撰寫的報導。

直到我在二〇二一年的全國新聞會議上，等待發表我的研究成果時，我才第一次聽到**道德傷害**（moral injury）這個詞，由安東尼．法因斯坦（Anthony Feinstein）醫師在一場有關編輯室創傷的對談上提出。

「道德傷害不是一種精神疾病，而是目睹或有時做出跨越道德門檻的行爲，造成道德良知受到傷害。」這位精神科醫師解釋。[255]「這種行爲與羞恥感和罪惡感有關，有時也與憤怒有關。」

他認爲，新聞業沒有人在談論道德傷害。

「軍隊對道德傷害瞭若指掌。從阿富汗和伊拉克回來的士兵有明顯的道德傷害特徵。我們知道它可能是導致憂鬱、焦慮和PTSD等問題的一個途徑。」

我的日誌讓我想起，就在採訪那位悲傷的丈夫前三十分鐘，我打到公寓大樓四處詢問，無意中告知一名女子，她的朋友被殺了。那也一點都不有趣。

「我告知死訊是希望她能告訴我，死者是一個什麼樣的人，所以我才能『致敬』，讓多倫多民眾知道她是一個什麼樣的人，這樣她就不會淪爲另一個統計數據……」

「有時候我只想哭。」

我的下一篇日誌是在兩年多後寫的。此時，我已經成爲《多倫多太陽報》的全職犯罪記者。

「我常常想到自己的死亡，這是不是很怪？」我寫道。「爛透了。如果沒有選擇新聞業，我會有多麼不同？」

我從此再也不寫日誌。但繼續當了十幾年的犯罪記者。

多年來，我常常想到自己的死亡，說出這件事讓我覺得很丟臉。這樣的想法往往讓我流淚，我的孩子在沒有母親的情況下長大，我的丈夫孤獨生活，我的家人會有多麼痛苦。我覺得很丟臉，因爲這樣根本是無病呻吟。我周圍有一大堆人死去，爲還在世的人留下真正的哀慟，而我想像的那些事情，從統計數據來看，不太可能會發生，或至少不會很快發生，我卻爲此哭泣。然而，讀完研究後，我才覺得沒有那麼荒謬。

「以前，我不會爲任何事哭。現在，什麼都可以讓我哭。」一名男子告訴研究土耳其新聞攝影師創傷經驗的人員。256「我無法不去想死亡這件事，像是在拍完葬禮後。我知道我應該停下來，但還是會一直去想自己的死亡。」

這名男子是參與這項研究的二十名攝影師（均為男性）之一，該研究發表於二〇一九年。雖然身處不同的大陸，但他們的日常職責與多倫多的傑夫相似。有時是好消息，有時是壞消息。這項研究發現，雖然攝影師的身體出現職業傷害（椎間盤和韌帶損傷、眼睛問題、睡眠問題），但心理影響更為明顯。「有四種負面心理影響：減敏或麻木（或敏化）、貶低、無助和情緒不穩，包括暴怒。」研究人員寫道。「攝影師經常目睹屍體、受傷和意外，以及其他人因親人死亡而哀悼。」一名參與者描述了一次事件，他花了好幾個小時利用攝影機的燈光幫助醫護人員在灌木叢中尋找傷者的手臂。

我想起年輕的傑夫拿著他的三十伏特燈，照亮約克大學附近的那具屍體。

暴露在這麼多的創傷之中對土耳其攝影師產生了不同的影響。研究人員寫道：「這種對死亡和失去的強烈恐懼在參與者中很常見。儘管許多人表示，隨著在這一行待得愈來愈久，他們已經習慣了目睹死亡和其他創傷事件，但這種減敏現象似乎伴隨著對自己和重要他人可能死亡和受傷的侵入性思維。」

其他人則對可怕景象和創傷經歷麻木不仁。「害怕的感覺愈來愈少。我什麼都感覺不到，沒有任何情緒。」一名男子告訴研究人員。「舉例來說，有人經歷了可怕的死亡，像是交通事故。人們不敢看，但我根本不在乎。我可以輕鬆地看著她或他。該拍什麼就拍。剛入行時，我會想：『這是怎麼發生的？太糟糕了。』現在這種感覺都消失了。」

用傑夫對我以及我對治療師的話來說，無能爲力的感覺一直是個反覆出現的主題。傑夫在中國以及當義消時，產生了倖存者罪惡感，傑夫在拍火災現場時，看著兩名消防員消失在地板下。我的治療師一再指出，我因爲無法安慰創傷倖存者而表達出無助感，或是在我的一個惡夢中，我勸阻不了一名我報導過的死亡車禍受害者不要上車。土耳其研究人員指出，受訪的攝影師也有類似的無助感，他們「覺得無能爲力；他們的工作只不過是拍攝現場畫面，然後回去交差。」[257]「你想伸出援手，做點什麼，但你做不到。」一位參與者說。「這讓你崩潰。有時我會對自己說，我應該盡力挽救他們，改變他們的命運。」

大多數攝影師告訴研究人員，他們很難調節情緒，也注意到自己會喜怒無常、焦躁和暴怒。他們不僅表現出替代性創傷或次級創傷的典型跡象，連初級創傷也躲不過，因爲除了吸收倖存者的創傷之外，他們還經常目睹創傷事件的發展和後果。研究人員寫道：「經歷過多層次的創傷後，PTSD患者症狀的發生率會變得更高、更嚴重。」[258]

在二〇一四年，多倫多一組研究人員（其中包括讓我知道「道德傷害」一詞的精神科醫師安東尼・法因斯坦）檢視了記者觀看使用者生成內容（user-generated content）的影響。像是創傷事件發生後，發布在社群媒體上或提供給新聞編輯室作爲線報的手機影片。爲了盡可能搜集資訊，記者會仔細觀看這些內容。最生動的圖像通常會在編輯過程中被模糊處理，或是不會呈現在大眾眼前，但在那之前，記者和影片編輯人員已經看過了，可能還看了好幾次。大規模暴力倖存者告訴我，有些影片會引發他們的創傷（例如：槍聲響起或倖存者逃命的影片），而同樣的影片也會對觀看的記者產生心理影響，多倫多研究人員指出。[259]「這項研究的主要發現是，經常獨自且不斷接觸使用者生成內容會導致多種精神病理學跡象，與焦慮、憂鬱、PTSD或酗酒有關。」

研究人員發現，雖然「頻繁、重複地觀看創傷性圖像可能會帶來不良的心理影響，但卻沒有人試圖讓更有經驗的記者來處理很有可能包含極端暴力的新聞報導。」

近年來，我讀到許多研究論文對新聞業的描述與軍隊、警察、消防員和急救人員很類似。也就是說，在這個行業中，心理痛苦很常見，但沒有以任何有意義的方式得到承認。

在二〇〇三年（我入行的兩年前），一項美國研究針對近九百名攝影記者的創傷暴露和PTSD進行了調查，結果發現，愈來愈多記者和攝影記者表示，報導暴力事件對他們的身體、情緒和家庭生活造成不利影響。[260]作者寫道：「有關這些影響的證言尤其值得注意，因爲新聞編輯室堅忍的文化、對客觀性的要求以及『完成工作的必要性』可能會導致新聞工作者不願承認在工作上接觸創傷事件所帶來的痛苦。」

幾乎所有參與研究的攝影記者都目睹過至少有一人受傷或死亡的場景。研究人員指出：「報導車禍、火災和凶殺案是最常見的；而報導車禍最常被列爲壓力最大的任務。至少一半的參與者報導過死亡兒童或受傷兒童家屬、血腥場景、暴力事件以及費時耗日的救援。」

研究人員發現，參與者描述的許多症狀與其他第一線應變人員（例如：警察、消防員和緊急救援人員）經歷的創傷後壓力反應一致。「其他專業人士都認知到PTSD可能是一種潛在的職業傷害，並制定預防和介入計畫，但新聞業才剛剛開始系統化地檢視有關報導創傷的影響。」

隔年，也就是二〇〇四年，研究替代性創傷的人員寫道：「愈來愈多數據顯示，記者在報導創傷事件時會經歷心理危害，這應該引起新聞機構的強烈關注。」大多數「災難專業人士」都接受過創傷性壓力的相關訓練，但記者「可能很少或根本沒有接受過訓練，或是在不了解他們面臨什麼危險的情況下進行報導創傷事件的任務。」[261] 研究人員寫道，新聞學院「應該告訴學生，有愈來愈多的證據表明，某些類型的新聞工作存在潛在心理危害，並將這些資訊納入課程，也應該傳遞有關創傷性壓力反應和預防性自我照護的基本資訊。」

「如果新聞機構努力營造一種氛圍，讓大眾傳播人員得以自由討論他們對工作任務的反應，而不必擔心接不到其他任務，那將帶來很大的益處。」研究人員接著表示。「應該提供並鼓勵對創傷後壓力反應進行適當的治療，不要讓受苦的人再去承受負面後果。」

二〇〇三年那份針對近九百名攝影記者進行調查的研究發現，雖然其中超過三分之一的人曾被雇主警告過，他們的工作可能不利於他們的身體健康，但僅有百分之十一的攝影記者曾被警告過工作可能危害心理健康。大多數參與者表示，他們的雇主並沒有提供這些建議。[262]

到了二〇一九年，研究人員在檢視土耳其攝影師的創傷經驗時，指出了各種研究來佐證，雖然大多數記者願意談論他們在工作中遭受的創傷經驗，但對暴露在創傷之中的潛在後果所知甚少，因此無法採取應對策略。[263] 研究人員寫道：「除此之外，他們不太可能就創傷相關問題尋求機構幫助。新聞課程必須教育學生有關報導潛在創傷事件的影響，以及如何應對創傷相關症狀。」

在二〇二一年，土耳其研究發表兩年後、多倫多研究發表七年後、替代性創傷研究發表十七年後、針對近九百名攝影記者的研究發表十八年後，我請我一位研究助理檢視加拿大和美國一些頂尖新聞系課程課綱。在十八個課程中，她發現只有兩個包含了創傷知情新聞的資料。第三所學校開設了由第三方提供的自主線上選修課程。

因此，爲我塡寫問卷的記者皆表示，在他們入行之前，沒有接受過任何有意義的創傷訓練，也就不足爲奇了。開始工作之後，也沒有什麼改變。極少新聞編輯室提供與創傷倖存者互動的指導手冊。有關創傷知情新聞與自我照護的訓練亦少之又少。264

在我近十五年的報導生涯中，我記得在創傷事件發生後，收到兩次關於員工協助計畫的提醒。這兩封信都是在大規模暴力事件發生後，透過電子郵件發出的，對象是整個新聞編輯室（包括一些與這些報導無關的人）。兩者都在最後面提到了諮商計畫，其中一封在開頭祝賀「精彩的報導」。當然，可能有其他的計畫被提及，而我記憶模糊，但這足以說明，這些資訊意義不大。傑夫告訴我，在我休產假期間，公司爲員工辦了一場壓力研討會，但我的老闆們從來沒有向我這位犯罪記者提起這件事，從來沒有坐下來討論自我照護的重要性，從來沒有警告過創傷可能帶來什麼負面影響。

然而，我卻被拉進新聞編輯室，完成必要的地震防災年度訓練。265 在我住在多倫多的近十五年裡，發生了兩次地震，我沒有感受到什麼影響，但我幾乎每天都能感受到創傷的影響四處蔓延。

在我與傑夫長達三個小時的談話中，我一直在思考他的停車場比喻。我們把這麼多的創傷記憶都存放在大腦裡，但對我們兩人來說，停車場已經滿了，我們必須開始想辦法處理。

我告訴傑夫，我做了EMDR療程，專門對付某個特定案件中的某個特定記憶。我談起治療師說：「她要我不斷回想，一遍又一遍，讓記憶變得遲鈍。然後她又說：『好了，至於下一個療程……』她問我接下來想對付哪個案件。我感到不知所措。因爲太多了。根本沒完沒了。有再多的療程也沒有時間讓你重新審視每一個可能對你產生影響的潛在事物。」我對傑夫說。「而且我不知道是什麼影響了我，直到某一天挨了它一拳。如果是……如果是這樣的狀況，要怎麼處理？」

「不知道。我實在沒辦法回答。我也還在面對。」傑夫承認。「我想，這就是爲什麼我們要討論這些事。治療師會告訴你，想要幫助別人是一個自然反應。」所以我們才會有今天這場談話。「讓人們意識到正在發生的事情及其風險，並試著幫助他們找到減少風險和損害的方法。」

傑夫希望看到整個行業的新聞編輯室主管努力減少創傷暴露。他建議爲指派中心製作一份簡單的表格，這將有助於追蹤不同工作人員暴露在創傷之中的頻率。此外，當雇主僱用新人（例如：新的犯罪記者、無線電室記者，甚至是一般任務記者）來報導創傷事件時，在僱用時就應該針對如何處理創傷暴露的影響進行討論。「這樣新員工就會意識到，這些工作會對人們產生影響。」新員工可能還不明白，但雇主可以說：「作爲一個組織，我們會這樣做，希望讓你做好準備，並讓你知道我們可能會採取行動來幫助你減少創傷暴露。」傑夫表示。這樣他們就不會覺得被排除在重大新聞之外，並慶幸自己在那些時刻受到了照顧。

減少創傷暴露的想法在我閱讀的研究論文中多次出現。替代性創傷的研究人員建議，雖然某些任務無可避免地會導致重複的創傷暴露，但「對新聞機構來說，考慮改變工作分配的方式，把不涉及創傷情況的通訊工作加進來，也許會有助益。」[266] 十年後，法因斯坦醫師針對記者觀看使用者生成內容的研究指出，由於「好的新聞取決於健康的記者」，因此新聞編輯室必須找到方法來降低觀看此類內容的潛在風險。「我們的數據顯示，減少接觸頻率可能是一種方法。」法因斯坦醫師和他的同事們寫道。[267] 二〇〇三年針對攝影記者的研究提到，在創傷暴露程度很高的情況下，「有必要為報導創傷事件的人提供社會協助。」[268] 研究人員建議雇主可以提供諮商、同儕協助計畫，並在重大事件期間供應食物。

傑夫說：「研究結果都已挑明了，為什麼我們還要繼續走同樣的路？為什麼不能偏離這條路？為什麼不能修改它？……如果對營利有幫助，就會有人建立機制。但如果只是對心理健康有幫助，有時就不會被當一回事。」

在過去幾個月裡，當我想著來自不同新聞編輯室的不同同事，以及他們受到創傷影響的跡象時，有個疑問一直侵蝕著我。在我擔任記者的那些年裡，從一開始的日誌到後來在孩子們床上哭泣，有沒有人在工作現場注意到，我無法適當應對創傷？我問了傑夫這個問題。

「你經常和我一起工作。每次我們共事顯然都是爲了報導創傷事件。我當時看起來是不是瘋了？」我知道我不應該用「瘋」這個字，但我告訴傑夫，我在工作期間和離職後常常有這種感覺。「因爲我在壓力很大的情況下工作，而你一直都很冷靜。」

「不。事實上，恰恰相反。」他說。「我覺得你非常專注，不斷消化資訊。而且你很有動力去講述人們的正面故事。這就是你讓我印象深刻的地方。你眞心想要讓報導變得更人性化。我認爲這對犯罪報導來說是一個令人耳目一新的變化，因爲這才是重要的部分。不只是又發生了另一起槍擊案。你會找到一種方法來個人化，讓在家的民衆更能理解這些人也是人，不管他們是否曾觸犯法律。我沒有意識到你無法應對創傷。我完全看不出來。」

他給我的感覺也是如此。

17

就是不一樣

It's Just Different

在你剛失去親人的七十二小時內，媒體與你聯繫，你有什麼感受？

「我們感到被侵犯和恐嚇。我們感到被施壓和批判。我們感到憤怒並受到追殺。我們的隱私被侵犯了。我們一家人的隱私都受到侵犯。」

你認為倖存者公開分享自己的故事有價值嗎？請說明原因。

「有。大眾不了解凶殺案對家庭帶來什麼難以置信的影響。他們認為這就像任何死亡一樣，最終會好起來，人們會像以前一樣繼續生活。我們透過分享親身經歷的故事，幫助人們了解凶殺案對家庭的影響。他們可以看到，現實中的凶殺案和電視上的不一樣。他們會被教育，為什麼一個家庭回不去原本的生活。原本的生活已經不復存在，而現在的新生活不是我們計畫或選擇的，我們需要花很多時間適應。我們透過分享自身的故事，幫助人們理解這一點。」

——凱倫・維畢，問卷內容，二〇二〇年六月十一日

在了解事實、論證以及最終認定一名年輕人犯下多倫多迄今最大規模殺人案的所有原因之前，高等法院法官安妮．莫洛伊（Anne Molloy）有一件事情要做。

「在各個層面與許多日子裡，這個案子都是困難的挑戰。」莫洛伊法官對著近六千名透過Zoom觀看的人宣讀長達六十九頁的判決書[269]，開頭這麼說道。[270]「我掙扎的其中一個問題是，這名被告犯下了可怕的罪行，讓這座城市陷入無以復加的悲劇，目的是爲了出名，而他也達到目的了。」

莫洛伊法官指出，這名男子租了一輛貨車，在多倫多行人密集的路段上撞倒了在陽光下行走的無辜群眾。他告訴一名醫師，如果媒體沒有報導他的名字，他會很失望。「他告訴對他進行評估的司法精神醫學專家（forensic psychiatrist），他受到的關注和谷歌上有關他的資訊讓他『開心不已』。」[271]

雖然她理解法庭訴訟程序公開和透明的必要性，以及記者在告知大眾方面發揮的「關鍵作用」，但「我清楚地意識到，犯人從一開始的目的正是在於這些關注和媒體報導。」她說。因此，在判定他犯有十項一級謀殺罪和十六項謀殺未遂罪時，莫洛伊法官拒絕透露肇事者的姓名，她希望媒體能夠比照辦理，即使她承認，這可能是一個天真的想法。她稱呼他爲「某甲」。

事實證明，這個希望的確太天真了。多倫多和全國各大媒體都在報導判決時曝光凶手的名字，儘管有些人對法官讚譽有加，如同一名資深法庭專欄作家所述：「這是大膽又不平凡的舉動。」[272]

莫洛伊法官宣讀判決時，我那陣子剛好在研究媒體公布大規模殺人犯的名字和照片帶來什麼影響。許多倖存者告訴我，看到大規模殺人犯的名字和照片會讓他們感到痛苦。撇開他們的感受不談，還有另一個不應該透露這些人名字的原因。在學術界，它被稱爲「媒體傳染」（media contagion）效應。[273]也就是一個大規模殺人犯得到廣泛關注，激發下一個人有樣學樣。

我舉幾個例子。

在二〇一五年，維吉尼亞州一名槍手直播了殺害兩名記者的過程。五年後，奧勒岡州一名男子在網路上發表了他對此案的觀察：「有趣的是，我注意到很多像他這樣的人都是獨來獨往、沒沒無聞。不過，當他們做了點濺血的極端行爲，頓時成爲全世界的焦點。」他寫道，後來《華盛頓郵報》也報導了這番話。「一個原本無人知曉的人，現在人盡皆知。他的臉出現在每個螢幕上，他的名字出現在地球上每個人的嘴唇上，所有這一切都發生在一天之內。看來你殺的人愈多，就愈能成爲衆所矚目的焦點。」[274]在網路上發表這些言論一個多月後，作者在一所社區大學犯下九死八傷的事件。

我們知道多倫多的「某甲」至少受到了另一個大規模殺人犯的啓發，[275]那位殺人犯在他廣爲流傳的宣言中寫道：「臭名昭著比沒沒無聞來得好。」[276]我在爲《多倫多星報》撰寫的一篇專欄文章中，讚揚了法官不透露姓名的決定，我指出，「在案發後數小時，某甲的姓名和領英（LinkedIn）大頭貼一經公布，他就出名了。本來只有少數人看到他的社群媒體貼文，現在卻被全世界分享；一大堆記者（包括我）追著一輛警車進入北約克法院的地下車庫，試圖拍攝他的照片。他發表類似宣言的審訊影片被上傳到YouTube。」[277]我引用了刑事司法教授兼研究員潔可琳．席爾德克勞特（Jaclyn Schildkraut）的話，她寫了很多關於媒體對大規模暴力事件報導的文章，有一段話這麼說：「這種作法的後果（也就是獎勵殺人犯的行爲並鼓勵模仿犯）得不償失。」[278]

的確，多倫多貨車攻擊事件發生當下，記者可能還沒有意識到凶手的動機。那天我輪了兩班，爲晚餐時間和深夜新聞節目報導凶殺案，我不記得自己曾經想過：「**這傢伙想要出名。**」也許這是因爲加拿大沒有發生過很多大規模殺人案，所以我們沒有想太多，也沒有想到要去深究。即使在隔天，他堅定地說出自己的名字，就像在回答一位剛剛要求他表明身分的教官一樣，我覺得很詫異，但也沒有想到會是如此。

但到了他受審的時候，到了判決的時候，我們就知道了。每個人都知道了。我們看過了審訊影片，聽到了精神病學證據。毋庸置疑，這麼多生命被奪走，這麼多生命被改變，只因爲某個人想要出名，而他至少受到了另一個有同樣想法的人啓發。的確，到了判決時，任何關心此案的人都已經知道犯罪者的名字。那爲什麼還要去複誦他的名字呢？此案備受敬重的法官拒絕印出他的名字，那爲什麼報紙還要去印呢？

答案可能在一位新聞學教授的評論中，他被要求對法官的決定發表評論。這位教授認爲，不公開大規模暴力肇事者的名字可能會破壞法庭公開制度和新聞原則。「我們的工作是提供大衆事實和新聞。」這位教授告訴一家媒體。「人們需要理解事件。爲此，他們必須知道事實和凶手的名字。他們必須爲凶手加上名字。」[279]

我的「記者自我」與「創傷知情自我」就是在此互相拉扯，因爲記者沒有接受過創傷知情訓練，只接受過報導事實的訓練。當有人妨礙我們報導事實時，我們會很不爽。許多記者覺得自己本來就有權力揭發眞相、追究責任和保持訊息公開透明，而我這麼說並沒有批評的意思。

一位不同意法官這項決定的知名專欄作家表示，法官並非天眞，而是「離譜」，說她「插入過多主觀評論」。[280] 另一位專欄作家在X社群上表示，這個舉動「很莫名其妙」，認爲判決是爲了讓這名男子「爲他所犯下的暴行負責，而不是由某甲來代替。」[281]

我特別提到這個案例，是因爲它指出了我們努力尋找對所有人都更好的故事講述方式，卻遇到了障礙。也就是說，事情以特定方式被完成，因爲一直以來都是如此。**我們如何在不展示**

屍袋的情況下描繪死亡？如果不敲門，怎麼知道家屬願不願意談話？如何在不透露姓名的情況下，報導某人被定罪？

多倫多法官並沒有禁止公布凶手的名字。她只是請求而已，輕輕推了一下，**如果我能做到，你也可以。**雖然採取行動的是法官，而不是媒體組織，但我認爲，這是重要的第一步。因爲它讓我們思考，也讓我們談論可以用哪些不同的方法做事（儘管有些人會不高興）。

法官做出這項決定的七個月後，我翻閱舊硬碟的文件，尋找一則人口販賣報導的筆記，此時，偶然發現了一個音訊檔案。上面貼著一個凶殺案受害者的名字，全部大寫，這是我永遠不會忘記的名字之一，也許是因爲他住在我多次拜訪的集合式住宅——每次都伴隨著新的血腥事件，又一個家庭陷入哀悼，每次的造訪都提醒著我那些過去的悲劇。但主要是因爲我曾爲這位死者母親寫過報導。我將檔案移動到桌面，並點擊播放。

一開始，我聽到錄音機發出沙沙的聲音，我可能把它放在記事本下面，然後我問某人要不要坐下。「好，沒關係。」我說，沙沙聲停下來後，「我很遺憾發生這種事。」我的聲音聽起來很年輕，這讓我感到驚慌，立刻想把手伸到螢幕上的媒體播放器，抓住自己的襯衫，然後說：「**夠了。停下來。**我不想聽。我不想知道接下來的事。」但我強迫自己聽下去。「我們從認識你兒子的人那裡聽到了很多好話，而我想從你這邊聽聽看，他對你來說是個什麼樣的兒子。」

女人崩潰了。「他是最棒的兒子。我兒子是個好孩子。」

「你們兩個很親近嗎？」彷彿在徵求同意讓我這麼寫。

「我兒子很好。」她哭著說。我很想告訴十四年前的自己，問問女人是否想休息一下，是否可以繼續，是否真的想進行這場對話。

「我在某個地方讀到，他在貨運公司工作？那是全職工作嗎？他做多久了？」我聽得出來，我很努力、非常努力地想要找到一個她比較能輕鬆談論的話題。

「一年了。」她的聲音變得呆板。

「一年？你們住在這裡很久了嗎？」這裡，也就是三天前她兒子被殺害的聯排住宅。她來到現場時，頭上還夾著髮捲，尖叫著癱軟在地，警戒線旁邊的警察不讓她走得更近，不讓她看到死去的兒子。這是其中一個令人不忍卒睹的畫面，就像我想像傑夫在死亡車禍現場捕捉到的一樣。但這個畫面還是被分享出去了。在全國最大的報紙上刊登、印刷和曝光。

「七年。」她說。

我又確認了一些無關緊要的細節，然後繞回去問他是個什麼樣的人，這樣才能「讓大家知道名字背後的眞實人物。」我說。

「我兒子是一個好兒子。非常好的男孩。他愛他的家人、弟弟和朋友。」接下來她說的話我聽不懂，因爲她再次情緒崩潰。此時，我聽到的是攝影師同事按下快門以及頭頂上飛機飛過的聲音。

大約六分鐘後，我們進入了採訪的重點，這將成爲我的報導主軸。

如果這位母親有更多錢，就會帶著家人搬到別的地方。

她告訴我，她做過各式各樣的工作，努力爲孩子提供最好的生活，但她無法隨時看著孩子，因爲她是獨力養家的單親媽媽。這是一個重要的故事，我當時這麼認爲，現在也是。即使我的聲音如此年輕，即使我的問題如此常見，即使當我問這位母親，她兒子都跟什麼樣的人來往時，帶有一點檢討受害者的意味。

最後，採訪接近尾聲，歷經幾段長時間的沉默，我知道她不想再繼續下去，儘管我提出了更多問題。我以三種不同的方式請她提供兒子的照片，她都拒絕了。**得再想辦法拿到**。**得再想辦法拿到**。我問了她的名字（我竟然沒有先寫下來），以及她的電話號碼，她給我的回應比之前的都來得完整。然後這場令人後悔莫及的採訪結束在一個難堪的時刻。

「你知道我爲什麼和你談話嗎？只不過是因爲我想讓你搞清楚，我兒子是什麼樣的人。但我希望人們不要再來煩我，讓我好好地哀悼，我沒辦法再面對媒體了。不管我去哪裡都有攝影機，我受不了了。我需要靜一靜。我和你談話是因爲我希望人們不要打擾我們。我希望你已經得到所有你想要的資訊，現在我需要獨處。」

「非常謝謝你願意和我談話。」我說。「感激不盡。我知道這段時間眞的很難熬。」錄音到此結束。

聽完這場採訪後，我在檔案庫中尋找第二天報紙上刊登的報導。當然，裡面沒有提到她不想談話，只想靜一靜。[282] 但前一天印出來的頭版新聞提到過。那篇關於調查的報導引述了警察的話，也提醒我，我已經跑去採訪了那位母親。其中一段內容如下：

> 受害者的母親昨天聽到消息後趕到現場，淚崩倒地，今天她在家中拒絕發言。
> 受害者的姊姊亦不發一語，把問題丟給坐在餐桌旁的兩個朋友。
> 「他不應該被槍殺。」看起來很沮喪的年輕男子只說了這句話。
> 「我們真的什麼都不想說。」他旁邊的年輕女子表示。[283]

然而，僅僅一天之後，我就又去採訪。想碰碰運氣。而且還眞的被我採訪到了。因爲這次這位母親太想擺脫我，所以才會回答我的每一個問題，直到我覺得夠了爲止。

「我聽起來眞的很年輕。」我告訴治療師。她提醒我，我聽起來很年輕，因爲我**當時**就是那麼年輕。一名二十二歲的記者，工作了兩年半，還在從一份合約跳到另一份合約，還在學習，沒有接受訓練，只是不斷催促自己「**得想辦法報導**。**得想辦法報導**。」我試著放下這個故事帶給我的遺憾，因爲如果我陷得太深，就會淹沒在更多故事的遺憾中。

CNN **即時新聞**秀出瑟琳娜．聖．費利斯（Selene San Felice）和菲爾．戴維斯（Phil Davis）微笑的大頭照，旁邊的幻燈片展示全副武裝的警察、黃色警戒線、警車、消防車和救護車的畫面，上方則是該網絡收視率最高的節目主播之一。瑟琳娜和菲爾透過電話接受訪談。284 主播說：「我很高興你們倆沒有大礙。發生這種事眞的很遺憾。」就在幾個小時前，一名槍手在馬里蘭州安納波利斯的《首府新聞報》（*Capital Gazette*）新聞編輯室內開火。他們有五名同事在事件中罹難。

瑟琳娜的聲音顫抖，和銀幕上微笑的大頭照搭不起來。她說：「我記得聽到槍聲時，我正在辦公桌前工作。槍聲響了好幾次，我才意識到發生了什麼事。」她解釋說，她看著實習生，說她要趕快離開，然後抓起皮包，衝到幾步外的後門。她接下來的話滿是悲傷和脆弱，並暗示了即將發生的慘劇：「門被鎖了。我說：『它鎖住了。』」

她只好和實習生一起躲在桌子下面，她不確定接下來幾秒鐘到底發生了什麼，但她知道她的一位同事站了起來，她聽到腳步聲，然後看到同事中槍、被殺害。瑟琳娜的呼吸聲很大，儘管她試圖不讓自己呼吸，腳步聲很近，他們嘗試報警。她說到這裡停了下來，勉強擠出一句「剩下的部分你應該都知道了。」

但主播還想知道更多。「有人說了什麼嗎？槍手有說什麼嗎？大家都很安靜嗎？你記得聽到什麼聲音嗎？」

所以，她又多說了一些。她的同事菲爾表示：「在某個時刻，我聽到他在重新裝填子彈，心想：『**我們全都要死了嗎？**』不一定是『**他結束了嗎？**』而是『**他是不是要殺光這裡所有的人才要走？**』」瑟琳娜說：「對，我也差不多是這麼想的。」然後是一陣沉默，主播等著她繼續說下去，但她沒什麼要說的了，至少在那一刻沒有。

接著，主播問了關於槍擊演習、火災演習和新聞編輯室收到恐嚇的事，再回頭問：「瑟琳娜，你還好嗎？」

她說：「呃，我看到人死掉，實在不怎麼好。」有一瞬間，她陷入了許多毫髮無傷的人會陷入的狀態，她說當她躲在桌子底下時，確實得到了實習生的協助。然後她深吸了一口氣。「顯然，我原本狀況可能會更糟，不過，嗯，現在我很難思考人生三十分鐘以後會怎樣。三十分鐘是一段很長的時間。還有……」她在這裡停頓了下來，接著緩緩吐出：「我只是……」然後她加快了速度，因爲事情就是這樣：「答案是『不好』。但我在這裡，並且和你談話。我知道很多人都在聽。」她接下來說的話即將成爲新聞標題。「聽說川普總統爲我們祈禱。」她說她不想讓這件事政治化，但「我們需要的不僅僅是祈禱。我很感激你的祈禱。我躲在桌子底下時，一直在祈禱。有你的祈禱很好，但我需要別的東西。」

菲爾表示同意。瑟琳娜再度開口。

「這個新聞會持續幾天？不超過一星期。一星期後，人們就會忘記我們，除非我們持續發布推文。我現在不太在乎了。」她輕輕哼笑一聲，她說她沒想到今晚會和這位CNN大主播談話。「我以爲人們會收到手機新聞通知，然後直接略過，就和大家會做的事一樣。『脈衝』事件發生時，我有去報導。我在佛州上學。我記得我聽到受害者在當下傳簡訊給家人的事，心情很低落，而後來我也發生一樣的事。」她的聲音變得沙啞。「坐在桌子底下，傳簡訊給父母，告訴他們我愛他們。我只是……我只是不知道自己現在要什麼。但我需要的不只是幾天的新聞報導，或是關心和祈禱，因爲……」她再次放慢速度。「我們整個人生都破碎了。謝謝你們的祈禱，但如果只有祈禱，我根本一點也不在乎。」

訪談到此結束。

大約三年半後，我眼前的瑟琳娜坐在她公寓內的窗戶旁，身後有一排植物，黑髮向後梳起，穿著運動衫，她剛剛在坦帕灣的陽光下跑步。她和善的眼神和溫柔的笑容散發著力量和優雅。

我們見面不是爲了討論新聞編輯室裡發生的事情，而是之後發生的事情，以及接下來幾小時、幾天、幾週和幾個月如何改變她看待新聞業的方式。

「我不怪他們任何一個人。」她告訴我。[285] 在她走出馬里蘭州警察局時，那個CNN看板節目製作人打給她。那位主播報導過無數創傷事件，卻要她娓娓道來她的經歷。有幾個記者送花來，上面附了名片。某晨間節目記者帶著甜甜圈出現在她家門口，前一天瑟琳娜才拒絕過她。還有記者不斷按她父母的門鈴，發出一陣又一陣的「噠噠叮」聲，感覺像砲火一樣猛烈，細小的聲響開始變得愈來愈大，就和門鈴一樣，讓瑟琳娜陷入恐慌。[286]「因爲他們沒有在學校和職業生涯中做好準備，而且在眞正身臨其境之前，你不會知道那是什麼樣子。你完全不會知道被媒體包圍以及經歷這種巨大傷痛是什麼感覺。」她說。「還要應付PTSD症狀、與媒體打交道、參加葬禮等等。你不會知道那是什麼感覺。不可能感同身受。」

在她的新聞編輯室發生大規模槍擊案之前，「記者瑟琳娜」不會了解要「倖存者瑟琳娜」向觀眾細數事發經過會帶來什麼傷害。畢竟，大規模暴力倖存者往往是目擊者。誰比他們更清楚詳情？當她接到那通邀請她在全國性節目上受訪的電話時，她還不清楚會有什麼影響。也許直到那一刻，當主播要求菲爾「簡單說明一下你所看到、聽到的事」時，她才開始感受到講述並重溫那些時刻有多可怕。但除了重溫那些時刻之外，講述事發經過還有另一個後果。「你可以看到我如實描述。」瑟琳娜告訴我。「我透露了我的其中一位同事……在我面前被槍殺。我們說出了死者的名字，我想那時家屬還不知情。」

回到瑟琳娜走出警察局的那一刻，她的電話響了，打來的是那個製作人，我問她，在她遭到媒體窮追猛打之前，是否希望有人可以告訴她某些事？瑟琳娜指出，在事發後數週還是數個月，她不記得是哪一個，她和一些倖存的記者同事開始想要分享他們的故事，但她在《首府新聞報》的前老闆另有看法。「他說：『每個人都想從你身上分一杯羹。他們只想奪走我們的一部分。』我心想：『不是這樣的。』我沒有這種感覺。」

隨著時間過去，瑟琳娜的感覺也開始改變。

你可能會想，如果那位悲傷的母親不想跟我說話，爲什麼不直接拒絕我呢？確實，她認爲只要說話，就能讓我走開。但可能還有別的原因，艾琳．葛林告訴我。她透過一名大規模暴力倖存者聽說了我的研究，覺得有必要與我聯繫。因爲她與創傷倖存者共事近三十年，最近的職位是拉斯維加斯大都會警察局受害者服務中心的主管，她對很多事情有很多話要說。

我們的對話觸及許多層面，從人口販賣、大規模暴力、凶殺到死亡車禍。我們談到受害者服務提供者應該與記者建立關係（如她的辦公室所做的），與警察部門合作（如她的辦公室所做的），並教育創傷倖存者（如她的辦公室所做的），這些作爲都是爲了減輕媒體造成的創傷。她說的許多話影響了這本書的許多內容，你應該已經看過她的名字出現好幾次。但這次交流對我產生了特別深遠的影響，也讓我反思了多年來與倖存者的互動。

我們談到中間人存在的重要性。這個人可以是倖存者支援人員、調查人員、家屬指定的發言人，**誰都好**，他要當一道倖存者和記者之間的屏障，能夠知情並爲倖存者著想。因爲除非記者已經被拒絕，否則在他們敲門之前，他們不會知道倖存者願意開口，還是在他們面前甩上門。艾琳同意中間人的重要性，但她補充了我從沒想過的脈絡。

「因爲一旦你站在他們面前，很多時候受害者就不會拒絕。但他們又會不高興自己答應說話。」她表示。[267]

「爲什麼答應說話就會不高興？」我問她。

「因爲他們不想和媒體打交道，但又不知道該如何拒絕。我常聽到這樣的說法。就像是**『真希望我沒有那麼做。』『我心裡很不舒服。』『我不知道我可以請他們走。』『我不想那麼刻薄。』**」

想像一下，一個孩子剛被殺害的人，允許記者進入他家，因爲他不想那麼刻薄；有人正在爲剛被酒駕撞死的妻子辦喪事，年幼的孩子拉扯他的衣角，他允許攝影師將麥克風別在他的領子上，因爲他不想那麼刻薄；一個沒有睡覺的人，生怕閉上眼睛就會回到他躲避槍擊的那個廁所，他在那裡看著朋友嚥下最後一口氣，深信自己也會死，他允許一群記者在自家門前的草坪上紮營，他們對彼此叫囂，要對方別擋住鏡頭。他默默忍受，因爲他不想那麼刻薄。然後一次又一次地點頭答應，記者一個接著一個來，年復一年，因爲這些倖存者已經被貼上「**願意說話**」的標籤。

「記者有責任知會大眾，但也必須牢記這麼做帶來的影響。」艾琳說。「這不僅僅是『如果我有一個更聳動的故事，你就會看我的電視臺而不是轉到其他臺。』記者們必須意識到他們也在造成傷害。」

根據我過去在這一行的經驗，以及我一路上認識的許多記者，他們塡寫我的問卷，傳訊息給我，分享我的研究，或是花好幾個小時接受採訪，我知道記者並不希望造成傷害。事實上，他們想要的恰恰相反。他們想要創造一個更美好的世界，在能力所及的範圍內幫助倖存者，同時保有作爲客觀敘述者的誠信。每個專門報導創傷的記者都知道，有些受訪者並不想被採訪，但他們也與那些確實想接受採訪的人建立了有意義的關係。至於意見分歧的家庭又是什麼狀況呢？

以海瑟．迪爾曼（Heather Dearman）爲例，她的表親在二〇一二年科羅拉多州奧羅拉電影院槍擊事件中受傷，這起案件還奪走了她表親未出世的孩子和六歲女兒薇若妮卡的生命。「我想大聲告訴所有人，薇若妮卡是個多麼漂亮的孩子，她給每個人帶來了多少歡樂，我們一家眞的很心痛。」她在電話裡告訴我。但她的姑姑們叫家人什麼也別說，在表親住院期間不要接受任何媒體採訪。當媒體追逐其他倖存者時，海瑟覺得自己被消音了。她沒有選擇，無法發聲。但她意識到，她對媒體的感覺甚至與自己的女兒大不相同。事發當晚，群衆聚集在電影院外，拿著蠟燭，互相擁抱，流下眼淚，現場充滿希望、恐懼和無止盡的痛苦。此時，一名攝影師靠過來，在悲傷的時刻不停「喀嚓、喀嚓」按下快門，令她的女兒氣憤不已。288

不造成進一步傷害的責任是複雜且巨大的，但整體而言，記者所處的環境並沒有引導他們該怎麼去做，告訴他們什麼能做、什麼不能做。如同我們在前幾章所看到的，傷害並非單向的。

我開始了最新一輪的治療，因爲我認爲，我所做的研究觸發了我在工作上的創傷。不過，當我繼續努力擺脫那些特別痛苦的記憶時，我發現自己在過去幾個月面臨了新的感受：多年來沒搞清楚狀況的罪惡感。是的，我有一段時間怨天尤人，覺得沒有人照顧我，沒有人警告我，沒有人告訴我更好的做事方式。但犯罪報導是我自己選擇的職業。身爲一個成年專業人士，如果我不想造成進一步的傷害，應該要確保自己知情，**創傷**知情。如果我早點這麼做，早早這麼做，也許還是會有這些我正在處理的創傷，但不會有這麼多需要彌補的**道德傷害**。

「在我能感同身受之前，我已經犯了錯。」瑟琳娜告訴我。「我認爲重要的是，不僅要談論人們在報導我時所犯的錯誤，也要談論我在報導時所犯的錯誤。」因爲瑟琳娜是這個體制的一部分，受到這個體制的影響，而且也正在努力改變這個體制。

在瑟琳娜成爲新聞編輯室大規模槍擊事件倖存者之前不到九個月，發生了拉斯維加斯音樂節大規模槍擊事件。在數百名被掃射並倖存的人中，有一名來自馬里蘭州某個地區的女性——更具體地說，那個地區位於瑟琳娜所屬報社的報導範圍內。起初這名倖存者的病情不斷被更新。接著是她被轉到另一家醫院的報導。還有群眾募資平臺「眾籌網」（GoFundMe）上的故事。

以及更多有關她康復的最新消息。在某個時刻，家屬請了一家公關公司來協助他們處理媒體的要求。瑟琳娜現在可以體會到，一邊陪親人走過這段可怕的歷程，一邊還要接記者的電話，這對家屬來說有多麼困難。但她當時無法體會。到了大約案發後六、七個月，也就是她自己經歷槍擊案的前兩、三個月，瑟琳娜對公關人員不讓她接觸家屬感到沮喪。她可以理解家屬在事發當下不願接觸媒體，**但現在都已經過了這麼久了**。因此，她繞過公關人員，直接聯繫家屬。

她發給受傷女子母親的臉書訊息充滿了同情，包括了像這樣的句子：「我一直在關注這個故事」還有「我一直掛念著你們所有人」，而這些都是肺腑之言。但她現在了解到，那樣的聯繫、那樣不遵守規則的變通作法，已經越界了。「他們切斷與我的聯繫。」她說。「在我的新聞編輯室發生槍擊事件後，我傳了訊息給公關人員，我說：『我現在能感同身受了。』」她從未得到任何回應。

「當時，我不懂爲什麼我不能與家屬交談。」瑟琳娜說。「我以爲過了七個月就沒關係了。但事實**並非如此**。」她搖了搖頭。「對很多人來說，**並非如此**。」

當瑟琳娜發訊息給拉斯維加斯槍擊案受害者的母親時，年紀只比我去採訪多倫多槍擊案受害者的母親時大一點點。

「我在創傷方面犯的每一個錯誤，都是因爲我有來自編輯的壓力，必須想辦法報導這個故事。」她說。

我回想起我剛開始工作的那幾年。狀況是同樣的。新聞業是一個競爭激烈的行業，你必須在滿是年輕記者的大型新聞編輯室中脫穎而出，才能得到下一份合約，那種壓力是很巨大的。這不代表你要去做一些見不得人的事情搶新聞，然後希望老闆別發現；這代表你要去做一些見不得人的事情搶新聞，因爲這是老闆叫你做的。**再去敲一次門。走進醫院裡面。留在現場，直到有人拿著花過來。在有人出來之前，不要離開這棟房子。再一次，再一次，再一次。你不做，還有很多人要做。**直到最後，記者變得訓練有素，不需要再被提醒，因爲他們明白：這就是工作。該做的就去做。

我很確定媒體高層沒有爲報紙編輯和電視新聞總監訂下這些規則，要求凶殺案的報導必須包含悲傷的母親，呈現屍袋的畫面，或分享案發過程的監視器影像。但如果第一個聳人聽聞的報導獲得了收視率、點閱率和報紙銷量，而下一個這樣的報導也是，那麼新聞編輯室的老闆們就會明白：這就是工作。該做的就去做。

不斷地惡性循環。

因爲這些原因，僅僅讓記者了解創傷是不夠的。「從管理階層到執行階層的每個人都需要接受創傷訓練。」瑟琳娜主張。「而在這樣的訓練中，我們要去認眞思考，我們怎麼報導這些不同的案件，又爲什麼要用這種方式報導：僅僅是因爲一直以來都這麼做嗎？」

在開始錄下我們的對話之前，我向瑟琳娜說明了幾個例行事項（新聞業的通則在這裡不適用；我不在乎公開或不公開的規矩；如果你後來改變心意不想參與，或是想撤回、更改說過的話、身分被識別的方式，都沒關係）持續的知情同意是我的堅持。瑟琳娜現在指出了這一點，因爲這些事項不應該只針對一個研究計畫或一本書，而是應該適用於任何涉及創傷倖存者的報導。

「當涉及到創傷時，情況就是不一樣。」她說。「人們處於不同的心態。完全不同。因此，你必須以完全不同的方式報導，不能每一個細節都呈現。不能因爲是新的細節就發布出來。」

「因爲你有這些細節，你能發布這些細節。」我說。

「對，或因爲你無意中聽到這些細節。」她說。

「你拿到手機影片，不代表要秀出來。」我說。

「沒錯。」

我想起了我無意中聽到（或後來聽到）新聞編輯室主管之間的那些對話，他們在決定要不要播放可能會造成創傷的片段。有幾個例子是監視器畫面顯示人們遭到槍擊。很多時候，問題似乎不在於「**該播放嗎？**」而是「**怎麼樣才能播放？**」爭論的焦點往往是「**如果我們不做，別**

人就會做，所以我們不得不做。」

在她的新聞編輯室發生槍擊事件後，瑟琳娜遭遇記者時有了不好的經驗。但她也遇到了許多很棒的記者，他們同時也是很棒的人。「你就是不知道怎麼處理這種事。」她聳了聳肩。「沒有人幫你做好準備。你就是會再度受創。」

不管是倖存者還是記者都一樣。不斷重蹈覆轍。

從記者到倖存者，再從倖存者到倖存記者，瑟琳娜這些年來利用她獨特但不幸的經歷來倡導改變。她爲國際知名的非營利新聞學院和研究中心波因特學院（Poynter Institute）撰寫了一篇文章，標題是「我在大規模槍擊事件中倖存下來。以下是我對其他記者的建議。」。[289] 她和幾位前同事透過NPR播客節目《嵌入》（*Embedded*）詳盡分享了他們的創傷歷程。殺害她五名同事的男子在接受審判時，表示後悔沒有殺了她，瑟琳娜直視凶手的眼睛說：「他是該後悔。」[290]

我問她，身爲創傷知情新聞的倡導者，她是否充滿希望地認爲改變會到來？還是感到挫敗？此時此刻她怎麼想？她深吸一口氣，然後緩緩吐出。

「我充滿希望，但也感到挫敗。」她說。「當我能夠進行這樣的對話，當我被要求講述我的觀點而不是我的故事時，我充滿希望。當我看到我們最終說服了電視臺和其他媒體不再使用槍手的照片和大頭照做爲賣點時，我充滿希望。」

「而我感到挫敗，是因爲我們需要花這麼大的力氣。要說服其他媒體做這麼簡單的事情居然難如登天。」這麼簡單的事情，像是給人們機會轉身離開或是不去點擊某篇報導；給這些倖存者一個選擇，不要再被第一次傷害他們的人再次傷害。「當你正在傷害的人說：『你這麼做會對我的身心造成傷害。』而這些話沒有被聽進去，非常令人挫敗。老派的新聞就是這樣。」

「但我還是充滿希望。因爲我認爲新聞業正在往好的方向前進。」

瑟琳娜指出，愈來愈多記者被鼓勵要有同理心，不再被禁止報導自己的社區，且「被允許不去否定部分的自我」。但仍然還有很長的路要走。

「以現狀來看，你將不得不犧牲一些點閱率、一些收視率才能做正確的事情。」她說。我不太確定，因爲我還沒有看到任何研究指出，帶有大規模殺人犯縮圖的新聞報導比帶有受害者或倖存者縮圖的新聞報導獲得更多點擊。但也許這存在於某些媒體高層的想法中，如果是這樣的話，那我同意瑟琳娜的說法。「當人們看到你做了負責任的新聞，看到你做出對人們最有利的選擇時，你就會獲得更多信任。希望隨著時間過去，這些指標會愈來愈好，並轉移到其他地方。」

我之前提到瑟琳娜是倖存記者，因爲她還在當記者。雖然你可能會理所當然地認爲（就像我一樣）她不再報導有關創傷的故事，但你錯了。事實上，就在最近，她報導了另一起發生在坦帕近郊的大規模槍擊事件。

「很難。」她表示。「尤其是大規模槍擊事件。但老實說，更難的是看到那些錯誤，我視它們爲錯誤。」她澄清說。「因爲沒有人去訂下規則。」瑟琳娜可能感到悲傷，也可能感到挫敗，但她將她不幸又獨特的經歷搬到檯面上，人們因此信任她，而對瑟琳娜來說，這具有強大的力量。因此，如果在某一天，她覺得自己的狀態可以講述一個創傷故事，可以採訪倖存者，她就會這麼做，因爲她知道自己會以她認爲負責任的方式去做。

「我繼續做這份工作，因爲我熱愛這份工作。我喜歡寫專題。我喜歡寫有趣的故事。我喜歡所有我能做的新聞工作。」她說。至於創傷報導？「這是伴隨工作而來的。它很重要，所以我才會去做。會出現各式各樣的情緒，但我很榮幸能夠講述人們的故事，我希望能爲他們把事情做對。」

「因爲如果讓別人來做，別人不一定能做對。既然我有一個平臺，我就要以我認爲正確的方式好好地講述故事。」

後記
Epilogue

記者們站在黃色警戒線外，等待調查人員結束工作、屍體被移走，或有人拿著花走過來。在那幾個小時中，他們不斷聊著天。分享孩子和孫子的照片。談論投資策略、假期計畫、誰被開除、誰又被僱用的最新消息，以及某個併購案對我們的飯碗有什麼影響。有一次，我站在一條發現了凶殺案受害者屍體的鄉村道路旁，另一個新聞編輯室的同事告訴我，他們的犯罪記者剛剛宣布退休，我應該跳槽過去。那場對話讓我從報紙轉戰電視。

很多時候，有人站在最糟糕的地方、處於最糟糕的情況下，提出了問題：「**你願意說話嗎？**」也就是說，如果你的親人被殺害或撞死，如果你目睹了可怕的事情或有人對你做了可怕的事情，媒體跑來敲門，你會願意接受採訪嗎？

通常，那些過去常敲人家門的老記者或老攝影師會宣稱：「**我會叫他們滾蛋。**」或「**我已**

經告訴家人，如果我被公車撞了，不要接電話，也不要開門。」年輕人則經常給出另一種答案，一位入行不到十年的記者在我的問卷中寫道：「我只能代表自己說話，但我聯繫家屬的首要原因是，我認爲這是尊重人的事。如果我有親人死於暴力犯罪，或以某種會上新聞的方式身亡，我會希望講述他們是什麼樣的人，而非他們是怎麼喪命的。」

我願意說話嗎？這是我一直糾結的問題。聯繫倖存者時的不適感讓我偏向**不願意**，但這份工作能帶來更大利益的信念又讓我偏向**願意**。現在，考慮到我所有的調查和採訪結果，創傷對大腦的影響，以及倖存者面對媒體關注幾乎完全缺乏協助，與倖存者打交道的記者幾乎完全缺乏訓練，我決定待在**叫他們滾蛋**的陣營。

從事這個研究計畫確實是一段艱難的旅程。但我找到了希望。我在艾琳．葛林身上找到了希望，她告訴我，在拉斯維加斯受害者服務中心工作的近三十年裡，她的部門總是與媒體保持對話。艾琳無法想像一個倖存者協助系統不去投入資源協助創傷倖存者面對媒體。這些系統應該警告他們可能會看到什麼細節或圖像，在與記者的對話中爲他們發言，幫助記者以更創傷知情的方式講述故事。「如果我們與媒體建立了基於信任和尊重的流動關係，大家都會比較好過。」艾琳告訴我。[291]「媒體可以幫助我們讓大家知道這些人值得去尊敬、認可和讚美的地方；反過來，我們可以提供一些他們撰寫報導所需要的資訊。」毫無疑問，這種來回對話避免了巨大的傷害（對倖存者的傷害，以及對記者的道德傷害。但艾琳是個例外，不是常態。我遇到的絕大多數創傷倖存者都告訴我，他們沒有得到任何足以面對媒體的協助）受過訓練的受害者服務提供者、媒體關係人員、調查人員都沒有提供這種幫助。誰都沒有。

我持續在加拿大和美國各地記者發來的私人訊息中找到了希望，他們在X社群上看過我的#traumainformed、#journalism討論串，或讀過我的研究論文，或從傳聞中聽說我一直在努力改變這一切。**我不知道家屬是否願意在開庭前發言？我該怎麼接觸他們？或是我剛剛接到一位倖存者的電話，他希望我們刪除報導中的一個細節。我該怎麼跟主管說，他們才不會發火？**很多時候，記者只是想分享哪些故事（或一系列故事）讓他們的創傷滿溢而出，並謝謝我做了這些努力。因爲他們渴望改變，渴望讓報導正常化，不去造成進一步傷害，並帶來一些益處。

我也在一百多名創傷倖存者身上找到了希望，他們爲了我的研究和這本書與我分享了痛苦，重溫了創傷，提供了反饋，讓自己變得脆弱和暴露在外，在電話、電子郵件、視訊、簡訊或社群媒體私訊來來回回的對話中敞開心房，幫助我盡可能理解他們的創傷，而同時我也知道，我永遠不會眞正理解他們的創傷。他們這麼做是因爲他們相信自己的故事可以成爲良善的力量。我很榮幸被邀請參加倖存者支援聚會，並在私人線上協助團體中從旁觀察。我的老天，如果有這樣的鬥士在背後支持這個計畫，還不能推動整個系統朝著正確的方向前進，那也沒有其他辦法做得到了。

你現在可能已經感覺到，這個計畫並不容易。它最初是針對凶殺和死亡車禍倖存者心路歷程的問卷調查，後來演變成了一場個人旅程，充滿起伏跌宕和各種驚喜。我從沒想過會有這樣的發展。我沉浸在創傷中，我以爲自己對「創傷」這個主題瞭若指掌。但隨著每一份問卷、每一場採訪、每一支播客、每一本書，當我愈來愈深入了解創傷倖存者的經歷時，我也面對了我過去可能多次造成的許多傷害，即使我很努力要帶來益處。我強迫自己走上了痛苦的道路，而我一直希望這些道路會消失。我分享私事的程度會讓過去當記者（以及極度重視隱私）的自己驚嚇不已，有很多事情，我在內心深處還是寧願你不知道。我在最近與治療師的一次談話中，第一次唸出一段特別讓我感到痛苦的段落，一個特別讓我感到痛苦的句子，我擔心它會透露太多事，可能會讓我的家人讀不下去，但她告訴我：「當我們把黑暗、痛苦說出來時，就照亮了它。」然後她建議我：「你甚至可以和這樣的恐懼對話。這麼做能讓你重獲自由並開始處理它。」[292]所以我照做了。這一直都很可怕，現在還是一樣。我把自己置於一個極其脆弱的處境，讓自己面對記者和學生記者的各種問題，正如我在整個計畫中分享近況一樣，他們希望我分享我的創傷，但我還不是很想談這件事，當我寫下這些話的時候也不是很想。嗯，**原來這種感覺就是如此**。

但正如我一開始所說的，這本書的重點不在我身上。而是要爲這場對話騰出空間。我分享每一次反思、每一次經歷和每一次傷害都是爲了要讓你了解不只我的行爲，還有許多人的行爲；不只我的痛苦，還有許多人的痛苦。這本書中每位創傷倖存者的故事都是如此，他們渴望讓你知道，被迫加入這個俱樂部的感覺是什麼。因爲傷害已經造成。但我們可以透過我們過去學到的教訓、我過去學到的教訓，讓下一次做得更好。

給記者：

好好照顧你所報導的對象，也好好照顧自己。你的主管（和新聞學講師）必須透過政策和訓練扮演重要的角色，當一個正派的人，體認你對他人造成的傷害也會對你自己造成傷害。請他們跟你一起就座。要求跟他們坐在一起。主管必須盡可能減少創傷暴露（不要派同一個人連續報導凶殺案、葬禮、寫實的法庭證據或死亡車禍）。若是做不到（例如：全職犯罪記者），他們必須創造一個能促進自我照護並提供擁有足夠自我照護資源的環境。需要報導創傷事件時，先把競爭放在一邊吧，拜託你們，不要把「獨家」建立在某人的痛苦上。

去了解倖存者支援人員。搭起橋梁。告訴他們你想做好事。問他們問題，不爲了報導，而是爲了讓自己了解。教育自己，創傷在不同類型的犯罪中代表什麼意義。像是人口販賣，受害者可能會被誤認爲犯罪者，檔案照被公布，旁邊還列出指控，但這些其實都不是她的錯，而是人口販子的錯——直到她正視自己的創傷，並決定出庭作證，讓指控被撤銷，但她的名字和照片永遠都會存在你的報導中，那些善意有餘但知情不足的報導中。要了解這種創傷。如果倖存者支援人員或倖存者本人來找你，要求被遺忘權（the right to be forgotten），那就將網路上的報導下架，讓她可以申請工作、建立健康的關係或收養孩子，而不會受到進一步的傷害。[293]

因爲這些東西、這些報導，可能會在未來幾年造成真正的傷害。而我了解，已經發生的就是發生了，無論是被錯誤指控的人口販賣倖存者，還是在震驚、悲慟、困惑和憤怒中同意接受採訪的凶殺案倖存者。這是當下的事實，而事實應該永遠存在。就像政客在開啓的麥克風上罵髒話，或學校董事會官員被抓到剽竊。只不過，當問題涉及創傷時，

就是

不一樣，

所以請下架這該死的故事，或刪除令人不快的照片、細節以及可認出身分的資訊。尊重被遺忘權。別造成進一步傷害。

請記住創傷對大腦和記憶會產生什麼影響，以及創傷可能會以各種方式讓受訪者糊里糊塗地同意或混淆你報導中的事實。別在事發後幾個小時或幾天內直接去找倖存者進行採訪。別接近不想被接近或不得已在場的人（他們可能在紀念地點獻花、走出差點喪命的地方、參加葬禮、

在驗屍官辦公室外、在醫院，或剛剛被告知親人罹難而正要離開某棟大樓。），請拿捏好距離。如果你擔心在敲門之前打個電話提前知會倖存者，或在按下錄音鍵前先與他們談一談，可能會害你丟掉搶到新聞的機會，那採訪就不應該發生；如果創傷倖存者和你交談只是出於禮貌、不想那麼刻薄，或沒有完全理解採訪的內容、使用方式和它會造成什麼後果（像是其他記者可能也會打來要求採訪），那採訪就不應該發生。

請回答他們提出的問題、他們忘記提出的問題、他們不知道要提出的問題。告訴他們你將報導什麼內容、使用哪些圖像、給予他們多少空間、故事將在哪裡被分享以及會持續報導多久。然後把它們全部寫下來，等到你離開房子，他們的心跳緩和，受到創傷的大腦冷靜下來，就可以好好讀一讀。給予倖存者選擇權。詢問他們想從這次經歷中得到什麼，並當成你的目標。如果這是分享親人故事的機會，那就將它納入報導中。如果是爲了揭露司法系統的明顯缺陷，那就把它寫出來。如同伊芙琳．福克斯在問卷中寫的：「別打斷或過濾家屬說的話，這是他們公開反抗殺親凶手並請求大眾提供資訊的機會。」**他們**的機會。不是你的機會。身爲記者，我總是非常感激倖存者願意與我分享他們的故事。但我把感激之情用錯了地方。重點從來都不是「我」或倖存者「給了我什麼」。要說故事，而不是奪走故事。

當你寫完報導後，詢問倖存者是否願意聽或看並提供反饋，然後再與大眾分享。這樣的反饋可以大大幫助你減少對倖存者的傷害以及對自己的（道德）傷害，也有助於確保內容準確無誤，因爲我們面對受創傷的大腦。做後續追蹤、確認對方好不好。

給倖存者支援人員：

無論你是調查人員、志工、非營利組織員工還是政府雇員，都應該認知到一道巨大的鴻溝：很多倖存者在與媒體互動（或缺乏互動）時，沒有獲得任何協助。這道鴻溝在創傷事件發生當下特別明顯，此時媒體的關注度往往最高。等到葬禮結束後再來處理（如果有人要處理）這個問題爲時已晚。很多時候，傷害已經造成了。制定好計畫。向倖存者解釋他們的權利。擔任他們的發言人或協助他們指定發言人。協助他們撰寫聲明並挑選照片。寫下他們的願望或者聲明，張貼在他們的門上。在進行採訪前向記者提問，幫助倖存者制定方針。在進行採訪時和他們坐在一起。與記者對話！和他們見面喝喝咖啡。詢問他們工作的情況。告訴他們你的情況。幫助他們理解。給他們一組電話號碼，當你的個案被迫把傷痛攤在大衆面前，媒體可以聯繫得到你，看看倖存者是否願意說話，而不是搜索社群媒體、敲門或照自己的意思進行報導，沒把倖存者放在眼裡。他們可能有話要說，也可能不願開口，但如果沒有電話可以聯繫、沒有適當的關係、沒有信任、沒有人從旁協助，他們就得不到選擇或發聲機會。

給觀衆。消費者。你：

質疑你讀到的、看到的和聽到的內容。你想在報紙頭版看到屍袋的照片嗎？那電視上呢？你想看到人們在大規模槍擊事件中逃命的手機影片不斷循環播放嗎？你需要看到血淋淋的刀子才能知道某人被刺殺嗎？或聽到「砰砰砰」的聲響才能知道某人中彈？你需要看到躺在擔架上的人被急救嗎？或是那些呈現目擊者歇斯底里的影片，他們其實是倖存者，正在找親人、只想找到親人？告訴你當地的新聞提供者，你要什麼、不要什麼。詢問他們報導創傷的政策。詢問他們照顧員工的政策。

因爲就是不一樣。

就是不一樣。就是不一樣。就是不一樣。

倖存者不是政客、職業運動員或募款活動中的孩子。他們是我們當中最脆弱的群體，確確實實受到了這些報導的傷害，而這些報導本來應該要帶來好處，而且只帶來好處。

給每一個人：

別再搜尋那些沒有任何資訊價值的淫穢細節。別再分享那些會讓許多人的杏仁核被激烈活化的有害圖像。別再搶先發布、搶先採訪，什麼都要搶先報。

別再這麼做。別再接受這種作法。別再助長這種風氣。到此爲止。

創傷報導很重要。它可以讓領導人承擔責任；可以推動變革；可以激發同理心，社會非常需要同理心。但其中的風險極高，做好事和造成傷害之間的界線極爲模糊、不穩定，需要小心維護。

但想像一下，如果創傷故事能好好地被述說，會帶來多麼令人震撼的力量。

致謝

Acknowledgments

當初我告訴丈夫，我想離開那個有保障的、我深愛的、高薪的職位去從事一份實際上根本不存在的工作，而且不知道收入要從哪裡來，他的反應是：「好吧，我能幫什麼忙嗎？」安塞爾莫（Anselmo），我每天都有很多理由感謝你，但在這些大起大落之中，你堅定的支持絕對是最重要的。若是沒有你的支持，我與創傷倖存者共同完成的工作、我的研究，還有這本書都不會存在。我愛你，很愛、很愛你。非常感謝你所做的一切。

一百多名創傷倖存者爲這本書做出了貢獻。在這個過程中，他們當中有許多人重溫了極度痛苦的記憶，希望能減緩下一輪倖存者面對可怕歷程的恐懼。你們塡寫了問卷，檢閱我的素材，與我通過電話、視訊或社群媒體來來回回交流，幫助我理解你們被迫承受的傷痛，要知道你們爲我的生活帶來了深遠的影響，你們的鼓勵和期許讓我得以走到這一步。艾德麗安M、艾德麗安N、艾咪、安德烈、安潔拉M、安潔拉U、阿爾琳、芭芭拉、布蘭達B、布蘭達S、布麗姬、卡拉、卡洛琳安、雪莉絲、雪洛、希潔、辛蒂、達沃林、黛博拉、黛安、唐娜、唐尼、朵樂希、艾德、伊芙琳、蓋兒、潔芮、葛琳登、關朵琳、漢娜、海瑟D、「小希」、珍妮特、珍妮絲、傑夫D、潔娜、潔西卡B、潔西卡O、喬、喬安、凱蘭、凱倫、凱琳、凱瑟琳、凱絲琳、凱莉、金、克莉絲蒂、拉塔莎、洛莉、琳達、麗莎、蘿拉、蘿莉、露易絲、萊霍妮、瑪麗亞、莫琳、梅姬、莫妮卡、南西、妮可、妮琪、奧莉薇亞、瑞秋、朗達、羅德尼、珊娜、雪莉、雪洛、史黛西、史蒂芬、蘇、蘇珊、西爾瓦、蒂莎、蒂芬妮、譚雅、崔西、薇爾薇特、薇絲娜、溫蒂、惠特妮，以及許多要求不具名的參與者，我打從心底謝謝你們。希望你們對這本書的貢獻能讓你們感到自豪。

特別感謝珍．坎蒂塡寫我的問卷，建議我與艾咪．歐尼爾談談，後者又建議我聯繫海瑟．馬汀，海瑟再把我的問卷分享到她的大規模暴力倖存者網絡「抵抗計畫」。這一連串的引薦，以及其他無數引薦機會，讓這本書朝著許多意想不到的方向發展。也謝謝珍和艾咪的播客節目，分別是《謀殺的骨牌效應》（*Domino Effect of Murder*）和《創傷影響》（*The Trauma Impact*）。你們的聲音和你們播送出去的聲音是我寶貴的資源，讓我得以在能力所及的範圍內理解創傷倖存者的經驗。我還要感謝艾咪建議我找艾琳．葛林（她碰巧在別的地方聽過我的研究計畫，在我聯繫她之前就先聯繫了我。）艾琳，我很感激能夠認識你美好的思想和心靈。這**不是內疚，而是成長**。謝謝你。

梅姬・賽溫克，透過我們發人深省的長談，你細心無私的分享，你的話語猶如醍醐灌頂，以及你鼓舞人心的精神在在都豐富了我的思想和心靈。與上面段落中的許多倖存者一樣，能夠和這樣一位非凡的鬥士共處是我莫大的榮幸。

謝謝所有填寫問卷或同意接受訪談的記者，你們耗費了時間和心力，你們易受責難，但允許我爲了他人的利益而分享你們的經歷，特別是傑夫・隆格、「戴夫」、瑟琳娜・聖・費利斯、安潔拉・史泰瑞特、肯尼斯・傑克森、羅伯・藍貝提，以及其他許多要求不具名的人，謝謝你們。我理解你們，你們也理解我，這讓創傷之路不再那麼孤單。我也要感謝康妮・沃克和鄧肯・麥庫伊同意在這些頁面中分享他們的知識。

謝謝眾多爲本書增添內容的盟友和專業人士，包括安德魯、史蒂夫・蘇利文、法拉・卡漢、蜜雪兒・安德森、貝絲・杭茲多佛、克里斯・杜賽特和丹尼爾・布朗，感謝你們提供每一個見解、每一份文件、每一個字。露易絲・戈德堡，我們透過電子郵件、Zoom和X社群私訊進行的對話深具魔力和啓發性，我很感激有你和你的付出。還要感謝約翰・卡塞爾和「家長希望」協助團體的每一位成員邀請我聆聽並提問。雖然沒能寫在本書裡，但你們給了我關於媒體影響力的另類思考：媒體對人口販賣受害者和倖存者父母的影響》。

大約在這個計畫進行到一半時，我收到了前BBC記者喬．希利傳來的訊息。原來喬一直以來也努力要讓新聞業變得創傷知情（或至少有創傷意識），透過訓練研討會和她的著作《創傷報導：報導敏感故事的記者指南》（*Trauma Reporting: A Journalist's Guide to Covering Sensitive Stories*）。喬，我常常覺得，世界上只有你能感同身受我想把這件事做好的重責大任。當我感覺到一切難以承受時，你我的共同經驗為我減輕了負擔。謝謝你走進我的生命，大西洋彼岸的姊妹。

非常感謝瓊安．史派瑟多年前帶我進入受害者學的世界，並最終為這個研究計畫播下了種子。我也要謝謝瓊安為我帶來了兩位出色的研究助理，艾莉莎．馬斯卡和亞歷克西．奧德特，你們查閱了許多學術論文，並整理了大量的訪談逐字稿。謝謝你們，艾莉莎和亞歷克西。

現在，一切好是好，但坦白說，要不是有我的經紀人，PS Literary的卡莉．華特斯，你們大多數人不會讀到這些內容。當卡莉答應協助我出版這本書時，我興奮得不得了。卡莉，謝謝你不斷引導我、為我加油，最重要的是，你對這個計畫深具信心。當然，我也要再三感謝你為我介紹這麼優秀的編輯琵雅．辛格爾。

琵雅，能與你這樣一位聰明堅強、富有同情心的女性一起工作是我的榮幸。謝謝你的信任、智慧，把我推出舒適圈。你在「ECW Press」出版社的傑出團隊就像是一份禮物。你對珍．克諾赫的評價也準確無誤：她真的很了不起。珍，每個細節都逃不過你的眼睛（校對員史提夫．凡德穆倫也具有同樣的才華），更重要的是，你和琵雅在處理這些珍貴資料時所表現出的同理心，令我深懷感激。非常感謝。同時，我也十分謝謝設計師柔伊．諾維爾創作的封面，它立刻就抓住了我的心。

對每一個聽到我在廣播節目中討論我的研究，或讀到我的#創傷知情、#新聞業推文串，然後傳訊息給我的人，謝謝你們。你們的興趣、你們的故事，最重要的是，你們對這份工作的認可幫助我度過了無數的風暴。我也要感謝每一個推薦資源給我閱讀、觀看或聆聽的人，我全都好好消化過了。

「書蟲」，我們的讀書會聚會，以及其間數千條群聊訊息，在過去三年的許多天裡一直都是我賴以維生的氧氣。謝謝你們帶來字字珠璣、啓發和歡笑。珊迪和珊妮，我甚至不知道該怎麼感謝你們。你們的每一則簡訊和每一通電話總是讓我又哭又笑，謝謝你們爲這個計畫提供這麼多寶貴建議，我感激涕零。

伊拉，我再怎麼感謝你都不夠，你帶我走了這麼長的一段路。謝謝你認可、理解並提供豐富的閱讀材料；謝謝你的人生智慧和源源不絕的同理心；謝謝你握住我的手並幫助我理解。

給我的家人。（深呼吸）。我很幸運能夠被這麼多的愛、歡笑和支持所包圍。爸爸、媽媽和雀兒喜，謝謝你們在這本書的撰寫初期讀了它，謝謝你們在我為你們做心理準備時，讓我展露出脆弱的一面。雀兒喜，謝謝你在麥當勞停車場的介入；莎拉，謝謝你在電影院停車場表現出同情心。我來自一個如此善良的家庭。謝謝我的表姊夏儂，你一直以來激勵我、支持我，總是緊緊地擁抱我許久。

最後，給我三個可愛又傻氣的小傢伙們，你們是我存在的意義，也是我力量的來源。就和薩斯喀徹溫省的廣闊天空一樣，你們每天都帶給我平靜和喜悅。我的心好滿、好滿。

287. Greene, E. (2020, July 12). Personal interview [Phone interview].
288. Dearman, H. (2021, February 23). Personal interview [Phone interview].
289. San Felice, S. (2019, December 19). I survived a mass shooting. Here's my advice to other journalists. *Poynter*. https://www.poynter.org/business-work/2019/i-sur-vived-a-mass-shooting-heres-my-advice-to-other-jour-nalists/
290. Lippman, L. [@LauraMLippman]. (2021, September 28). *Extremely moved that Selene San Felice, who faced her would-be killer in court today, asked to take a photo.*[Tweet]. Twitter. https://twitter.com/LauraMLippman/status/1442902045967601667?s=20
291. Greene, E. (2020, July 12). Personal interview [Phone interview].
292. Cherry, T. (2021, December 15). Personal notes.
293. Having stories removed from news websites after a human trafficking charge has been dropped against a survivor is just part of the battle advocates must wage. In some jurisdictions, a dropped human trafficking charge will still appear on a vulnerable sector screening check, barring survivors from becoming teachers, daycare providers, nurses, coaches, and so on. I would like to see more journalism done on these impacts.

274. Berman, M., & Dewey, C. (2015, October 2). Oregon gunman on mass shooters: 'When they spill a little blood, the whole world knows who they are.' *The Washington Post*. https://www.washing-tonpost.com/news/post-nation/wp/2015/10/02/oregon-gunman-on-mass-shooters-when-they-spill-a-little-blood-the-whole-world-knows-who-they-are/
275. Humphreys, A. (2020, November 17). Father of accused in van attack tells court he never saw son cry; Minassian facing 10 counts of murder. *National Post*, A3.
276. McArthur, N., & Dawda, D. (2017, October 19). Mass killers should remain anonymous. *Winnipeg Free Press*, A7.
277. Cherry, T. (2021, March 4). Judge was right not to name Yonge St. mass killer. *Toronto Star*, A14.
278. Schildkraut, J. (2019, September 26). A call to the media to change reporting practices for the coverage of mass shootings. *Washington University Journal of Law & Policy, 60*(1): 273–292. https://openscholarship.wustl.edu/cgi/viewcontent.cgi?article=2113&context=law_journal_ law_policy
279. Thompson, N. (2021, March 4). Judge refuses to name mass murderer in Toronto van attack verdict, urges 'careful consideration.' *The Canadian Press*. https://globalnews.ca/news/7676510/toronto-van-attack-ver-dict-judge-refuses-name-mass-murderer/
280. DiManno, R. (2021, March 4). Van attack wasn't done by some 'John Doe.' *Toronto Star*, A2.
281. Urback, R. [@RobynUrback]. (2021, March 3). *This seems weirdly performative. This verdict is about holding Alek Minassian accountable for the atrocious things he did* [Tweet]. Twitter. https://twitter.com/RobynUrback/status/1367132477421191169?s=20
282. Cherry, T. (2007, June 12). 'A place that is no good'; Mother of shooting victim says she tried to make the best of living in a violent neighbourhood. *Toronto Star*, A6.
283. Powell, B., & Cherry, T. (2007, June 11). Code of silence in fatal shooting; 'Sad commentary' as 3 survivors refuse to tell police what they know. *Toronto Star*, A1.
284. CNN. (2018, June 28). *Shooting survivor to Trump: We need more than prayers* [Video]. YouTube. https://www. youtube.com/watch?v=q-oLbkIsYcs
285. San Felice, S. (2021, November 16). Personal interview [Zoom interview].
286. San Felice, S. (2019, December 19). I survived a mass shooting. Here's my advice to other journalists. *Poynter*. https://www.poynter.org/business-work/2019/i-sur-vived-a-mass-shooting-heres-my-advice-to-other-jour-nalists/

same newsroom, one said there are guidelines, another said there aren't. "No, but it should," wrote one journalist who is now a manager in a large urban newsroom, "and this survey will be a jump off point for me personally." Likewise, asked whether they'd received any training regarding self-care, 17 of the 22 journalists said they'd received none.

265. Earthquakes were by no means the focus of the training—there was also stuff about fires, appropriate office behavior, etc.—but you get my point.

266. Palm, K. M., Polusny, M. A., & Follette, V. M. (2004). Vicarious traumatization: Potential hazards and inter-ventions for disaster and trauma workers. *Prehospital and Disaster Medicine, 19*(1), 73–78. https://doi.org/10.1017/s1049023x00001503

267. Feinstein, A., Audet, B., & Waknine, E. (2014). Witnessing images of extreme violence: A psycho-logical study of journalists in the newsroom. *Journal of the Royal Society of Medicine, 5*(8), 1–7. https://doi.org/10.1177/2054270414533323

268. Newman, E., Simpson, R,. & Handschuh, D. (2003). Trauma exposure and post - traumatic stress disorder among photojournalists. *Visual Communication Quarterly, 10*(1), 4–13, https://doi.org/10.1080/15551390309363497

269. Molloy, A. (2021, March 3). *R. v. Minassian, 2021 ONSC 1258 (CanLII).* CanLII. https://www.canlii.org/en/on/onsc/doc/2021/2021onsc1258/2021onsc1258. html?searchUrlHash=AAAAAQAianVzdGljZS-Bhbm5lIG1vbGxveSBhbGVrIG1pbmFzc2lhb-gAAAAAB&resultIndex=1

270. Goodfield, K. (2021, March 3). *Nearly 6,000 people watched as verdict in Toronto van attack was delivered on YouTube livestream*. CTV News Toronto. https://toronto.ctvnews.ca/nearly-6-000-people-watched-as-verdict-in-toronto-van-attack-was-delivered-on-you-tube-livestream-1.5331518

271. Molloy, A. (2021, March 3). *R. v. Minassian, 2021 ONSC 1258 (CanLII).* CanLII. https://www.canlii.org/en/on/onsc/doc/2021/2021onsc1258/2021onsc1258. html?searchUrlHash=AAAAAQAianVzdGljZS-Bhbm5lIG1vbGxveSBhbGVrIG1pbmFzc2lhb-gAAAAAB&resultIndex=1

272. Mandel, M. (2021, March 4). MANDEL: Toronto's mass murderer who shall not be named. *Toronto Sun*. https://torontosun.com/news/local-news/alek-minassian-found-criminally-responsible-for-to-ronto-van-attack

273. American Psychological Association. (2016, August 4). *'Media Contagion' Is Factor in Mass Shootings, Study Says* [Press release]. https://www.apa.org/news/press/releases/2016/08/media-contagion

255. Radio Television Digital News Association. (2021, June 7). *RTDNA 2021 newsroom trauma* [Video]. YouTube. https://www.youtube.com/watch?v=k4HcAqfX-6nY&t=793s
256. Ikizer, G., Karanci, A. N., & Kocaoglan, S. (2019). Working in the midst of trauma: Exposure and coping in news camera operators. *Journal of Loss & Trauma, 24*(4), 356–368. https://doi.org/10.1080/15325024.2 019.1603006
257. Ibid.
258. Ibid.
259. Feinstein, A., Audet, B., & Waknine, E. (2014). Witnessing images of extreme violence: A psycho-logical study of journalists in the newsroom. *Journal of the Royal Society of Medicine, 5*(8), 1–7. https://doi.org/10.1177/2054270414533323
260. Newman, E., Simpson, R., & Handschuh, D. (2003). Trauma exposure and post - traumatic stress disorder among photojournalists. *Visual Communication Quarterly, 10*(1), 4–13, https://doi.org/10.1080/15551390309363497
261. Palm, K. M., Polusny, M. A., & Follette, V. M. (2004). Vicarious traumatization: Potential hazards and inter-ventions for disaster and trauma workers. *Prehospital and disaster medicine, 19*(1), 73–78. https://doi.org/10.1017/s1049023x00001503
262. Newman, E., Simpson, R., & Handschuh, D. (2003). Trauma exposure and post - traumatic stress disorder among photojournalists. *Visual Communication Quarterly, 10*(1), 4–13, https://doi.org/10.1080/15551390309363497
263. Ikizer, G., Karanci, A. N., & Kocaoglan, S. (2019). Working in the midst of trauma: Exposure and coping in news camera operators. *Journal of Loss & Trauma, 24*(4), 356–368. https://doi.org/10.1080/15325024.2 019.1603006
264. Three of the 22 journalists indicated they'd attended at least one training seminar since being employed as a journalist. Four indicated they'd received minimal training, including through "racial sensitivity" training. "Very little—mostly from other colleagues giving advice how to reach out to family of a victim to confirm a photo," wrote one journalist. "Give condolences, say we want to include a nice photo to honour them in our newscast, and offer them an opportunity to speak about how they want them to be remembered." Fifteen of the 22 journalists indicated that they'd received no trauma training since becoming a journalist, a category I would fall into as well. Asked whether their newsrooms have guidelines for interacting with victims or survivors of traumatic events, 18 said no. Of the three who said they did have guidelines, one wrote, "I'm sure they do but I've never seen them." From two journalists who work in the

243. Greene, E. (2020, July 12). Personal interview [Phone interview].
244. Pseudonym.
245. Babcock, J. (2016, June 21). *Video: Dr. Joshua Corsa reads his Facebook post*. WMFE. https://www.wmfe.org/video-dr-joshua-corsa-reads-his-facebook-post/61271
246. Aboraya, A. (2021, June 24). Personal interview [Zoom interview].
247. Long, J. (2021, July 13). Personal interview [Zoom interview].
248. Cherry, T. (2021). Trauma survivors and the media: A qualitative analysis. *Journal of Community Safety and Well-Being, 6* (3), 127–132. https://doi.org/10.35502/jcswb.218
249. Palm, K. M., Polusny, M. A., & Follette, V. M. (2004). Vicarious traumatization: Potential hazards and inter-ventions for disaster and trauma workers. *Prehospital and Disaster Medicine, 19* (1), 73–78. https://doi.org/10.1017/s1049023x00001503

250. Twenty-two journalists were surveyed as part of my research. These do not include journalists who were interviewed for this book, including Angela Sterritt, Dave, Jeff Long, or Selene San Felice. Of the 22 jour-nalists who were surveyed, asked how soon they reach out to survivors after a traumatic event, 13 indicated, "As soon as I have the information necessary to do so." Five others responded, "Within the first 24 hours." Five of the journalists said they were comfortable reaching out to survivors in the immediate aftermath of traumatic events. Not one described it as a positive experience. Five of the journalists wrote that their comfort level depended on the situation. Nine journalists expressed discomfort. Only 18 of the 22 journalists answered the question *What impact has covering traumatic events had on you?* Of those 18, 15 reported at least one negative impact.

251. Jackson, K. [@afixedaddress]. (2021, February 7). *Reporting on child welfare is killing me. I can finally admit it. I am almost done* [Tweet]. Twitter. https://twitter. com/afixedaddress/status/1358473477934702597?s=20
252. Cherry, T. (2021, March 4). Personal notes.
253. Cherry, T. (2021, March 4). Judge was right not to name Yonge St. mass killer. *Toronto Star*, A14.

254. When I started at the Star, the radio room was an entry-level reporting position reserved for students or, in my case, recent grads. It was a 24-hour job, split up into three shifts, which involved sitting in "the box," as the little room at the center of the newsroom was known, while listening to scanners, monitoring other news outlets, and filing stories for the web and paper.

227. Bauer, J. (2017, March 10). My day, from beginning to end, on January 6th. *Beyond This*. https://therealjessicamayes. blogspot.com/2017/03/my-day-from-beginning-to-end-on-january.html
228. Bauer, J. (2020, October 7). Personal communication [email].
229. Maurice, R. (2021, December 1). Personal communi-cation [email].
230. O'Neill, A. C. (2020, March 10). Those left behind, surviving a school shooting with Rachel Maurice. [Audio podcast episode]. In *The trauma impact*. Spreaker. https://www.spreaker.com/user/mhnrnetwork/trauma-im-pact-rachel-maurice-02-04-20
231. The Oregonian. (2018, May 20). *Reporter recalls fear, panic at scene of Oregon school shooting spree, one of the nation's first* [Video]. YouTube. https://www.youtube. com/watch?v=9sS6PrYcWeY
232. Mortenson, E. (2018, May 20). Thurston 20 years later: 'I never want to cover another school shooting.' *The Oregonian*. https://www.oregonlive.com/pacific-north-west-news/2018/05/thurston_20_years_later_i_neve. html
233. Martin, H. (2020, July 13). Personal interview. [FaceTime interview].
234. The Rebels Project. therebelsproject.org
235. Woodrow Cox, J., & Rich, S. (2018, March 25). Scarred by school shootings. *The Washington Post*. https://www.washingtonpost.com/graphics/2018/local/us-school-shootings-history/
236. Mortenson, E. (2018, May 20). Thurston 20 years later: 'I never want to cover another school shooting.' *The Oregonian*. https://www.oregonlive.com/pacific-northwest-news/2018/05/thurston_20_years_ later_i_neve.html
237. Martin, H. (2020, July 13). Personal interview. [FaceTime interview].
238. O'Neill, A. (2020, July 8). Personal interview [Zoom interview].
239. Martin, H. (2020, July 13). Personal interview. [FaceTime interview].
240. Ten survivors of mass violence, all from the United States, were surveyed or interviewed for my initial research project, which forms the basis for this chapter (with the exception of Selene San Felice, who will be introduced later). Subsequently, while researching more broadly for this book, a handful of other mass violence survivors, including Selene, were also interviewed.
241. Schildkraut, J., Elsass, H. J., & Meredith, K. (2017, February 5). Mass shootings and the media: Why all events are not created equal. *Journal of Crime & Justice, 41*(3): 223–243, https://doi.org/10.1080/0735 648X.2017.1284689
242. Schildkraut, J., & Muschert, G. (2013). Violent media, guns, and mental illness: The three ring circus of causal factors for school massacres, as related in media discourse. *Fast Capitalism,* 10(1): 159–173, https://doi. org/10.32855/fcapital.201301.015

212. van der Kolk, B. A. (2015). *The body keeps the score: Brain, mind, and body in the healing of trauma*. Penguin Books.
213. TheSublimeDegree. (2013, March 17). *CNN grieves that guilty verdict ruined 'promising' lives of Steubenville rapists* [Video]. https://www.youtube.com/watch?v=M-vUdyNko8LQ
214. G., G. (n.d.). *Apologize on air for sympathizing with the Steubenville rapists*. Change.org. https://www. change.org/p/cnn-apologize-on-air-for-sympathiz-ing-with-the-steubenville-rapists
215. Pennington, R., & Birthisel, J. (2015, October 26). When new media make news: Framing technology and sexual assault in the Steubenville rape case, *New Media & Society, 18*(1), 2435–2451. https://doi. org/10.1177/1461444815612407
216. Ryan, R. (2013, April 27). Lessons learned from Steubenville rape case. *The Charleston Gazette*, B1.
217. Rape, Abuse & Incest National Network. (n.d.). *Perpetrators of sexual violence: Statistics*. https://www. rainn.org/statistics/perpetrators-sexual-violence
218. Fox 11 Los Angeles. (2021, July 21). *FOX 11 speaks with trauma survivor, Harvey Weinstein silence breaker Louise Godbold*. https://www.foxla.com/video/957960
219. Godbold, L. [@Godbold]. (2021, July 21). *Happy that Fox News was willing to be educated on the harm of rehashing with a survivor the details* [Tweet]. Twitter. https://twitter. com/Godbold/status/1418083275583614976?s=20
220. Godbold, L. (2019, August 1). Do no harm: A media code of conduct for interviewing trauma survivors. *Pacif ic Standard*. https://psmag.com/ideas/a-code-of-conduct-for-how-media-should-in-terview-survivors-of-sexual-trauma
221. Herman, J. (1997). *Trauma and recovery: The aftermath of violence—from domestic abuse to political terror*. Basic Books.
222. Godbold, L. (2021, November 23). Personal commu-nication [email].
223. Godbold, L. (2019, August 1). Do no harm: A media code of conduct for interviewing trauma survivors. *Pacific Standard*. https://psmag.com/ideas/a-code-of-conduct-for-how-media-should-in-terview-survivors-of-sexual-trauma
224. Femifesto & Collaborators. (2015). *Use the right words: Media reporting on sexual violence in Canada*. Femifesto. http://www.femifesto.ca/wp-content/uploads/2016/06/UseTheRightWords-Single-May16.pdf
225. Dart Center for Journalism & Trauma. (2011, July 15). *Reporting on sexual violence*. https://dartcenter.org/content/reporting-on-sexual-violence
226. Planned Parenthood. (n.d.). *Sexual consent*. https://www. plannedparenthood.org/learn/relationships/sexual-con-sent

188. CBC News: The National. (2018, December 21). *Covering the Humboldt Broncos bus crash: Reporter's notebook* [Video]. YouTube. https://www.youtube.com/watch?v=e10QsXD2dDw
189. Silman, A. (2019, March 26). What happens to the mental health of school-shooting survivors? *The Cut*. https://www.thecut.com/2019/03/understanding-the-park-land-shooting-survivor-suicides.html
190. Toronto Police Service. (2008, January 12). *Arrests in human trafficking ring* [Press release].
191. Cherry, T. (2008, January 13). 3 held in sex slavery. *The Toronto Sun*, 3.
192. *The Record*. (2008, January 14). Human-trafficking raids could set precedent: Police. A3.
193. Cherry, T. (2008, January 14). Sex slave case test for law; 2005 legislation used in weekend arrests. *The Toronto Sun*, 12.
194. Cherry, T. (2008, January 20). Enslaved under the Maple Leaf. *The Toronto Sun*, 16–17.
195. Cowan, R. (2008, January 17). Personal communication [email].
196. Pseudonym.
197. Cherry, T. (2010, July 2). 'Throwaway kids' at risk. *The Toronto Sun*, 1.
198. Cherry, T. (2009, October 18). No way out: Modern-day slaves are left to fend for themselves. *The Toronto Sun*, 1.
199. Cherry, T. (2008, July 1). 'We need some dead kids.' *The Toronto Sun*, 1.
200. Cherry, T. (2010, September 6). Story of a sex slave. *The Toronto Sun*, 4–5.
201. Cherry, T. (2008, February 18). Confessions of a former sex slave. *The Toronto Sun*, 6–7.
202. Anderson, M. (2020, August 20). Personal interview [Phone interview].
203. Khan, F. (2021, November 8). Personal interview [Zoom interview].
204. Anderson, M. (2021, December 13). Personal interview [Phone interview].
205. Anderson, M. (2021, November 29). Personal interview [Phone interview].
206. Emails and texts were Hope's preferred methods of communication, as noted in her survey.
207. Anderson, M. (2021, November 29). Personal interview [Phone interview].
208. "Hope." (2021, November 30). Personal interview [Phone interview].
209. "Hope." (2022, February 25). Personal communication [email].
210. TSN. (2021, October 27). *Kyle Beach: John Doe*. TSN. https://www.tsn.ca/kyle-beach-john-doe-1.1712468
211. CTV News Toronto. (2016, March 30). *CTV Toronto: Sex assault victims speak out*. CTV News Toronto. https://toronto.ctvnews.ca/video?clipId=839302

170. Sloan, W. (Host). (2018, April 24). Duncan McCue on reporting in Indigenous communities [Audio podcast]. In *Toronto Metropolitan University*. SoundCloud. https://soundcloud.com/ryersonu/duncan-mccue-on-report-ing-in-indigenous-communities
171. McCue, D. (n.d.). Indigenous Customs and Protocols. *Reporting in Indigenous Communities*. https://riic.ca/the-guide/in-the-field/indigenous-customs-and-pro-tocols/
172. Galloway, M. (Host). (2021, March 10). Connie Walker on her new podcast, Stolen: The Search for Jermain [Audio podcast episode]. In *The current*, CBC. https://www.cbc.ca/listen/live-radio/1-63-the-current/clip/15830494-connie-walker-podcast-stolen-the-search-jermain
173. Cherry, T. (2021). Trauma survivors and the media: A qualitative analysis. *Journal of Community Safety and Well-Being, 6*(3), 127–132. https://doi.org/10.35502/jcswb.218
174. Cherry, T. (2019, November 1). *Unsolved September homi-cide leaves family reeling*. CTV News Toronto. https://toronto.ctvnews.ca/video?clipId=1819556
175. Naraine, A. (2020, July 7). Personal interview [Phone interview].
176. Sterritt, A. (2021, July 26). Personal interview [Zoom].
177. Galloway, M. (Host). (2021, March 10). Connie Walker on her new podcast, Stolen: The Search for Jermain [Audio podcast episode]. In *The current*, CBC. https://www.cbc.ca/listen/live-radio/1-63-the-current/clip/15830494-connie-walker-podcast-stolen-the-search-jermain
178. Cywink, M. (2021, December 1). Personal interview [Zoom interview].
179. Cywink, M. (2020, August 11). Personal interview [Zoom interview].
180. Saunders, A. (2013, February 26). Volunteer shares love story ended by drunken driver. *The Columbus Dispatch*. https://www.dispatch.com/article/20130226/LIFESTYLE/302269736
181. Jones, D. (2021, December 7). Personal communication [email].
182. "Andrew." (2020, August 12). Personal interview [Phone interview].
183. Sullivan, S. (2020, August 26). Personal interview [Phone interview].
184. *The Ottawa Citizen*. (2011, April 9). Police looking for a car involved in hit-and-run. D4.
185. Crawford, B. (2020, November 27). Dentist suspended in last chapter of marathon drunk-driving case. *The Ottawa Citizen*, A4.
186. Cherry, T. (2016, October 12). Personal notes.
187. Thomas, L. (2020, August 11). Personal interview.[FaceTime interview].

155. Vass, J. (2020, December 18). Personal communication [Facebook Messenger].
156. Cherry, T. (2014, July 9). Personal notes.
157. Gillis, W. (2014, May 10). 'Love you too mom Pray: Sharon Reddick's son Shawn sent her those words by text. In March, he was killed in a modern-day western shootout. Two boys drew guns. They both died. Now, Sharon is inextricably linked to Tina Khan, the mother of the other boy shot to death. *Toronto Star*, GT1.
158. Cherry, T. (2014, April 30). Personal notes.
159. Brown, S. (2020, December 21). Personal interview [Phone interview].
160. Cherry, T. (2007, July 28). Six months. Six friends. Six deaths. *Toronto Star*, ID3.
161. Hundsdorfer, B. (2019, April 24). Murder rate in East St. Louis is notoriously high. Solving the problem is notoriously complicated. *St. Louis Public Radio*. https://news.stlpub-licradio.org/show/st-louis-on-the-air/2019-04-24/murder-rate-in-east-st-louis-is-notoriously-high-solv-ing-the-problem-is-notoriously-complicated
162. Landis, K. (2021, July 3). What happened during the 1917 attacks on Black people in East St. Louis? Here's a summary. *Belleville News-Democrat*. https://www.bnd. com/news/local/article252487553.html
163. Fox, E. (2022, February 17). Personal communication [WhatsApp].
164. Cywink, M. (2020, August 11). Personal interview [Zoom interview].
165. Cywink, M. (2021, December 1). Personal interview [Zoom interview].
166. Galloway, M. (Host). (2021, March 10). Connie Walker on her new podcast, Stolen: The Search for Jermain [Audio podcast episode]. In *The current*, CBC. https://www.cbc.ca/listen/live-radio/1-63-the-current/clip/15830494-connie-walker-podcast-stolen-the-search-jermain
167. Talkoff, E. (Host). (2021, September 24). Gabby Petito, and the victims left out of the headlines [Audio podcast episode]. In *Post reports, Washington Post*. https://www.washingtonpost.com/podcasts/post-reports/gabby-petito-and-the-victims-left-out-of-head-lines/?utm_source=podcasts&utm_medium=referral&utm_campaign=post-reports
168. Bensadoun, E. (2017, February 14). Students honour missing women in multimedia project. *TorontoMet Today*. https://www.torontomu.ca/news-events/news/2017/02/students-honour-missing-women-in-multime-dia-project/
169. Dr. Phil. (2021, November 39). *Missing and murdered in Montana* [Video]. YouTube. https://www.youtube.com/watch?v=dhgb-BaYgbQ

140. CBC News. (2017, July 25). *Man fatally shot in Scarborough's Malvern neighbourhood ID'd as Demal Graham, 25*. CBC News. https://www.cbc.ca/news/canada/toronto/demal-graham-malvern-scarbor-ough-shooting-1.4221785
141. The 4K Guy—Fire & Police. (2017, July 23). *Toronto: 9 shot, 3 killed in one day in latest spate of gun violence 7-23-2017* [Video]. YouTube. https://www.youtube. com/watch?v=pVG1aZeuNM4
142. Palamarchuk, A. (2017, August 10). Malvern murder victim Demal Graham remembered as caring dad. *Scarborough Mirror*. https://www.toronto.com/news-story/7492396-malvern-murder-victim-demal-graham-remembered-as-caring-dad/
143. Carmichael, H. (2014, February 12). Toronto crack dealer caught in Sudbury. *The Sudbury Star*. https://www.thesudburystar.com/2014/02/13/toronto-crac k-dealer-c aught-in-sudbur y/wcm/91a487e7-5d93-8abb-b939-e4c993118613
144. Kelly wrote in her survey that she didn't feel ready or equipped to engage with the media until six months after Isaiah died.
145. Monteiro, L. (2018, December 21). Police chief confi-dent arrests will be made in unsolved murders. *Waterloo Region Record*, A1.
146. Goodfield, K. (2018, December 27). *Toronto's most deadly year: A look at the 96 homicide victims of 2018*. CTV News Toronto. https://toronto.ctvnews.ca/toronto-s-most-deadly-year-a-look-at-the-96-homi-cide-victims-of-2018-1.4232568
147. Macnab, K. (2018, December 22). Personal communi-cation [email].
148. *2019-03 Brohman-Way/Gingerich vs Waterloo Region Record*. (2019, March 1). National News Media Council. https://www.mediacouncil.ca/decisions/2019-03-brohman-way-gingerich-vs-waterloo-region-record/
149. Waterloo Regional Police Service. (2020, October 16). *Fatal shooting of Isaiah Macnab update* [Video]. YouTube. https://www.youtube.com/watch?v=fcOqYyhZfA0
150. Macnab, K. (2021, October 21). Personal communica-tion [email].
151. Jenkins, J. (2005, May 20). He died defending senior. *Toronto Sun*, 45.
152. Fenlon, B. (n.d.). Arrest hours after funeral. *Toronto Sun*, 8.
153. *Niagara This Week—St. Catharines*. (2005, December 29). 'He was not a bad boy.' https://www.niagarathisweek. com/news-story/3282992--he-was-not-a-bad-boy-/
154. Karena, W. (2005, May 21). Second suspect named in St. Catharines shooting. *Welland Tribune*, A2.

127. Hancox, K. (2020, September 9). Personal interview [Phone interview].
128. Hunter, B. (2021, September 27). Say his name; Parole board doesn't identify William Hancox in report granting his killer more unescorted day passes. *Toronto Sun*, A3.
129. Hancox, K. (2021, September 27). Personal communi-cation [email].
130. Hunter, B. (2021, September 29). Hunter: Cop killer gets unescorted temporary passes from jail. *Toronto Sun*. https://torontosun.com/news/crime/hunter-toronto-cop-killer-gets-unescorted-tempo-rary-passes-from-jail
131. Hancox, K. (2020, September 9). Personal interview [Phone interview].
132. Musselman, J. (2017, July 25). *Family says media, police diminish shooting victim*. CTV News Toronto. https://toronto.ctvnews.ca/woman-shot-during-bbq-does-not-deserve-to-be-dehumanized-family-says-1.3518503
133. McDonald, C. (2017, July 24). *Mother of woman who hosted backyard BBQ in Scarborough where 2 men were killed says she's devastated*. Global News Toronto. https://globalnews.ca/news/3620029/homicides-toronto-week-end-shootings/
134. Musselman, J. (2017, July 25). *Family says media, police diminish shooting victim*. CTV News Toronto. https://toronto.ctvnews.ca/woman-shot-during-bbq-does-not-deserve-to-be-dehumanized-family-says-1.3518503
135. McDonald, C. (2017, July 24). *Mother of woman who hosted backyard BBQ in Scarborough where 2 men were killed says she's devastated*. Global News Toronto. https://globalnews.ca/news/3620029/homicides-toronto-week-end-shootings/
136. Zlomislic, D., & Cruickshank, A. (2017, July 24). 2 men shot dead at backyard party: 'I'm in shock,' mom says after gunfire shatters birthday celebration for daughter, who was injured in the shooting. *Toronto Star*, A1.
137. Tong, T. (2017, July 23). *Two killed, one injured at back-yard party shooting*. CTV News Toronto. https://toronto. ctvnews.ca/two-people-fatally-shot-at-scarborough-bar-becue-third-victim-in-serious-condition-1.3515290
138. Statistics Canada. (July 27, 2021). After five years of increases, police-reported crime in Canada was down in 2020, but incidents of hate crime increased sharply. *The Daily*. https://www150.statcan.gc.ca/n1/daily-quo-tidien/210727/dq210727a-eng.htm
139. CTV News Toronto. (2017, July 25). *Extended: Family speaks after Scarborough shooting*. https://toronto.ctvnews. ca/woman-shot-during-bbq-does-not-deserve-to-be-dehumanized-family-says-1.3518503

survivors had no experience with the media prior to their traumatic loss. Yet 44 survivors were contacted by members of the media in the immediate aftermath. Most survivors (50) described a negative first experience with the media. Almost the same amount (52) agreed there is value in survivors sharing their stories publicly. Hmmm . . .

Survivors were also asked at what point they felt ready to engage with the media. While nine survivors said they didn't think they'd ever be ready, the vast majority could pinpoint some timeframe that they thought was appropriate. Eleven survivors said they were ready to engage with the media immediately (though some, like Jan Canty, were not yet aware their loved ones were dead, and others, like La'Tatia Stewart, were not afforded the opportunity to engage right away). Seven survivors said they needed a month. Eight needed around six months. Six needed a year. And 15 said they were ready after two or more years.

Of the 30 survivors who commented on long-term interactions with the media, 18 had positive experiences, four had negative, and eight had a mix of both. There were 18 survivors who had only good things to say about their long-term interactions with the media—but of those 18, more than half described their first interactions with the media, in those early days of grief, as bad.

118. Cherry, T. (2018, March 20). *'He was a role model': Family of man murdered in random shooting makes plea to killers*. CTV News Toronto. https://toronto.ctvnews. ca/he-was-a-role-model-family-of-man-murdered-in-random-shooting-makes-plea-to-killers-1.3851258
119. Commandeur, D. (2021, December 9). Personal commu-nication [Facebook Messenger].
120. O'Neill, A. (2020, July 8). Personal interview [Zoom interview].
121. Leathong, S. (2020, August 14). *Police release footage of suspects in murder*. CTV News. https://toronto.ctvnews. ca/wrong-place-wrong-time-toronto-police-release-vid-eo-of-suspects-wanted-in-east-end-murder-1.5064839
122. *Welland Tribune*. (2019, February 27). Thorold baby killer on day parole: Wayne McBride murdered and sexually assaulted his six-week-old daughter in 1985. *Welland Tribune*, A3.
123. Tang, J., & Barber, M. (2009, April 11). Father refuses to sleep until daughter, 8, is found. *National Post*, A8.
124. Tang, J., & Barber, M. (2009, April 11). Missing girl's dad vows not to sleep; 10,000 join Facebook search for eight-year-old. *Calgary Herald*, A4.
125. D'Souza, F. (2012, March 5). CityNews Toronto.
126. Hancox, K. (2021, September 27). Personal communi-cation [email].

102. Kelloway, M. (2020, June 13). Personal communication [email].
103. Kelloway, M. (2020, June 20). Personal communication [email].
104. Crime Beat TV. (2020, November 28). *Crime beat: Two doors down—the tragic case of Mr. Kelloway | S2 E7* [Video]. YouTube. https://www.youtube.com/watch?v=CWlw3REQ3fQ
105. Ho, C., & Montgomery-Dupe, S. (2013, May 7). Man in Auburn Bay killed same day he met new neighbour. *Calgary Herald*, A1.
106. Delaney, A. (Host). (2021, September 13. The Murder of Melonie Biddersingh [Audio podcast episode]. In *The detective*, CTV News & CP24. https://podcasts.apple.com/ca/podcast/the-detective/id1585169495?i=1000535154435
107. Hancox, K. (2020, September 9). Personal interview [Phone interview].
108. Greene, E. (2020, July 12). Personal interview [Phone interview].
109. Hafner, J. W., Bleess, B. B., Famakinwa, M. F., Wang, H., & Coleman, M. (2019). The effect of a community crash reenactment program on teen alcohol awareness and behavior. *Adolescent Health, Medicine and Therapeutics, 10*, 83–90. https://doi.org/10.2147/AHMT.S191079
110. Cherry, T. (2008, April 12). 'He was everything.' *The Toronto Sun*, 5.
111. Sorensen, C. (2008, October 5). Slain teen excelled in hockey, studies; parents of 17-year-old attacked in park fled war-torn Sarajevo to give him 'safer' life. *Toronto Star*, A2.
112. Cherry, T. (2008, October 4). Personal notes.
113. Cherry, T. (2008, October 6). Family can't believe their only son gone. *Toronto Sun*, 4.
114. Sorensen, C. (2008, October 5). Slain teen excelled in hockey, studies; parents of 17-year-old attacked in park fled war-torn Sarajevo to give him 'safer' life. *Toronto Star*, A2.
115. Cherry, T. (2008, October 4). Personal notes.
116. Cikovic, V. (2020, July 18). Personal communication [email].
117. From the 71 surveys that were filled out by survivors of homicide or traffic fatalities, 288 negative outcomes were reported. That's an average of four negative outcomes per survivor. Only six survivors had nothing negative to say. Most survivors (44) had between one and five negative outcomes; 19 had between six and 10; and two reported more than 10.

In total, 154 positive outcomes were reported, repre-senting an average of two per survivor. And while only six survivors had nothing negative to say about the media, 18 had nothing positive to say. Most survivors (49) listed between one and five positive outcomes; four reported between six and 10. Fifty-six of the 71

86. Bremner J. D. (2006). Traumatic stress: Effects on the brain. *Dialogues in Clinical Neuroscience, 8*(4), 445–461. https://doi.org/10.31887/DCNS.2006.8.4/jbremner
87. van der Kolk, B. A. (2015). *The body keeps the score: Brain, mind, and body in the healing of trauma*. Penguin Books.
88. Fox, E. (2020, April 24). Personal interview [Skype interview].
89. van der Kolk, B. A. (2015). *The body keeps the score: Brain, mind, and body in the healing of trauma*. Penguin Books.
90. Broadmore, G. (2017). *Life came to a standstill: True accounts of loss, love, and hope*. Gwendolyn Broadmore.
91. Ibid.
92. van der Kolk, B. A. (2015). *The body keeps the score: Brain, mind, and body in the healing of trauma*. Penguin Books.
93. Herman, J. (1997). *Trauma and recovery: The aftermath of violence—from domestic abuse to political terror*. Basic Books.
94. Gombu, P. (2008, March 10). Police link deaths 50 km apart; possible murder-suicide as woman's body found in Sutton home, man's on railway tracks. *Toronto Star*, A4.
95. Freed, D. A. (2008, March 11). Victim's pals post Facebook tributes. *Toronto Star*. https://www.thestar. com/news/gta/2008/03/11/victims_pals_post_facebook_tributes.html
96. Newmarket Era. (2008, March 12). Family, friends say goodbye to murdered woman. *YorkRegion.com*. https://www.yorkregion.com/news-story/1440549-family-friends-say-goodbye-to-murdered-woman/?li_ source=LI&li_medium=you%20might%20be%20 interested%20in&li_pl=47&li_tr=you%20might%20 be%20interested%20in
97. Goddard, J., & Freed, D. A. (2008, March 12). Missing woman drowned; body found in bathtub of Sutton home on same day as murder suspect killed himself, police say. *Toronto Star*, A6.
98. Newmarket Era. (2008, March 14). Mourners bid fare-well to slain Newmarket woman. *YorkRegion.com*. https://www.yorkregion.com/news-story/1417966-mourners-bid-farewell-to-slain-newmarket-woman/
99. Cherry, T. (2021). Trauma survivors and the media: A qualitative analysis. *Journal of Community Safety and Well-Being, 6*(3), 127–132. https://doi.org/10.35502/jcswb.218
100. Cherry, T. (2018, April 23). Personal notes.
101. Cherry, T. (2018, April 20). Personal notes.

69. Franklin, S. (1987, January 13). Murders torment Detroit. *Chicago Tribune*. https://www.chicagotribune.com/news/ct-xpm-1987-01-13-8701040022-story.html
70. Ibid.
71. Canty, J. (2020). *A life divided: A psychologist's memoir about the double life and murder of her husband—and her road to recovery*. Jan Canty.
72. Canty, J. (Host). (2020, March 18). When life came tumbling down: Multiple losses. [Audio podcast episode]. In *Domino effect of murder*. Speaker.
73. Rodriguez, A. (2019, June 24). *Groveland shocked by murder of 82-year-old man*. CBS Boston. https://boston. cbslocal.com/2019/06/24/groveland-murder-patsy-sche-na-investigation-police/
74. Shoemaker DeBree, C. (2014, March 29). Boston Marathon runners: 'You have to go back.' *The Intelligencer*. https://www.theintell.com/article/20140329/NEWS/303299878
75. O'Neill, A. (2020, July 8). Personal interview [Zoom interview].
76. Cherry, T. (2013, April 19). Personal notes.
77. Herman, J. (1997). *Trauma and recovery: The aftermath of violence—from domestic abuse to political terror*. Basic Books.
78. Martin, H. (2020, July 13). Personal interview. [FaceTime interview].
79. *R. v. Reitsma, 1997 CanLII 3607 (BC CA),* https://canlii. ca/t/1dzcp, retrieved on 2021-09-23.
80. *R. v. Reitsma, 1998 CanLII 825 (SCC), [1998] 1 SCR 769*, https://canlii.ca/t/1fqtq, retrieved on 2021-09-23.
81. Brooks, N. (1983). Police guidelines: Pretrial eyewitness identification procedures: A study paper prepared for the Law Reform Commission of Canada. *Law Reform Commission of Canada.*
82. Bremner J. D. (2006). Traumatic stress: Effects on the brain. *Dialogues in Clinical Neuroscience, 8*(4), 445–461. https://doi.org/10.31887/DCNS.2006.8.4/jbremner
83. Elzinga, B. M., & Bremner, J. D. (2002). Are the neural substrates of memory the final common pathway in post-traumatic stress disorder (PTSD)?. *Journal of Affective Disorders, 70*(1), 1–17. https://doi.org/10.1016/s0165-0327(01)00351-2
84. Holland, K. (2021, September 17). Amygdala hijack: When emotion takes over. *Healthline*. https://www. healthline.com/health/stress/amygdala-hijack
85. Ganzel, B., Casey, B. J., Glover, G., Voss, H. U., & Temple, E. (2007). The aftermath of 9/11: Effect of intensity and recency of trauma on outcome. *Emotion (Washington,D.C.), 7*(2), 227–238. https://doi.org/10.1037/1528-3542.7.2.227

51. Ibid.
52. Lincoln, A. (2020, December 12). *All of this year's 36 homicides in East St. Louis under Illinois State Police remain open.* KMOV. https://www.kmov.com
53. It should be noted that Beth Hundsdorfer's article takes into account the estimated number of shootings not reported to police. I could find no such number for Toronto.
54. Hundsdorfer, B. (2020, December 15). Personal interview [Phone interview].
55. As of this writing more than a decade later, the *Toronto Sun* with its skeleton staff continues to churn out a well-read paper.
56. Powell, B. (2019, August 23). 'This was a graphic, horrific murder': Judge calls killing of woman who ended their relationship one of his most difficult cases. *Toronto Star*, GT1.
57. Canty, J. (2020). *A life divided: A psychologist's memoir about the double life and murder of her husband—and her road to recovery.* Jan Canty.
58. Canty, J. (2021, November 22). Personal communication [email].
59. Ibid.
60. jan canty. (2020, August 4). *Media coverage 1985 of W. Alan Canty's murder (part 1 of 3)* [Video]. YouTube. https://www.youtube.com/watch?v=GbithK4y9tQ
61. Canty, J. (2020). *A life divided: A psychologist's memoir about the double life and murder of her husband—and her road to recovery*. Jan Canty.
62. Ibid.
63. Cherry, T. (2018, July 30). *Funerals held for Danforth shooting victims. CTV News Toronto*. https://toronto. ctvnews.ca/funerals-held-for-danforth-shooting-vic-tims-reese-fallon-and-julianna-kozis-1.4032970
64. Canty, J. (2020). *A life divided: A psychologist's memoir about the double life and murder of her husband—and her road to recovery*. Jan Canty.
65. jan canty. (2020, August 7). *Media coverage of W. Alan Canty's murder 1985—part 2 of 3*. [Video]. https://www.youtube.com/watch?v=HNUQgX-ORTw
66. Cherry, T. (2012, August 17). Personal notes.
67. jan canty. (2020, August 4). *Media coverage 1985 of W. Alan Canty's murder (part 1 of 3)* [Video]. YouTube. https://www.youtube.com/watch?v=GbithK4y9tQ
68. Altheide, D. L. (2003). Mass media, crime, and the discourse of fear. *The Hedgehog Review*. https://hedgehogreview.com/issues/fear-itself/articles/mass-media-crime-and-the-discourse-of-fear

parkdale_ murder_victim_rita_adams_was_a_spiritual_adviser. html
35. Toronto Police Service. (2013). 2012 Annual Statistical Report. https://torontopolice.on.ca/publications/files/reports/2012statsreport.pdf
36. Because some of you may be wondering, I think it's worth noting that Gregory Stewart was Black and Paul Schneider was white, though both of the neighborhoods where they were murdered are predominantly Black. In Toronto, the man who was shot was Black; the woman who was stabbed was of Roma descent. Both neighbor-hoods are ethnically diverse. All four neighborhoods are low-income.
37. Pagliaro, J. (2012, October 30). Woman killed as winds fell sign: City, province brace for onslaught of storm. *Toronto Star*, GT1.
38. Rush, C. (2012, October 30). Cabbagetown killer believed to have a limp. *Toronto Star*, GT4.
39. Pseudonym used for victim as I was unable to confirm ongoing, informed consent from his family.
40. Toronto Police Service. (2013, September 26). *S/Insp. Greg McLane @TorontoPolice homicide arrests re: Project Sugar Horse* [Video]. YouTube. https://www.youtube. com/watch?v=IIiNHDzZEQc
41. Cherry, T. (2013, September 26). Personal notes.
42. Powell, B. (2018, November 9). Murderer gets 2nd life sentence: Dog-walking victim was chosen "because of where he lived," judge says. *Toronto Star*, GT3.
43. Stewart, L. (n.d.). In Facebook [Facebook page]. Retrieved December 11, 2020, from https://www.face-book.com/latatia.stewart
44. Ibid.
45. Ibid.
46. Stewart, L. (2020, December 14). Personal interview [Phone interview].
47. Proffer, C., & Townsend, R. (2020, October 4). *East St. Louis family searches for closure in son's unsolved murder*. KSDK. https://www.ksdk.com
48. Smith, C. P. (2020, November 22). Six months after their son's murder, Cahokia couple wants answers. *Belleville News-Democrat*. https://www.bnd.com
49. Lincoln, A. (2020, December 12). *All of this year's 36 homicides in East St. Louis under Illinois State Police remain open*. KMOV. https://www.kmov.com
50. Hundsdorfer, B. (2019, April 24). Murder rate in East St. Louis is notoriously high. Solving the problem is notoriously complicated. St. Louis Public Radio. https://news.stlpub-licradio.org/show/st-louis-on-the-air/2019-04-24/murder-rate-in-east-st-louis-is-notoriously-high-solv-ing-the-problem-is-notoriously-complicated

20. Blatchford, C. (1999, November 13). Lessons about privacy to work and live by. *National Post*, B8.
21. Cherry, T. (2021). Trauma survivors and the media: A qualitative analysis. *Journal of Community Safety and Well-Being*, 6(3), 127–132. https://doi.org/10.35502/jcswb.218
22. Spremo, B. (1998). Widow Kim. *Toronto Star* Archives. Retrieved from Toronto Reference Library https://www. torontopubliclibrary.ca/detail.jsp?Entt=RDMDC-TSP A_0121483F&R=DC-TSPA_0121483F
23. Blatchford, C. (1999, November 13). Lessons about privacy to work and live by. *National Post*, B8.
24. Ibid.
25. Stewart, L. (n.d.). In Facebook [Facebook page]. Retrieved December 11, 2020, from https://www.face-book.com/latatia.stewart
26. Weather Underground. (Accessed February 2, 2021). Retrieved from https://www.wunderground.com/history/daily/us/il/east-st.-louis/KCPS/date/2020-11-27
27. Allman, M. (2020, October 14). *Who shot Anthony King? Detectives searching for killer.* WFMY News 2. Retrieved from https://www.wfmynews2.com/article/news/local/anthony-king-shot-to-death-in-greensboro-detectives-need-help-finding-killer/83-4684723f-e44b-40c6-801a-c8eec644c239
28. *Guilford County deputies investigating shooting after20-year-old killed.* (2020, October 13). WXII 12 News. Retrieved from https://www.wxii12.com/article/greens-boro-police-investigating-shooting-20-killed/34318296
29. *Anthony Kristopher King, age 20.* (n.d.). National Gun Violence Memorial. Retrieved from https://gunmem-orial.org/2020/10/08/anthony-kristopher-king
30. Hoover, K. (2021, December 9). Personal communication [Facebook Messenger].
31. Lake, J. (2012, October 30). Public urged to pitch in, clear catch basins. *Toronto Star*, GT3.
32. *Hydro One prepares for impact of Hurricane Sandy.*(2012, October 29). Canada NewsWire. Retrieved from https://login.ezproxy.reginalibrary.ca/login?qurl=https%3A%2F%2Fwww.proquest. com%2Fwire-feeds%2Fhydro-one-prepares-impact-hurricane-sandy%2Fdocview%2F1115568000%2Fse-2%3Faccountid%3D34949
33. Green, J., & Rush, C. (2012, October 30). Two killed in separate incidents: Violence was not new to locations of either murder, police say. *Toronto Star*, GT4.
34. Rush, C. (2012, October 30). Parkdale murder victim Rita Adams was a spiritual adviser. *Toronto Star*. https://www.thestar.com/news/crime/2012/10/30/

Endnotes

註釋

1. San Felice, S. (2021, November 16). Personal interview [Zoom interview].
2. Hancox, K. (2020, September 9). Personal interview [Phone interview].
3. Blatchford, C. (1998, August 11). 'A good and decent man.' *The Ottawa Citizen,* A3.
4. Duncanson, J., & Freed, D.A. (1998, August 11). 12,000 mourn slain officer William Hancox. *Toronto Star,* A1.
5. Ibid.
6. De Leo, D., Zammarrelli, J., Viecelli Giannotti, A., Donna, S., Bertini, S., Santini, A., & Anile, C. (2020). Notification of unexpected, violent and traumatic death: A systematic review. *Frontiers in Psychology, 11*. https://doi.org/10.3389/fpsyg.2020.02229
7. Ibid.
8. Dake, D. (Host). (2014, November 3). Death notifica-tions [Audio podcast episode]. In *Coroner talk.* https://coronertalk.com/ct14
9. Ibid.
10. Hancox, K. (2020, September 9). Personal interview [Phone interview].
11. Ibid.
12. Appleby, T., & Hammer, K. (2009, April 9). Creba family put words to their grief. *The Globe and Mail*, A13.
13. Blatchford, C. (1999, November 13). Lessons about privacy to work and live by. *National Post*, B8.
14. Ide, K. (1998, August 13). Letter of the day. *The Toronto Sun*, 15.
15. Canadian Press (1998, August 5). Toronto cop dies in mall stabbing. *The Record*, A1.
16. *Toronto Star*. (1998, September 17). Court date draws widow of slain officer.
17. Abbate, G. (1999, February 2). Widow at suspects' hearing. *The Globe and Mail*, A8.
18. Blatchford, C. (1999, November 13). Lessons about privacy to work and live by. *National Post*, B8.
19. Hancox, K. (2020, September 9). Personal interview [Phone interview].

人文

鏡頭前的二次創傷：嗜血新聞背後的真相與人性

THE TRAUMA BEAT：A Case for Re-Thinking the Business of Bad News

作　　者—塔瑪拉・雀莉 Tamara Cherry
譯　　者—洪慈敏
發 行 人—王春申
選書顧問—陳建守、黃國珍
總 編 輯—林碧琪
副總編輯—何珮琪
特約主編—霍爾
封面設計—吳倚菁
內頁設計—洪志杰
業　　務—王建棠
資訊行銷—劉艾琳、孫若屏
出版發行—臺灣商務印書館股份有限公司
23141 新北市新店區民權路 108-3 號 5 樓（同門市地址）
電話：（02）8667-3712　　傳真：（02）8667-3709
讀者服務專線：0800056193　　郵撥：0000165-1
E-mail：ecptw@cptw.com.tw　　網路書店網址：www.cptw.com.tw
Facebook：facebook.com.tw/ecptw

局版北市業字第 993 號
初版：2025 年 3 月
印刷廠：鴻霖印刷傳媒股份有限公司
定價：新台幣 560 元

法律顧問　何一芃律師事務所

國家圖書館出版品預行編目 (CIP) 資料

鏡頭前的二次創傷：嗜血新聞背後的真相與人性／塔瑪拉・雀莉（Tamara Cherry）作；洪慈敏譯——初版——新北市：臺灣商務印書館股份有限公司，2025.03　400面；14.8 X 21公分（人文）
譯自：THE TRAUMA BEAT :A Case for Re-Thinking the Business of Bad News
ISBN 978-957-05-3606-5（平裝）

1.CST: 新聞倫理 2.CST: 新聞報導 3.CST: 新聞記者 4.CST: 社會新聞

198.89　　114000981